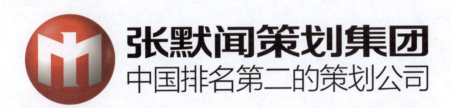

## 宣言

我们高高在上盯着对手 / 用高贵的头脑和凶猛的体能把猎物征服 / 我们渴望创意自由 / 我们不做策划囚徒 / 拒绝热情拒绝战争就滚出我们的阵营 / 因为我们是高贵的创意之鹰！

用尽全身力气

用尽所有资源

用尽全部的热爱

为客户的品牌提供深度传播

让中国阅读和收藏客户品牌的传世魅力

——谨以此书献给我尊敬的客户

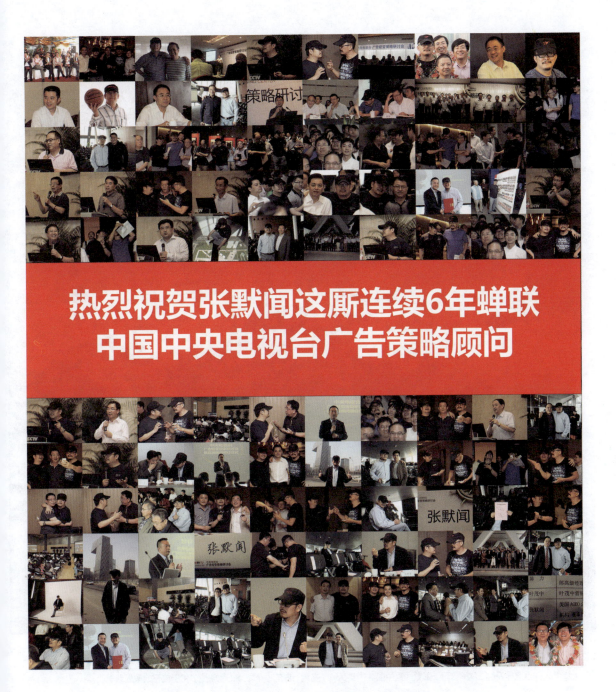

热烈祝贺张默闻这厮连续6年蝉联中国中央电视台广告策略顾问

Congratulations to Mr. Zhang Mowen on his 6th reappointment as the CCTV advertisement strategy consultant.

一个师傅与他的门徒：张默闻这厮与北京大学新闻与传播学院广告学系主任，北京大学现代广告研究所所长，教授、博士、博士生导师陈刚先生在一起。陈刚教授这样评价张默闻这厮：张默闻是中国梦的实践者，是策划界的一个奇迹，他创造了属于自己的策划新时代。

中国广告界、营销界、媒体界、学术界共同喜爱的"四界级"江湖三侠:创意传播管理导师、广告教育大侠陈刚先生;战略营销导师、冲突理论创造者、品牌大侠叶茂中先生;全案策划导师、营销36计理论发明人、策划大侠张默闻先生,一起向中国广告40年献礼。

商道不平,天下纷争,谁是那布阵的英雄?不做花瓶,不求巅峰,只为那一世的闻名。
指点朦胧,穿越泥泞,我是那送雨的东风,创意奇兵,文案刀锋,只为那一世的闻名。
都说万人朝拜是英雄,我只愿羽扇轻摇江湖行,一支笔,抵得上千千万万兵,有智者才是真心英雄。
都说富可敌国是枭雄,我只愿洞察人情看暖冷,一条计,定得了朝朝暮暮情,有谋者才是真心英雄。

张默闻策划集团司歌《闻名》,张默闻作词,陈伟作曲,冷漠演唱。

# 买点是杆秤 上

## 知名家居建材品牌策划全案

**策略准 创意狠 地位稳**

■ 张默闻 著 | 连续六年蝉联中国中央电视台广告策略顾问

www.zhangmowen.com

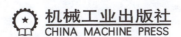

机械工业出版社
CHINA MACHINE PRESS

本书以张默闻这厮策划的家居建材品牌为案例，对广告策划的整个过程进行了总结和归纳，提炼出广告策划方法，指导性极强。这些案例不仅是客户的创意财富，也是张默闻策划集团的宝贵财富，是20年来中国营销策划和品牌创意的著作。

家居建材企业的管理者、品牌策划的管理者可重点阅读本书。

### 图书在版编目（CIP）数据

买点是杆秤：知名家居建材品牌策划全案. 上册 / 张默闻著. — 北京：机械工业出版社，2018.11
ISBN 978-7-111-61142-4

Ⅰ.①买… Ⅱ.①张… Ⅲ.①建筑材料–品牌营销–营销策划–案例–中国 Ⅳ.①F724.75

中国版本图书馆CIP数据核字（2018）第234264号

机械工业出版社（北京市百万庄大街22号　邮政编码100037）
策划编辑：马　佳　　责任编辑：马　佳
责任印制：孙　炜　　责任校对：赵　蕊
北京汇林印务有限公司印刷

2019年4月第1版第1次印刷
180mm×250mm・30.25印张・3插页・550千字
标准书号：ISBN 978-7-111-61142-4
定价：108.00元

凡购本书，如有缺页、倒页、脱页，由本社发行部调换

| 电话服务 | 网络服务 |
| --- | --- |
| 服务咨询热线：010-88361066 | 机 工 官 网：www.cmpbook.com |
| 读者购书热线：010-68326294 | 机 工 官 博：weibo.com/cmp1952 |
| | 金 书 网：www.golden-book.com |
| 封面无防伪标均为盗版 | 教育服务网：www.cmpedu.com |

 陈刚 序

# 关于张默闻的晶莹

默闻给我打电话，希望我为他的新书写个序。其实我一直想写点关于默闻的文字。这次将想法变成了现实。

走南闯北，散淡江湖，经历各种圈子，交往三教九流，结识了很多的人，但真正存留下来可以称作朋友的其实并不多。默闻是一个可以做朋友的人，可以做好朋友的人。朋友之交最看重的两个字是才和情。有的人有才无情，有的人情分足够但才能不强。这些人只可以交往。只有兼具才和情，所谓志同道合和情投意合，才会让我看重，甚至珍惜。张默闻是才情兼备的人，是我喜欢的人。

毫无疑问，默闻是个有些争议的人，有人质疑他"北有叶茂中，南有张默闻"的包装口号；而他戴着帽子的形象也让一些人认为他是叶茂中的山寨版，现在这种质疑消失了，他让这句口号变成了现实；还有人不喜欢他的语言风格，因为他从来都是说别人的好话，总说别人好，不是一会儿、一年，而是很多年，经常让人感觉热情过度。但现在看来，这是一种修为，真正做到却是不容易，默闻很不容易。

**这是一个晶莹的人**

每次相逢，他都和我亲得不行，那是从骨头里发出的交情，我不会看错。同他交往多年，对他的真性情和抑制不住的创作欲有越来越多的感受。当然，对他的不足也有比其他人更深的了解。从这个角度看江湖上的一些非议，我想说的是，张默闻是一个晶莹的人。

**这是一个自己书写传奇的人**

从一个 20 世纪 80 年代追求爱情和文艺而饱受打击的安徽农村最普通、最底层、最文艺的小青年，到一个 20 世纪 90 年代初混迹在大上海扛大包、拉黄鱼车、搬运沙发、饱受欺凌的路边不起眼的安徽小民工，在上海新闸路的一个小面馆刷盘子端饭时偶遇叶茂中，开始走上广告之路，这已经是一个传奇。这个传奇很多人都有机会遭遇，但是很少有人可以把握。今天的张默闻和那个年代的张默闻最终成为中国和美国都喜欢的人——成为 2013 年美国政府批准的全球 100 位杰出人才之一，也成为中国十大策划家榜首人物。

**这是一个从苦难里爬起来的人**

张默闻的苦是那种你无法描述却可以体会的苦。他说，1993 年在上海的时候，他曾

经在布满星光的外滩对着繁华无比的上海陆家嘴隔江发誓:"上海,你记着,我一定会回来,会站着回来,笑着回来,会被掌声迎接回来。从今天起,我要开始奔跑!"最后,当他以美国上市公司全球副总裁的身份成功进入广告圈的时候,他才再一次回到上海。他实现了他的理想。

### 这是一个坚韧的人

我相信,这一切,一定经历了无法言说的屈辱、苦痛、艰辛和付出。只有理解了这一切,才能接受他的个性甚至弱点,才能欣赏他的才华和创造力,才能明白他的坚韧和超人的勤奋,才能敬重他所创造的奇迹。而张默闻毫不掩饰,把所有这一切充分地展示给了我们,没有粉饰、没有杜撰、没有夸大,他把自己剥得很干净,勇敢地站在这个并不是很友好的世界,张默闻是一个坚韧的人。

### 这是一个善良真诚的人

张默闻是一个曾经有些怯懦但最终坚强和自信的人,是一个为了爱、为了事业、为了实现自己的价值敢于担当、付出并充满才华的人。张默闻是一个需要你在岁月里和他相处才能懂他的人。他的世界是个童话,所以他才天真得让人喜欢、让人想去拥抱。他是有争议的人,我喜欢有争议的人,这本身就说明他与众不同。

和永达传媒董事长周志强在北京喝酒的时候,我说,张默闻这小子,是个有内涵的家伙,中国策划界,张默闻时代已经到来!我相信,他是有资格站在顶峰的。

所写的这篇序,不想把过多的文字用于对书中案例的分析和对张默闻营销策划创意的讨论,因为案例自己会说话。文如其人,策划如其人,企业如其人。张默闻是一个可以相信的人,因为他是一个晶莹的人。有人说张默闻已经成功了,其实这只是他成功的开始。张默闻始终在拼搏,一直在努力,他的舞台幕布才刚刚拉开,他的发展空间很大。这本书中阐述的"买点"的概念我很喜欢,这是默闻的全新思考,很有价值,很不错。

北京大学新闻与传播学院广告学系主任
北京大学现代广告研究所所长,教授、博士生导师
2018 年 3 月 9 日修订于北京大学

 陈凌云 序

# 张默闻是怪才 谁用谁喜爱

网上有个说法，人的一生会遇到 2920 万人，或擦肩而过，或点头致敬，能够真正成为朋友、兄弟的却寥寥无几。听到这个说法的时候，我的第一个反应就是幸好，我和默闻兄遇到了，也幸好，我们成了一辈子的兄弟。

**默闻兄是实在人**

广东晾霸智能科技有限公司（以下简称晾霸）虽然成立在 2008 年，但其实早在 2001 年，就已经开始研究智能晾衣机了。我是个大学老师，也是个技术热爱者，我一直坚信企业的核心在于产品，产品的核心在于技术。值得骄傲的是，中国第一台自主研发的智能晾衣机就是我带领技术团队研发出来的，直到现在晾霸智能晾衣机的技术也一直处于行业前列。可以说，晾霸是我一手创建的企业，对它我有一种难以磨灭的情感。正因如此，我才希望能够找到一个既有高度、又能实战、做人更诚挚的策划公司帮助晾霸。

我和我的夫人李爱群女士都很喜欢国学，也都很喜欢实在人，默闻兄就是个实在人。按道理来说，第一次见面，策划公司应该先跟我谈方案，问我需要什么东西，但是默闻兄却在第一次见面时就带了完整的方案过来，并且方案准备得很翔实，似乎不用合作就可以开干了。我着实很惊讶，琢磨着大概这就是大师，拥有伟大的自信和伟大的诚意。

遇到这么实在和有才华的人不容易。于是，第二次，我就带着我们董事长到杭州，去了张默闻策划集团。那天我们谈得很深：谈企业的战略、谈企业的文化、谈企业的战斗，默闻兄的为人和能力征服了我们。于是，就在那一天，我们第二次见面的那一天，我们决定与张默闻策划集团签下三年之约。

**默闻兄有真功夫**

我一直相信默闻兄是有真功夫的，时间也向我们证明了这一点。由默闻兄为晾霸从买点角度思考创意的广告语"晾霸不怕坏，谁用谁喜爱"的品牌诉求深入到全国消费者心中，依靠高铁传媒传遍大江南北；由默闻兄为晾霸编写的歌曲《永不变芯》，登陆各大音乐平台，唱遍大街小巷；由张默闻策划集团全程策划执行的晾霸 2017 年营销大会当天的新品预购额比历史同期狂翻 5 番，大大提升了品牌知名度和影响力。

我为我能遇到默闻兄感到庆幸，也为我的眼光感到骄傲！所以当张默闻中美联合商学院第一期开课邀请我听课的时候，我立刻从广州赶去参加，一天课听下来，受益良多。后来，我又去听了第二期、第三期……每次只要默闻兄讲课，我都会到场。因为每次听他讲课，我都有不同的体会。我相信，张默闻老师就是中国顶级的策划人，他的品牌策划能力、战略制定能力、战术执行能力以及品行品德为人，皆是顶尖。

**默闻兄是好兄弟**

晾霸在与张默闻策划集团合作之后，我的其他两个公司——创明遮阳科技有限公司（以下简称创明）和深圳市智京科技有限公司（以下简称智京）也都和张默闻策划集团展开合作。默闻兄和我的关系已经不仅限于合作伙伴，更似亲兄弟。无论是几十人的小型新品发布会，还是上千人的周年庆会议，只要招呼一声，他准会来，并且每次都会奉上自己精心准备的演讲。我想这是其他人、其他公司花钱也买不到的。因此，当我听说他要为家居建材行业写一本书，里面收录了晾霸和创明两个案例时，我主动请缨写一篇推荐序，既是想说说心里话，也是想借此向不了解默闻兄的人推荐一下这个真诚的兄弟。能够在自己好兄弟的著作中留下一篇序言，也是一件令人难忘的事。

最后，我想借默闻兄为晾霸写的广告语"晾霸不怕坏，谁用谁喜爱"的创意，说一句"中国张默闻 谁用谁喜爱"！

祝本书大卖！

广东晾霸智能科技有限公司创始人
广东创明遮阳科技有限公司董事长
2018 年 4 月 11 日于中国广州

 金和 序

# 张默闻老师是个值得托付品牌的专业策划大师

接到张默闻老师的电话,要我给他的新书写序,我心里是很激动的。不仅因为我又可以学习到张老师的新观点、新案例,更因为这本书收录了米素(米素壁纸)的品牌案例,使米素又有了一个行业内的首创和独家标签,离家居行业标杆品牌的目标又近了一点,我感到由衷的骄傲。

我是个野心很大的人。我做壁纸,就要做壁纸品牌的第一名,不仅如此,我还要把米素做成中国的宜家。我做招商,就希望经销商主动来找我。所以我做品牌策划,也要找最好的策划公司——中国排名第二的张默闻策划集团,因为第一是谁,没有人知道。

其实知道张老师的江湖名声已经有好几年了,不过那时候只是我单方面认识张老师,还没能让张老师认识我。去年米素的发展遇到了瓶颈,天猫做到第一后,销量增长几乎停滞,线下门店扩张也进度缓慢。我感到了自己的无力,开始到处去听课学习,但收效甚微。后来我得知"张默闻嫡传品牌策略班"即将在杭州开课,据说是张老师为陷入困境的企业家准备的品牌高端课程,我二话不说就联系了商学院的班主任,报名参加了课程。课后,我就立刻决定,要尽快和张老师达成合作。

我终于明白了,为什么我到处学习还是不懂怎么解决企业的某些问题,因为专业的事情只有专业的人能做。品牌的事情,更是只能交给张老师。因为每个人的时间和精力都有限,如果我天天把精力放在我不擅长的事情上面,就不能产生最大的价值,所以我把品牌策划的工作交给张老师,让专业的人做专业的事。

尽管合作还不到一年,但张老师为米素做的工作却很多很多。我一直相信的一个市场经济学理论是"世上本无商品,世上只有需求。"所以我对建材家居行业的理解是,首先要找到它的买点,其次围绕这个买点梳理出一步步的具体做法。张老师真的不愧是策划界的大师,他亲自下市场进行调研后,一下子就抓住了"好看"这个消费者的需求买点,为米素提出"米素壁纸,上墙更美"这句颇为精彩的广告语。

以前米素的传播内容,一直在不停变化,没能在消费者心中留下具体的、统一的印象。现在就不一样了,在张老师的精心策划下,围绕"上墙更美"这个核心,启动了一系列品牌整合营销传播活动,逐渐让消费者形成了"米素 = 好看"的概念,极大地提升了品牌知

名度和影响力。

　　我知道，在张老师的客户中，我的体量算是很小的，他服务过很多500强企业。但是对米素的策划，张老师从来没有懈怠过，就像他承诺的，全部的策划工作都由他亲自操作。我常和身边的人说，张老师只需要负责大的策略，其他细节的工作由我们自己处理，但是每次张老师团队给的策划案，都远远超出我们想要的。这一切都让我坚信，张老师是个值得托付品牌的专业策划大师。现在，张老师的书就要出版了，我代表米素全体成员向张老师表示祝贺，也强烈推荐建材家居的企业家、策划人都买来学习，一定会受益匪浅。以后的日子，希望张老师继续为米素费心。有了张老师，我相信米素能"秤"起更多品牌奇迹。

米素壁纸品牌创始人
2018年3月3日于米素壁纸江苏常州总部

 陈嫊縈 序

# 没有张默闻老师就没有今天的新樱雪

非常感恩张默闻老师第二次邀请我为他的新书作序，而且要求必须由我来写。这是多么伟大的信任和重托。

第一次作序是为了樱雪厨电（中山市樱雪集团有限公司）的专案书籍《造势先借势》。这一次是为《买点是杆秤》新书作序，两次受邀为中国策划界的真正大咖写序，实属荣幸。

我和张老师认识已经整整三年了。这三年，也是张老师为樱雪厨电这个品牌鞠躬尽瘁、殚精竭虑的三年。我在樱雪厨电负责营销工作十几年，深感品牌打造的不易、品牌营销的艰辛。但每一次，张老师都非常完美地化解我们的难题，我从内心里敬佩他，敬佩他的一针见血，敬佩他的运筹帷幄。

在我们合作的过程中，张老师表达过一个观点，常常触动我去思考：一个超级的买点成就一个超级的单品，一个超级的单品成就一个超级的品牌。的确，今天这个时代是消费升级的时代，不仅消费环境变了，而且很多消费方式和消费思维也变了，因此，做品牌、做产品都应该从消费者的真正需求出发，挖掘消费者的买点，满足他们的需求，使品牌获得成功。而张老师与樱雪厨电合作的三年，也正是这样做的，从一个精彩的买点到另一个更加精彩的买点，从未间断。

第一年，2015年，是樱雪厨电转型升级的一年。张老师为樱雪厨电提出了"超级单品"的战略思维，将樱雪厨电定位为"中国高精尖油烟机一线品牌"，并创意了"不管是老板还是太太，都喜欢樱雪吸油烟机"这样震惊业界的广告语，让樱雪品牌的知名度和影响力得到了难以想象的提升。与此同时，用"彻彻底底不跑烟"的买点创意把樱雪厨电推出的"风神榜X6"超级单品成功打造成了樱雪年度新品，获得了市场的认同。也正因此，樱雪厨电在2015年斩获了中国广告长城奖之营销传播金奖。2015年，我佩服张老师。

第二年，2016年，是樱雪厨电品牌全面提升的一年。经历转型之痛，樱雪厨电已经逐步成长为一个成熟的青年，有干劲，有冲劲。为了强化超级单品的影响力，樱雪厨电董事长李荣坤先生提出"两发一升"战略，即产品研发、市场开发和管理提升。于是，樱雪厨电第一款真正意义上的智能油烟机"樱雪超魔007"正式上市，这款智能油烟机不仅具有烟灶联动、自动巡航等常规技术，而且具有尖端温度感应技术。这项温度感应技术真正满足了张老师所说的消费者买点需求——在用户炒菜的过程中自动调节风量大小：油烟越

大，吸力越大。这个买点需求被张老师策划为樱雪厨电 2016 年超级单品的核心创意，并取得了不同凡响的市场业绩，全年营收逆势增长 23%，客单价连翻数番，创造了樱雪厨电品牌的新历史。2016 年，我敬佩张老师。

第三年，2017 年，樱雪厨电推出了两款极具特点的智能电器——油烟机和燃气热水器。张老师从"零油烟"和"零冷水"的角度为樱雪创意了令人振奋的买点广告，并策划了让业界刮目相看的"零动·心动"新品发布会，成功地让樱雪厨电走上了高端品牌的道路。2017 年，我敬重张老师。

每一年合作，张老师都倾囊相助，为樱雪厨电品牌的成长贡献了非常多的智慧。本书作为张老师 2018 年度的案例书籍，收录了樱雪厨电的"双零"案例，我非常兴奋，也非常感谢张老师。我相信，这本书一定能给中国策划界、品牌界、营销界带来巨大的能量和启发。因为樱雪厨电是"买点是杆秤"最真实、最忠诚的实践者。实践证明，真的有效！没有张默闻老师就没有今天的新樱雪，再次感谢张老师！

樱雪厨电营销总经理
2018 年 3 月 18 日写于中山樱雪集团总部

 王志鹏 序

# 张默闻老师让久诺发生了翻天覆地的变化

刚进入2018年，就收到了张默闻老师传来的喜讯。久诺[久诺建材科技（常州）有限公司]作为建材类经典案例入选张老师的新书《买点是杆秤》，我个人感到荣幸之至。在久诺品牌升级最重要的阶段有幸与张老师合作，已是品牌的最大荣耀，如今能以案例入选新书，着实令我感到非常激动、兴奋与感激！我将永远铭记，久诺将永远铭记，张老师对久诺的重视和情谊，还是那句话"张老师是久诺一生的挚友"！

久诺建材科技（常州）有限公司，是国内唯一一家专业聚焦于建筑外饰面装饰系统的公司。自成立近20年来，久诺专注打造精品外墙，现已经成为万科、碧桂园、绿地、保利、中海、华润、绿城、中南、新城等国内知名地产开发商的合作伙伴，为品牌地产高端楼盘完成了多项优质外墙装饰成果。至今，久诺累计施工项目超过5000个，施工面积超2亿平方米，精品案例高达4000例，连续5年蝉联中国建筑装饰百强企业。久诺的快速壮大，让我看到了品牌在企业发展过程中的重要作用，久诺品牌急需专业的智囊团助阵。

2016年上半年，久诺就已开始在策划行业苦苦寻找合作伙伴，一直未果，这让我焦虑不已。一次偶然的机会，我听闻张默闻策划集团在业内享有"北有叶茂中，南有张默闻"的至高地位，于是我又一次踏上了求师的道路。2016年8月，我怀揣无比忐忑和期待的心情抵达杭州拜访张老师。这一次拜访便开启了我们的合作大门。我们对品牌、营销、创意，以及对行业的认知和看法竟然惊人相似，如此的心有灵犀，让我悬在心头的大石终于落地，使我豁然开朗。毋庸置疑，我认定了张老师，并决定要立即、尽快与张老师达成合作。

在合作的短短一年时间里，久诺品牌发生了翻天覆地的变化。张老师为久诺定制的专属企业文化、品牌定位、视觉传达、广告创意、媒体传播、公关活动等一系列的品牌战略系统，为品牌打造奠定了坚实的基础；"久诺外墙，豪宅都在用"的品牌广告语，震惊业界；久诺超人的形象设计，更是让久诺在行业内拥有了让人过目不忘的视觉记忆。2016年12月，久诺在北京成功挂牌上市，正式进入资本市场。而刚刚过去的2017年，久诺的营收同比增长36%，是近年来增长速度最快的一年，久诺俨然成了行业的黑马。

在这一年里，和张老师的合作让我看到了品牌所蕴含的无限力量，短时间内完成的品牌升级更让我对张默闻策划集团刮目相看。张老师在策划领域深耕了20多年，对战略、战术、营销、品牌、文案、创意有成形的体系和方法，是中国策划界当之无愧的大师级人物。

如今，张老师又把他在建材行业操作的经典案例和成果汇集成书，为建材行业带来了新的福音。在此，我郑重向各位推荐此书，开卷有益，一定受益匪浅。

最后，恭祝新书大卖，为更多同道中人点亮明灯，指引同行共同前行！

久诺外墙品牌创始人、久诺集团董事长

2018 年 4 月 29 日于久诺集团总部

 叶晓亮 序

# 张默闻策划集团是中国策划界的第一

2018年春节前夕，我在美国加利福尼亚州的库比蒂诺市参观苹果公司总部时，意外收到了张默闻老师让我为《买点是杆秤》这本书作序的邀请。我内心忐忑而又非常欣喜，忐忑的是我还从未为别人的书写过序，不知从何落笔；欣喜的是张老师将皇玛·梦丽莎（皇马·梦丽莎沙发）的品牌策划案例纳入此书，这是皇玛·梦丽莎沙发的荣耀。写序我不擅长，但我想实实在在地说一说我们合作的感受。

在与张老师合作之前，我寻觅了很多中国著名的策划公司，但它们都未能打动我。当我去杭州登门拜访张老师并做了深入的交流后，深感张老师就是当前皇玛·梦丽莎品牌最需要的策划人。而且，合作时间越长，我就越觉得我找对了人。其实，我和张老师是一类人，我们都是专注做事的人，说得通俗点都能算是个匠人，只不过我是沙发匠，而他是策划匠。20多年来我只管低头做沙发，执念般地要把沙发品质做到极致；而张老师则事事亲力亲为，调研、策划、创意，亲临市场一线，一心只为把策划做好，为客户解决品牌问题。不然也不会征服通威、娃哈哈、恒大、天能等众多中国大佬级企业。我想也正因为这种契合的理念使我们的合作十分愉快。

不到一年的合作，让皇玛·梦丽莎上上下下对张默闻策划集团团队的工作表示了高度的认可和肯定，合作获得的成绩也出乎大家的意料。皇玛·梦丽莎品牌在很短的时间内就得到了飞速的发展和质的飞跃，并得到了家具界的广泛认同。这一切成绩的背后，让我真切地看到了一个策划匠的艰辛付出。

2017年4月和9月，张老师和我一起调研了江西市场和西北市场，我们每天奔赴于各个县市级卖场，工作强度很大，但他依然坚持亲自调研询问每个代理商、店长和导购。我想，在中国已经很难再找到这样高度负责且能亲自操刀的策划人了。

如今，通过张老师的精准洞察和品牌运作，皇玛·梦丽莎品牌升级全面告捷。品牌形象焕然一新，品牌标识和品牌主视觉更加国际化，在终端通过了消费者的检验，得到了消费者的认可，品牌战略也更加清晰。张老师为皇玛·梦丽莎量身定制了媒体传播计划和营销计划，一切工作都在有条不紊地推进。而最令人拍案叫绝的是张老师为皇玛·梦丽莎重新提出的品牌定位，他深入剖析消费者诉求，锁定"健康"这一买点，精准地满足了消费者的心理诉求，促进了消费者的购买。"健康好沙发"的定位不仅成功帮助皇玛·梦丽莎

找到了在沙发行业中的独有地位，更让我重新认识了自己作为创始人的责任和担当。同时"中国沙发7C坐靠健康系统"的提出进一步捍卫了皇玛·梦丽莎健康沙发的地位，"真材实料真功夫，皇玛能坐三十年"等朗朗上口的广告语也让皇玛·梦丽莎沙发在一夜之间家喻户晓。张老师用他"稳准狠"的创意策略帮我解决了品牌的发展问题，同时也真正解决了产品的动销问题，皇玛·梦丽莎2017年销量节节攀升再创新高。

我总说张老师就是中国工匠，很实在，不仅低头做好手中事，还总是毫无保留地把自己的策划手艺编撰成书传授给他人，《买点是杆秤》一书则收录了他策划过的所有家居建材案例，每个案例都干货满满，娓娓道来。我想此书一定能给其他品牌带来很好的启示，我相信读者读后一定会收获满满。

2017年的合作对我来说意义非凡，受益多多，提高多多。我相信在未来的合作中，我们能合作得更好、更默契、更同步。我更相信在合作一两年之后，我们会让皇玛·梦丽莎真正成为中国沙发界的第一品牌，让中国的消费者、全球的消费者都觉得皇玛·梦丽莎是值得信赖、值得消费的。同时我也想通过皇玛·梦丽莎与张默闻策划集团的合作，告诉中国的广告界和全球的广告界：张默闻策划集团是顶呱呱的，是中国策划界的第一，张老师具备这种能力，更担得起这个荣誉。

"唯有匠心才能做到顶尖"这是我一直以来信奉和践行的，我和张老师都在各自不同的领域阐释着这一信仰。2018年，不忘初心，我会继续做好沙发匠，做好产品，同时我也很放心把品牌交给张老师，我想沙发巨匠和策划巨匠的联手一定能擦出更多的智慧火花，让我们同心同德、共勉共赢。

成都诸葛家具有限责任公司董事长、皇玛·梦丽莎品牌创始人

2018年3月14日于成都

 **自序**

# 张默闻为什么要创造买点概念?

大多数人都在说卖点,为什么张默闻这厮要去创造买点?

原因很简单,买点就是100%站在消费者的角度考虑营销、考虑创意、考虑活动,具有卖点所没有的引爆力。

我们先来看看什么是买点?买点是消费者购买产品时的想法,消费者要买一个什么档次的产品、什么价位的产品、什么包装的产品、什么品质的产品,甚至什么具体参数的产品,在购买之前就会有自己的想法和标准。每个消费者心里都会有一杆秤,去衡量一个品牌,有一个心理预期。这个预期就是产品的买点。只有当自己的产品从价格、质量、服务、付款方式、交货期限等诸多方面达到消费者预期的时候才会形成一次交易。我觉得这才是消费者真正的需求,这个思考的方式、购买的方式,是高于卖点的,因为卖点是企业思维,而买点才是真正的消费者思维。

张默闻这厮的远房小舅子是个暖男,28岁,家境也不错,但就是没有女朋友。他在公安战线任职的老爸非常着急,几年时间给我的这位小舅子介绍的女孩子都快超过100人了,但小舅子就是看不上,后来我发现,他有自己的心理预期,别人推荐给他的女孩都达不到他的心理预期,这就是卖点和买点的区别。

**买点的关键字是什么呢?**

张默闻这厮认为是"埋",就是把自己品牌的价格、质量、服务、方式、包装、性格等特点埋在消费者的心里,一旦他们有需求,这些特点就会被激活、被爆发、被消费。成功的品牌基本上都是把自己埋藏在消费者心里的,一旦消费者行动,这些品牌就会瞬间进入消费者的大脑,最终达成交易,实现购买。

那么如何才能找到品牌的买点呢?张默闻这厮认为应该有三个规律要遵守。

**第一个规律:换位规律。**

换位规律就是要把自己完全地变成消费者,忘掉自己是企业的人、创意的人和策划的人。自己就是一名消费者,用消费者的思维去思考,找到消费者的痛点,就会找到消费者的买点,就会抓获消费者的需求。

**第二个规律：常识规律。**

创意人在为消费者找买点的时候，一定要注意判断创造和挖掘的买点是不是一种常识，是不是一种大家愿意接受的常识。如果不是，那么寻找的买点可能就毫无价值。常识太重要了，它可以被创意，但不能失去大众认知。

**第三个规律：定位规律。**

买点的定位就是定位心理预期。你的定位必须要和消费者的心理预期相吻合。所以若想找到消费者的买点，就要先定位消费者的买点，买点不准，营销不狠，只有买的人被你预埋的心理预期征服，才能实现交易。

## 那么，买点到底是一杆什么秤呢？

**第一是品牌秤。**

消费者买你的产品之前首先会在心里对你进行评价，你是一个什么样的品牌，值不值得信赖，安不安全。这些基本指标如果不能满足，消费者这杆秤就会倾斜到你的竞争对手那一边，所以买点这杆秤首先是品牌秤。这是张默闻这厮一直倡导的"品牌第一"的商业原理。

**第二是品类秤。**

你的品牌属于什么品类，品牌和品类之间的关联性到底有多紧密，想清楚这两个问题是非常重要的。消费者很简单，他们会把品牌、品类进行连接，创造一种符号，建立在自己的大脑中。品牌成功就是品类成功，品类成功就是产品成功，产品成功就是买点成功。所以买点这杆秤在一定程度上就是品类的秤，品类不清晰，买点就无法清晰。

**第三是口碑秤。**

消费者在衡量你的买点的时候，会先衡量你的口碑。在互联网时代，口碑要么是一碗心灵鸡汤，要么是一碗毒药。口碑差，你的买点再精彩也无济于事。所以品牌在创意买点的时候，要维护好自己的口碑，口碑是买点的助推器，会极快地成就你买点的影响力和效果。

**第四是价值秤。**

消费者要买什么？其实就是要买价值。成功的买点就是让消费者感受到你的产品高于别人的价值。消费者买的就是超高的心理价值，买点的挖掘就是挖出消费者心里的价值认同感，所以产品的价值创意非常重要。

**第五是心理秤。**

消费者的购买心理是非常复杂的。影响消费者购买的因素很多，你根本不知道什么时候就被竞争对手抄了后路。所以，掌握消费者的心理，运用好消费者的心理，是一门非常重要的功课。心理的天平一旦被打破、被打败，买点就会化为泡影。

**第六是情感秤。**

情感营销是品牌较量的最后战场。你想创意出伟大的买点就要创意出伟大的情感，伟大的情感就是伟大的买点。消费者的消费起于情感，止于情感。只有情感才是打通消费者心理任督二脉的重要武器。

**张默闻这厮为什么要创造买点的概念呢？**

第一，希望所有的创意人都能够站在消费者的角度去思考创意，去驾驭买点。买得有多舒服，营销就会有多成功。我们一定不能站在企业的角度去创意，一定要站在消费者的角度去思考。

第二，希望买点这杆秤要达到消费者的心理预期，因为只有当自己的产品，从价格、质量、服务、付款方式、交货期限等诸多方面达到消费者的预期的时候才会形成一次交易。买点策划其实就是满足消费者心理预期的整合策划。

有人说，张默闻这厮创造了买点的营销思维，对策划行业做出了杰出的贡献。但是我认为这是基本的义务，因为只有把伪营销理论从我们的创意中、营销中清理出去，我们才能真的找到消费者的需求。冲突也好，定位也好，跨界也好，符号也好，不用消费者的买方思维看世界，最后都将无法实现营销和品牌的真正崛起。

买点很深，那是感情很深，站在消费者的角度做创意，就对了。

张默闻策划集团创始人、买点理论发明人

2018年5月5日于杭州

# 目录

陈　刚序　关于张默闻的晶莹
陈凌云序　张默闻是怪才　谁用谁喜爱
金　和序　张默闻老师是个值得托付品牌的专业策划大师
陈嫌綮序　没有张默闻老师就没有今天的新樱雪
王志鹏序　张默闻老师让久诺发生了翻天覆地的变化
叶晓亮序　张默闻策划集团是中国策划界的第一
自　　序　张默闻为什么要创造买点概念？

## 【壹】
## 米素壁纸　上墙更美
——【大牌正年轻】中国年轻化壁纸品牌米素壁纸买点策划纪实 ............... 001

### 【破局篇】
新零售时代来临，软装行业如何痛中破局？ .................. 009

### 【调研篇】
让市场调研成为寻找品牌买点的放大器 ...................... 018

### 【定位篇】
定位就是从头开始，顶层设计品牌买点 ...................... 036

### 【创意篇】
聚焦买点的创意能让品牌重获力量 .......................... 050

### 【招商篇】
米素壁纸神奇招商速度炼成记 .............................. 070

### 【展会篇】
一场成功的展会让品牌买点全面落地 ........................ 122

### 【美家篇】
米素壁纸兵出奇招　买点指路抢占市场 ...................... 139

### 【明星篇】
看米素壁纸如何让痛点变买点 .............................. 159

## 【贰】

## 晾霸不怕坏 谁用谁喜爱

——中国晾霸高端智能晾衣机买点策划纪实 ................................ 185

### 【第一篇章】
偶然相遇相见恨晚　一次见面就想合作 ................................ 189

### 【第二篇章】
不远千里深度调研　紧盯买点寻找药方 ................................ 194

### 【第三篇章】
顶层设计全局把脉　自上而下窥探买点 ................................ 204

### 【第四篇章】
洞察人性搜索买点　超级创意重磅出炉 ................................ 213

### 【第五篇章】
走心设计紧抓眼球　呼唤买点拒绝痒点 ................................ 236

### 【第六篇章】
线上线下联动传播　放大买点攻心营销 ................................ 245

### 【第七篇章】
超级工具层层出击　品牌买点娓娓道来 ................................ 254

### 【第八篇章】
一场漂亮的大会胜过所有的传播 ................................ 270

### 【第九篇章】
中国晾·霸世界

晾霸晾衣机十周年整合营销策划纪实 ................................ 319


## 【叁】

## 创明智能窗帘 五星级酒店都在用

——中国遮阳行业隐形冠军品牌创明智能窗帘买点策划纪实 ................................ 395

### 【品牌大事记】 ................................ 398

**【市场洞察】**
　　大数据、大调研才能诞生大策略 .................................... 400

**【品牌创意】**
　　走心的品牌创意是对买点的深刻洞察 ................................ 405

**【产品创意】**
　　用上产品、爱上产品方能让创意生得伟大 ............................ 411

**【标识设计】**
　　一个好的标识能说话、会传播、直击买点 ............................ 418

**【视觉设计】**
　　买点思维、攻心策略、动心设计让创明视觉别开生面 .................. 427

**【营销大会】**
　　一场漂亮的20周年庆开启创明遮阳新时代 ........................... 432

**【大咖评论】**
　　买点思维让创明从行业隐形冠军走向中国智能遮阳一线品牌 ............ 446


**后记**　致敬中国家居建材领域的英雄们 .................................. 452

# 米素壁纸 上墙更美

—— 【大牌正年轻】中国年轻化壁纸品牌米素壁纸买点策划纪实

## MéSU 米素壁纸

## 买点策划

目前,壁纸行业乱象丛生,大多数品牌仍停留在"卖版本"的阶段,与消费者的期待存在很大差距。张默闻这厮认为,家居行业必将迈入买点时代。谁能率先站在消费者的思维上做品牌和营销,平衡消费者的那杆"买点秤",谁就能赢得市场。而这个买点是什么?张默闻这厮在几番调研后表示:"让家变得更美,更好看"是所有消费者对壁纸的终极期待。为此,张默闻这厮提出的"米素壁纸,上墙更美",成功在让米素壁纸完成了由天猫壁纸第一品牌向家居行业新零售品牌的转型。围绕这个买点,张默闻这厮同时启动了一系列品牌整合营销传播活动。2017年12月,在张默闻这厮的策划下,"软装行业新零售黑马密训营"大获成功,现场意向加盟人数超五成,在创新行业招商模式的同时也创造了招商奇迹。

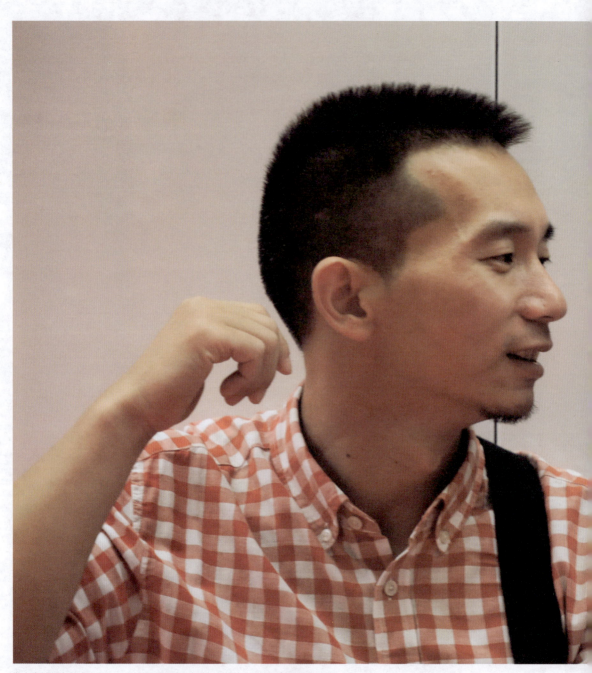

在上海墙纸布艺窗帘展上,张默闻这厮与米素壁纸创始人、CEO 金和相谈甚欢。

张默闻这厮与金和席地而坐畅谈壁纸市场新格局。

金和为张默闻这厮的创意点赞。

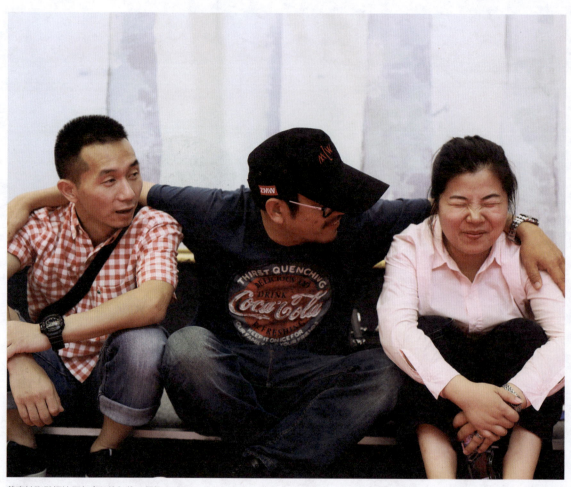
黄赛被张默闻这厮与金和的气势吓得闭上了眼。

## 【破局篇】

# 新零售时代来临，软装行业如何痛中破局？

这是一个最好的时代。自2016年云栖大会上，马云提出新零售、新金融、新制造、新技术、新能源等概念以来，关于新零售的探索如火如荼。不仅传统行业向线上疯狂转型，也有不少如三只松鼠、小米等线上品牌向实体落地，还有诸如盒马鲜生、天猫小店等一批融合线上线下的新物种接踵而至，新零售从一个抽象的概念变得越来越具体。

这也是一个最坏的时代。互联网的飞速发展，不仅给实体零售行业带来了巨大冲击，也让依靠互联网的商家触碰到了天花板。软装行业也毫不例外，随着互联网+时代的来临，企业能掌控的市场越来越小，生存空间逐渐被挤压，产品同质化愈加严重。机遇与挑战共存，风险与发展同在。那么在新零售时代下，软装行业应该如何痛中破局？

**线上发展初遇瓶颈，线下市场寻求生机**

成立于2010年的米素壁纸（江苏左右环保装饰材料有限公司旗下品牌），总部位于长江文明和吴文化的发源地——江苏省常州市，是集原创设计、生产制造、销售服务、售后管理于一体的专业壁纸制造销售商。多年来，米素壁纸凭借满足年轻人的线上消费喜好，提供年轻人喜爱的简约风格的产品，打造了独特、时尚、年轻的品牌形象，改变了不少年轻消费者对于壁纸奢华的刻板印象，获得了不少年轻消费者的好评。目前，米素壁纸已经发展成天猫美家壁纸类第一（TOP1）品牌、阿里集团核心战略商家之一。

虽然米素壁纸已经在天猫壁纸类目中拔得头筹，但依旧遇到了企业发展的瓶颈。由于互联网行业的急剧扩张，用户总数趋于饱和，线上流量被流量巨头们垄断，众多电商品牌因为缺乏线下门店不得不被昂贵的流量价格绑架，有些企业称为了获客，每年的线上业务支出超过公司总支出的50%，甚至更高。同时，随着市场容量的增大，消费者对每个产品的关注度也在不断下降。昂贵的获客成本和初遇天花板的线上流量，让互联网大牌2016年的销量环比下降了40%左右。米素壁纸也不例外。

不过值得庆幸的是，早在2012年，互联网企业仍以几何倍数疯狂增长时，米素壁纸就已悄悄布局线下渠道，第一家专卖店在江苏常州正式开业。此后，全国陆陆续续开设了近300家米素壁纸专卖店，一时间，米素布局线下渠道，将线下渠道与线上市场深度融合，打造了跨界多元化的购物体验，形成了线上线下流量一体化、可持续运营的米素互联网+的运营模式。

张默闻这厮亲自接待前来学习的 29 位米素军团成员。

但是，面对营销思路截然不同的线下市场，米素壁纸显然无法应对。不仅面临自身的问题：缺乏最为核心的品牌诉求点，营销活动布局思路不清晰，传播核心点混乱，营销活动不成系统等，还面临着国外进口壁纸品牌和本土地域性强、性价比高的壁纸品牌的竞争。究竟如何才能在线下市场寻求生机，成为萦绕在米素壁纸创始人金和心中的难题。

**赴杭进修幡然醒悟，专业人才做专业事**

就在米素壁纸创始人金和埋头苦思米素壁纸未来出路的时候，一条由张默闻中美联合商学院举办的张默闻嫡传品牌策略班课程即将在杭州召开的消息引起了他的注意。这堂课正是张默闻这厮为陷入困境的企业家准备的品牌高端课程。在得知这一消息后，米素壁纸创始人金和立刻联系了商学院的班主任，申请报名参加。

在整整两天一夜的课程中，主讲人张默闻这厮从品牌如何打造、企业如何管理等多个维度，讲述了品牌与营销之道，并且引经据典，深入剖析了以恒大冰泉、娃哈哈、天能电池、樱雪厨电、施可丰真化肥、快克感冒药、晾霸晾衣机、极白氨基酸白茶为代表的多个成功案例背后的核心策划原理。

据了解，在张默闻嫡传品牌策略班的现场，米素壁纸创始人金和表示："专业的事就应该交给专业的人，张老师就是我认识的策划界最专业的大咖，把品牌交给他我放心！"毫无疑问，在经历过为期两天的课程后，金和不仅掌握了品牌策划、企业战略管理等核心策略，还解决了米素壁纸如何破局的难题。至此，米素壁纸创始人金和终于找到了米素壁纸的破局关键，张默闻策划集团也凭借专业能力赢得了米素壁纸创始人金和的青睐。

**米素壁纸创始人金和现场讲话原文实录——**

专业的事情交给专业的人做，这是我的思考和总结。我觉得，我还是要尽快和张老师合作，因为每个人每天的时间成本都是24小时，如果我天天把精力放在品牌策划上，就没时间做其他的事情了，况且我觉得品牌策划不是我擅长的。今天应该是第三次来，是什么样的感染力让我来呢？第一次听张老师讲课，他讲了这样一句话，也是我始终相信的：没有什么样的第一品牌不可以被挑战。

我觉得一个创业者首先要具备开创精神，永远朴素，永远要往前冲。我把米素品牌的策划工作交给张默闻策划集团的专业团队去做，就是希望通过我们的合作给米素品牌一个美好的未来。

**大品牌联合大策划，强强联合共赢未来**

在张默闻嫡传品牌策略班结束后不久，2017年6月22日上午，米素壁纸创始人金和

张默闻嫡传品牌策略班即将在杭州召开的消息引起了金和的注意。

张默闻策划集团和米素壁纸的合作就是年轻与专业碰撞出的火花。

携公司 28 名中高管赶赴张默闻策划集团学习，获得张默闻这厮的亲自接待。

现场，张默闻这厮先向在座的各位米素精英抛出了三个问题：2017 年米素壁纸最大的困扰是什么？米素是谁？米素与竞争对手的差异是什么？一瞬间，在场的米素高层都陷入了沉思。一次直击心灵的拷问让米素精英们发现，这些本应在米素高层中统一的观念没有达成共识。而张默闻这厮在听完他们的回答后更是敏锐地指出了藏在这些观点背后的核心问题：米素壁纸当前急需解决的是品牌认知层面的统一问题，而并非是一味将多重想法在企业身上一一试用的问题。要想进行米素壁纸的品牌建设，唯有外部与内部两手抓，这样才能促使米素壁纸健康发展。张默闻这厮的一席话获得了米素壁纸创始人金和的大力赞同。

之后，张默闻这厮也为现场的米素精英们进行了"究竟什么才是品牌"的培训，在培训中，张默闻表示：其实品牌不仅仅只是一些软文、传播策略等浅层次的概念，更是涵盖老板形象、企业文化、团队执行力等诸多问题的综合概念，唯有正确地认识品牌、快速地处理品牌面临的问题，才能称得上一场成功的品牌营销战役。对此，米素壁纸创始人金和表示，"不愧是张默闻老师，果然是一语中的！"

事实上，新零售时代下，线上线下融合发展是越来越多互联网品牌发展的必然趋势。随着国民消费水平的提高，消费升级的概念也会越来越深入人心。家居类产品品类繁多，具有高价低频的属性，消费者决策时间长。相对于线上营销而言，门店一对一的营销方式更容易激发消费者的深层需求，增加体验环节，从而促成成交。因此，线下门店的迅速扩张是企业发展布局的关键。

而张默闻策划集团在线下布局、市场开拓甚至招商方面都颇有建树。作为以"策略准、创意狠、地位稳"策划功夫闻名的策略大师，张默闻这厮不仅成功通过一场晾霸智能晾衣机代理商大会将订货额较往年翻了 5 番，还帮助极白氨基酸白茶从零开始建立品牌，拓展线下渠道，取得了首年超 1 亿元的销量。因此，2017 年 7 月，米素壁纸与张默闻策划集团正式达成战略合作，这标志着天猫壁纸类排名第一的米素壁纸正式签约中国排名第二的策划机构张默闻策划集团，两者的强强联合必将在软装行业中掀起新风浪。

据了解，早在与米素壁纸的初步沟通对接过程中，张默闻这厮就根据 20 多年的策划创意经验从品牌、使命、营销、传播等多角度了解了米素壁纸品牌现状，得到了米素壁纸创始人金和的高度赞同。对于这次的全面合作，金和表示："张默闻策划集团是中国排名第二的策划公司，张默闻老师本人更是曾服务于世界 500 强企业的传奇人物，张老师团队也在品牌策略上造诣颇深，对于软装行业也有所了解，并且张老师团队所有全案项目均由张老师本人亲自操刀把控，确实非常放心。"张默闻这厮表示："相信我，我一定会把米素壁纸打造成中国壁纸、家居行业的第一品牌！"

　　米素壁纸此次与张默闻策划集团的战略合作，是年轻与专业的火花碰撞，更是线上与线下的一次资源整合。相信在张默闻这厮的战略指导下，米素品牌将加快"新零售"战略步伐，实现全新升级。在米素壁纸与张默闻策划集团的强强联合下，米素壁纸成为中国乃至世界壁纸、家居行业最具影响力的标杆品牌指日可待。

## 【调研篇】

# 让市场调研成为寻找品牌买点的放大器

**想要一剂品牌的良方，请先走进企业**

2017年7月10日，张默闻这厮亲自带领张默闻策划集团米素壁纸项目组成员前往江苏常州米素壁纸总部，与公司高层展开一对一的深度访谈，共谋米素壁纸品牌发展大计。

据悉，此次调研，张默闻这厮与米素壁纸CEO、传播部负责人、电商部负责人、商品部负责人、销售部区域经理等多位高层进行了深度访谈，对米素壁纸的战略规划、品牌定位、企业文化、发展问题、组织架构、营销策略等方面进行了深入调查。经过一整天紧锣密鼓的调研，张默闻这厮获得了诸多有价值的调研成果，为今后品牌的策划与创意打下了坚实的基础。

米素壁纸是江苏左右环保装饰材料有限公司旗下品牌，是集原创设计、生产制造、销售服务、售后管理于一体的专业壁纸制造销售商。居于上，艺术由心生；形于美，生活在自然。米素对于艺术的领悟以及对于生活的灵感都融于产品之形，经过多年努力，米素壁纸已发展成为中国壁纸行业的畅销品牌之一，同时也是天猫商城壁纸类目TOP1品牌。截至目前，已服务超过全国600000组家庭。

安不忘危，盛必虑衰。虽然米素壁纸已成为中国壁纸行业的畅销品牌之一，却同样也遇到了企业发展的瓶颈。自2016年10月马云首次提出"新零售"以来，线上流量向综合性的电商平台集中，曝光精准度打折，众多电商品牌因为缺乏线下门店不得不被昂贵的流量价格绑架，举步维艰。同时，随着国民消费水平的提高，消费升级的概念深入人心。家居类产品品类繁多，具有高价低频的属性，消费者决策时间长，注意力持续时间在逐渐缩短。这是对企业固定经营模式的挑战，若是企业没有及时做出调整，很快就会被顾客忘记。

可以看出，新零售时代下，线上线下融合发展是越来越多互联网品牌发展的必然趋势。相对于线上营销而言，门店一对一的营销方式更容易激发消费者的深层需求，增加体验环节，从而促成成交。因此，门店的数量、品质与体验是未来品牌营销至关重要的一环。

在此次企业调研中，张默闻这厮与米素壁纸CEO金和如手足般促膝长谈，深度交流各自内心对品牌发展的规划。金和表示，米素已经在战略方面做出调整，以2017年天猫"618"线下活动"邂逅理想生活"为起点，米素的"新零售"战线将全面铺开。同时，金和透露了他的"千店计划"，他表示，2017年下半年米素壁纸将全力布局线下门店，打造更好的消费者体验,希望能够通过加强消费者体验为品牌带来更好的口碑。只是作为长期在互联网上运营的品牌,虽然有了这样的意识,但一下子在线下发力还是有些吃力。因此还需要张默闻这厮运用他强大的战略格局与丰富的品牌线下运营经验来帮助米素再攀品牌新高度。

面对如此高的期待,张默闻这厮表示一定不会辜负米素的信任。在随后更深入的调研中,张默闻这厮通过一个个极具针对性的问题,一一列举出了米素壁纸目前品牌发展的核心问题,就在寻找这些问题的过程中,米素壁纸品牌的发展蓝图在张默闻这厮的心中也慢慢铺陈开来。米素壁纸 CEO 金和表示:"张默闻老师找到了阻碍米素壁纸发展的问题,并提出了解决这些问题的初步方案,而且对企业标识、人才管理等方面提出了独到的建议,调研如此高效务实,张老师果然有独到之处。"

此外,与金和的战略性交流不同,张默闻这厮对管理高层的访谈更落地,就经验状况、营销动作等诸多具体的战术问题进行了深度挖掘,抓住核心,力图将米素壁纸企业的现状洞悉入微。米素壁纸高层感慨:"张默闻老师的调研不是单纯的调研,而是在调研中直接出创意、直接出解决思路,真是太厉害了!"

通过此次深度调研,让张默闻策划集团对米素壁纸的未来发展规划有了更深刻、清晰的认识。张默闻这厮抓住了米素壁纸品牌的核心发展问题,与米素壁纸高层达成了品牌共识,为下一步米素壁纸品牌全案工作的顺利展开奠定了基础。

**想要一剂品牌的良方,请先走向市场**

调研是为了收集系统客观的信息数据,为决策做准备的一种方法,而进行深度的市场调研一向是张默闻这厮在进行品牌全案创作前的重头戏。加盟商作为市场真实情况的最佳反馈者,受到张默闻这厮的高度重视。因此针对米素市场调研,张默闻这厮不仅亲自参与了调查问卷的设计工作,还不断结合壁纸、家居行业现状对调查问卷不断调整。

2017 年 7 月,张默闻策划集团米素壁纸项目组在张默闻这厮的带领下,空降米素壁纸一线市场。为了更加高效地了解终端市场,张默闻这厮选择最具代表性的五大市场进行调研,城市层级涵盖省会城市、经济强市、县级城市等,为实现米素壁纸品牌的全新发展斩获市场最真实、最原始的反馈。

张默闻这厮说:"只有亲自走到市场中去,亲眼看到、亲耳听到、亲身体验到,才能算是一次负责任的调研。"正是凭借身体力行的实地考察,张默闻这厮对米素壁纸的市场情况不仅进行了"调查",更进行了研究,根据这些具有客观性、前瞻性的调研事实与数据,发掘出了米素壁纸品牌的无限潜力。

张默闻这厮莅临米素做内部调研。

张默闻这厮认真记录谈话内容。

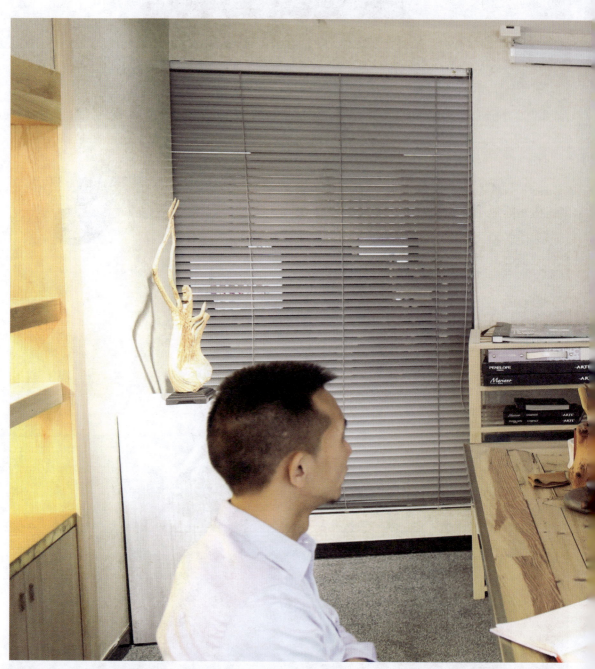

张默闻这厮在初步调研后为米素壁纸 CEO 金和绘制了一幅米素壁纸品牌发展蓝图。

南京市场是张默闻这厮及其团队展开调研的第一站，也是米素最早最成熟的市场，非常具有代表性。调研中，张默闻这厮与米素壁纸南京区域的渠道加盟商、店助理、导购进行了深入的沟通，他们从专业培训、客户来源、营销活动、消费者买点、销售话术等各个方面出发，对市场的实际情况进行了重点沟通。

张默闻这厮还将自己扮作消费者，与终端销售人员亲切交谈，仔细聆听及分析了导购员的销售方法和技巧，从中发现了市场一线的优势与问题。在与店内销售冠军简短交流后，张默闻这厮马上总结出了四点销售技巧，并对品牌调性、动销辅导、营销运作等方面给予了专业性的建议。加盟商梁总表示张默闻这厮提出的建议在终端实操上很实用。"我们之前只知道这个导购员卖得好，却没有总结过方法，真的感谢张老师的指导。"梁总作为米素壁纸最早一批加盟商，可以说一路上陪伴米素品牌的成长，对米素品牌的问题深谙于心，他提出的大量终端升级建议是非常宝贵的一手资料。

在对米素壁纸终端专卖店进行调研的同时，张默闻这厮也对卖场里的竞争品牌进行了细致的观察和分析。张默闻这厮指出，米素壁纸品牌与其他品牌的店面设计已经形成了一定的差异化，想要拉大差距，应该在场景化营销和体验感上下功夫。同时，米素壁纸应该加大对加盟商的服务和培训力度，增强管理的专业性，留住优秀加盟商，更好地促进米素壁纸的日益壮大。这些想法在各个市场的加盟商处都得到了肯定，诸暨（浙江省县级市）市场的卞总更是直言："我一直对米素壁纸的服务问题有意见，张老师说出了我们的心声。"

相较于其他市场，杭州市场的消费者对生活品质要求高，对壁纸的使用度更高，因此杭州米素壁纸专卖店的年销售额在米素壁纸直营店中名列第一，对于杭州市场的研究能为其他市场起到一定的借鉴作用。在杭州市场的调研中，张默闻这厮与店长、销售员亲切沟通，对米素壁纸杭州市场做了全方位的了解和分析，汲取冠军的经验和方法。在交流中，杭州加盟商对于张默闻这厮提出的锁定"年轻"这一概念的想法表示了高度认可。这不仅是他们每天接触的客户群的精准画像，更是对米素壁纸核心竞争力的高度概括。

通过统一梳理调研问题，张默闻这厮根据这些天调研所得的资料，高度提炼了米素壁纸品牌特性，获得了米素壁纸高层的认可。他强调，米素壁纸不应该试图在整个市场上争取优势地位，而应该在市场细分的基础上选择对企业最具吸引力并能够有效占领的那部分市场为目标，制订相应的产品计划和营销计划为其服务，以取得竞争的优势地位。同时，张默闻这厮也总结出了米素品牌的十大要点，即米素品牌的五强五弱。

**米素品牌新五强：**

①视觉强——设计能力时尚有想法；②模式强——加盟商成活率比较高；③战略强——

企业的顶层设计正确；④老板强——金和的个人能力超群；⑤学习强——整个公司爱学习。

**米素品牌新五弱：**

①品牌定位弱——真正的品牌买点没有彰显出来；②市场服务弱——真正的营销服务没有落实到位；③企业文化弱——真正的员工需求没有得到满足；④品牌传播弱——真正的米素品牌的行业大于市场；⑤标准统一弱——真正的标准化没有完全建设好。

张默闻这厮身体力行，调研问题细致入微，调研对象涵盖广阔，捋清了米素壁纸品牌及市场存在的问题，也为米素壁纸下一步品牌新战略的制定夯实了基础。

**想要一剂品牌的良方，请先深刻洞察**

2017年的热词之一是新零售，可以看到，不管是背后站着阿里的盒马鲜生，以阿芙精油、御泥坊为代表的美妆电商，还是以小米、魅族为代表的互联网手机品牌，各个细分行业的电商纷纷布局线下实体店，抢占实体市场的蛋糕。

张默闻这厮认为，米素壁纸应该迎着新零售风口在线下快速扩张，将线上购物和线下体验打通来提升消费者的消费体验，这种新业态的需求有以下三种力量的支持：

**第一，国家政策的支持。** 十九大报告中明确指出：建设现代化经济体系，必须把发展经济的着力点放在实体经济上。这说明实体经济有望迎来利好政策，线下实业萎靡的阴霾即将过去。同时，政府加大了全装修政策的推行力度，鼓励房地产公司大力开发精装修房，各大省市也纷纷推出精装交付政策，政策东风已经吹来，软装行业扩张时代来临。

**第二，消费习惯体验化。** 随着人均收入的提高和社会经济的发展，在消费习惯上，人们不再过度关注品牌和炫耀式消费，更加讲究消费的场景、情调和氛围，对价格的观念相对淡薄，这也促进了细分市场的扩大。随着人们消费观念的升级，企业也逐渐将经营模式转变为覆盖"服务+内容+生活方式"的"全面化""场景化"模式，且更重体验。

**第三，壁纸行业需求大。** 据权威机构统计：全国34个一级行政区、334个地级行政区、近3000个县级城市的家居饰品的年消费能力高达2000~3000亿元；一个10万人口的小县城，家居饰品年消费能力不低于1000万元。与超强消费力相对应的却是壁纸的低使用率，在中国，壁纸作为内墙装饰材料的使用率低于5%，而在欧美，壁纸的使用率约为50%，日韩在98%以上，由此可见中国的壁纸市场潜力非常可观，将是未来全球壁纸行业增长的主要力量。

米素壁纸市场调研实拍001：荣誉墙。

米素壁纸市场调研实拍002：活动海报。

米素壁纸市场调研实拍003：米素产品获欧洲认可。

米素壁纸市场调研实拍004：天猫墙纸类目第二（TOP2）品牌。

米素壁纸市场调研实拍005:"618"年中大促"618元 贴一间"。

米素壁纸市场调研实拍 006：工作服。

米素壁纸市场调研实拍 007：门店陈列。

种种数据虽然亮眼，但现实的情况却不容乐观。米素壁纸虽然从 2017 年上半年起就已经在大力实施线下扩张计划，但是米素壁纸 CEO 金和在与张默闻这厮交流中却说他目前最大的困扰仍然是开店太慢，2017 年上半年就招了三四十个加盟商，下半年基本没招。除了米素壁纸内部人员变动、加盟门槛高等浅层原因外，还有更多深层原因值得深思。

与此同时，更多的互联网壁纸品牌在拓展速度上已经先米素壁纸一步，老牌线下壁纸品牌更是在店铺数量、地理位置方面占据着相对优势。米素壁纸该如何享受新零售风口带来的丰厚红利？张默闻这厮在深度思考后认为有以下关键点：

**关键一：加快提升品牌影响力。**

张默闻这厮强调米素壁纸必须加强品牌知名度和美誉度建设，讲好米素壁纸开店的品牌故事，形成话题级的影响力。提升品牌影响力的首要任务就是实现品牌升级，这其中包括视觉升级、文化升级、管理升级、陈列升级等。

**关键二：建立米素壁纸标准 4S 服务。**

这个服务包括两方面：一方面是米素壁纸对加盟商的服务，另一方面是米素壁纸对顾客的服务。米素壁纸应尽快整合供应链、人才队伍等，在资源匹配上做到能适应米素壁纸的发展速度，在服务人员的数量上能够满足线下扩张的速度。同时应统一服务的各项标准，明确米素壁纸能为加盟商、顾客提供服务的内容。

**关键三：优化互动性场景化营销。**

米素品牌不应只是做米素壁纸专卖店，更应该打造一个类似"米素壁纸博物馆"或"米素壁纸生活馆"的体验店。张默闻这厮建议米素壁纸在整个场景管理上下功夫，请几个大师设计互动场景的空间。体验感 + 产品力是一个门店最基础也最重要的，在这个基础上才能锦上添花。

**关建四：强化可爱斑点狗的形象。**

门店的差异化，就是要让别人找到符号。米素壁纸独特的符号就是斑点狗，张默闻这厮认为应该将它运用到极致。米素壁纸可以多借鉴洛杉矶国际影城或者是迪士尼乐园的做法，打造一个超级斑点狗的卡通形象，立在每个专卖店门口，这会非常抢眼。

在总部和外部市场调研结束后，张默闻策划集团米素壁纸项目组对 10 万句调研录音进行了整理，并结合大量国内外软装行业资料整理出了近 3 万字的生存报告。在一个月的时间里张默闻这厮反复对这些资料进行分析和研究，通过不断删减和提炼，形成了米素壁纸领袖声音、内部调研、一线市场共 100 句真声音，最终又提炼出 3 句金句，确定了米素壁纸发展的核心基调。

第一句：年轻化的米素壁纸，正在被 80 后、90 后加盟商成功地用米素壁纸的高性价比卖给更多 80 后、90 后顾客。

第二句：愿景完全正确，定位尚未成功，年轻化米素壁纸正走在激增开店数量、全面推进标准化、提高转化率和无促不销的活动规划的道路上，米素壁纸需要文化信仰统领、品牌定位的出台，需要全面解决以人为本的多维度管理问题。

第三句：年轻化的米素壁纸要做软装界的小欧派和小宜家，利用门店管理的标准力、超级过硬的产品力、无限舒服的体验感、心无二志的信任感四个维度推动米素壁纸 3 年 10 亿元的销售目标。

【定位篇】

# 定位就是从头开始,顶层设计品牌买点

**顶层设计战略先行,看品牌战略如何出击**

2010 年,米素壁纸落户江苏常州,由开设天猫店起家,服务范围遍及大江南北。

2018 年,米素壁纸调整战略布局扎根线下,以"线上 + 线下"玩转软装新零售模式,由壁纸单品类向"壁纸 + 墙布 + 窗帘 +……"等多品类扩张。

面对品牌的快速扩张,以及消费趋势的快速变革,"如何实现米素壁纸品牌影响力的快速爆破"成了米素壁纸 CEO 金和向张默闻这厮抛出的第一个疑问。品牌战略解决的是品牌发展方向的问题。张默闻这厮凭借自己 20 多年的策划经验,以及亲身实地参与米素壁纸内外部调研的思考,为米素壁纸量身定做了三大品牌战略。

**第一大品牌战略:年轻化战略——围绕年轻创品牌**

2017 年 5 月,阿里研究院联合波士顿咨询公司(BCG)发布的《中国消费趋势报告》中显示,截至 2021 年,中国的消费市场将扩大一半,到达 65000 亿美元的规模。未来 4 年内,中国消费者市场将带来 29000 亿美元的增量,而这个增量中的 65% 将由 80 后、90 后及 00 后带来。

抓住年轻人就是抓住未来。纵观当下,即使是产业链完善的大型传统企业,也无一不以自己的方式解读年轻人,试图与年轻人对话。一些"看不上"年轻人的奢侈品开始放下身段;传统零售百货商与互联网打通,尝试"跨空间、跨时间"的云服务;运动品牌大打"态度牌"以获得年轻人的青睐……

在这万亿级市场的背后是对年轻一代群体的把控。针对这一消费趋势变迁,张默闻这厮在调研期间敏锐地挖掘出米素壁纸的核心亮点——年轻化。这个年仅八岁的品牌具有"产品年轻、形象年轻、消费群体年轻、团队年轻"等天然基因,构建了一套米素壁纸自有的品牌标签,在以欧式风格为主流的壁纸市场中异军突起站稳脚跟。

如果说米素壁纸的出现填补了壁纸行业"年轻市场"的空白,那么坚持走年轻化战略不仅能够占领消费者心智、明确品牌定位,也是顺应消费变迁的必然要求。因此,走年轻化战略是势在必行的。

**第二大品牌战略：软装化战略——米素品牌是未来中国软装的代名词**

解决了品牌形象的定位问题后，米素壁纸应该如何调整产品线？早在米素壁纸CEO金和初次拜访张默闻策划集团时，便向张默闻这厮道出了自己的梦想："米素壁纸未来要做中国的宜家。"

当今，吃饱穿暖已不是人们的首要需求，大众对于提高居住环境的呼声越来越强烈。随着我国人均居住面积的改善以及装修理念的改变，"轻装修，重装饰"的想法开始深入人心，各类工艺品、欣赏品成为家庭装饰的必需品。

同时，早在2008年住建部就对外发布了《关于进一步加强住宅装饰装修管理的通知》，鼓励和引导商品住宅一次装修到位，未来将逐渐取消毛坯房。这一政策的实施为软装行业迎来了又一利好。精装房的缺点在于装修风格单一，大部分业主没办法从硬装上体现自己的个性及品位，只有在后期的软装上下功夫。

张默闻这厮表示，当下中国软装行业大牌林立，但大多集中在沙发、橱柜等细分领域，尚未有哪个品牌能像宜家这样整合全球资源成为软装大牌。这对于米素壁纸来说，是个机会。

**第三大品牌战略：好看战略——通过视觉层面触及消费者买点**

人都是视觉动物，对于好看的东西总会有天生的好感。在思考米素壁纸品牌定位的过程中，张默闻这厮敏锐地观察到一个细节。消费者购买家居建材商品的标准常常会是"这件东西好不好看？这件东西放在家里好不好看？"能不能"饱眼福"是人们内心的潜在需求，如果一件商品不能在视觉层面满足消费者的喜好，那它已在第一时间脱离了消费者的选择范围。对于壁纸而言，许多消费者购买壁纸的初心是为了让家居环境更好看、更有档次，也是基于"视觉层面"做出的选择。

张默闻这厮的"好看战略"的提出，是从商品思维向买点思维的完美跨越。在大部分还在强调商品思维的家居建材品牌中，张默闻这厮无疑是在以一种全新的方式去赢得消费者的好感和青睐。在他看来，米素壁纸的好看策略不仅要停留在产品上，还要在门店上、服务人员的形象上等各个方面传递一致的调性，米素的好看应该是从骨子里透出来的。张默闻这厮的观点得到了创始人金和的强烈认同，金和向米素壁纸高管表示："张老师提出的好看战略，为米素壁纸提供了全新的方向。"张默闻这厮的品牌战略分别从品牌态度、品牌内容、品牌形象三个维度，将米素壁纸原来毫无章法的品牌战略重新梳理清楚，为品牌的未来提供了战略性的指导。

### 顶层设计营销先行，看营销战略如何构造

消费者决定购买一件商品是由多方面因素构成的。张默闻这厮认为，学会如何从中找出米素壁纸最核心的买点去说服消费者，是营销过程中必须要做的事情。

**战略一：高性价比战略——为顾客节省更多**

随着电商渠道的日趋成熟，高科技与社交媒体的迅猛发展，软装零售行业遭遇大洗牌。商业并购与产业联合现象频发，原先那些一心扑在渠道上的企业也纷纷开始加入了品牌战争，行业正面临着严峻挑战。

未来十年，消费品爆发性的增长与长期冲动性购物习惯使消费者的消费欲望将趋于饱和，面对通货膨胀与不断攀升的生活成本，消费者更渴望的是价廉物美、性价比高的商品。像小米、京东、无印良品、宜家这样的企业就是在这样的营销战略中得以生存发展的。

在此大环境下，软装零售乃至整个零售行业的责任不再仅仅是卖货这么简单，而是要让消费者意识到品牌自身的价值。产品也不再是交付消费者的唯一载体，而是服务体验的一部分。

"低价高配"是米素壁纸得以迅速发展的基础。"消费者不是傻子，忽悠只能成功交易一次，不能带来重复消费。米素壁纸希望做到的是通过口碑效应获得消费者认可，目前米素壁纸平均老客介绍新客达成交易率高达30%。"张默闻这厮向米素壁纸CEO金和表达了自己坚持"高性价比"战略的决心。他认为所谓"高性价比"不是大打价格战，而是通过产品和服务建立起米素壁纸与消费者之间的情感，树立品牌效应、获取市场份额。

**战略二：线上线下复合战略——价格透明，获得信任**

张默闻这厮指出，这里说的线上线下复合战略，即米素一直坚持的主张——"线上线下同款同价"。消费者在购买壁纸、窗帘等商品的过程中扫描二维码，即可现场查询商品价格。全国统一定价，线上线下无差价。

要做到线上线下资源完美打通并不简单。在商品层面，新品上市、商品铺货、商品库存调拨、商品价格都必须保持一致。除此之外还需要在营销层面、市场推广层面、供应链管理层面均实现智能高效的管理体系。与传统壁纸品牌相比，互联网出身的米素壁纸已然占据先机。连续四年获得天猫品类TOP1的称号，积累了一大批原始的忠实粉丝，具备了线上数据获取的能力。

将线上线下的渠道打通，不仅能解决"价格透明"问题。对一些在线上不容易成交的客户，可以直接将其引导至其所在地区的线下门店，在经过专业化培训的导购员的帮助下

金和与其夫人被张默闻这厮的幽默逗得捧腹大笑。

完成购物体验,从而减少客户的流失比例。

很长一段时间,家居建材行业都存在定价混乱的状况。同一个单品的价格会因客而异、因人而异,消费者往往在不经意之间就掉入了卖家的陷阱。在此背景下,米素壁纸率先在行业内提出了"线上线下同款同价"的口号,引发了行业内的大洗牌。一些缺乏原创设计能力、靠忽悠消费者经营的品牌将逐渐被市场淘汰。

在张默闻这厮看来,消费者在购物时通常存在"不要被坑"的消费心理。正是这种心理导致消费者在购买过程中犹豫不决,使买卖双方需要就价格问题进行反复拉锯,这是对时间成本的巨大浪费。通过"透明定价"的策略能够促使消费者快速做出决定,增加交易效率。

**战略三:品牌化营销战略——放大米素品牌影响力**

在偌大一个建材市场里,壁纸品牌林立,如何让消费者选择你?这时候"品牌"就起到了最为关键的作用。

现阶段,壁纸行业的品牌概念尚处于初级阶段,消费者基本是以风格、款式来确定最后的选择。消费者能说出口的壁纸品牌寥寥无几。面对如此混乱的市场局面,谁先将品牌打响,谁就占住了先机。为此,张默闻这厮对米素壁纸的广告语、品牌视觉、品牌符号等进行了全新升级和规范,就消费者购买壁纸的消费心理进行反复揣摩,在大家还在传播"环保""花型""风格"的时候,别具一格地提出了"上墙更美"的广告语以及"大牌正年轻"的品牌口号(Slogan)。

张默闻这厮强调,米素壁纸想要成为中国壁纸第一品牌,甚至成为软装品牌的代表、中国的小宜家,关键就是要学会利用自己的优势打组合拳。以"高性价比"加上"价格透明"作为切入口,在消费者心中钉入一颗强有力的钉子,让大家想到壁纸、想到软装,就能想到米素品牌。

**战略四:体验营销战略——用体验带动销售**

一个壁纸窗帘品牌为什么要做体验馆?这对于同行来说是一件不可思议的事。直到今天,你走进建材市场还会看到这样的景象:版本被随意堆砌在桌子上,壁纸窗帘被毫无规律地陈列在墙上。在这样的场景下,你根本无法想象它摆进家里是一个什么画面。这个行业正经历从版本时代、产品时代向体验时代转型的初级阶段,有些人已经率先体会到了时代变革的意义,有些人还停留在原地。

张默闻这厮在调研中发现,随着全球化进程的推进,一些大型的家居品牌也纷纷加入了开拓中国市场的行列。它们带来了国外的设计理念与潮流，也将"体验营销"这一概念深深植入了中国消费者的脑袋。企业不再是卖产品，而是在卖消费者的"买点"，为消费者解决问题或实现快乐。

购买家居类产品是为了满足精神需要，其中寄托着消费者期望让家变得更美更好的愿景。一家窗帘壁纸店如果能通过布置和空间陈列把商品展现出来，让消费者能够拥有"我家如果变成这样，该多么好啊"的心态，不只进行产品功能和外貌上的展示，而且创造出各式各样的情景，给消费者全面的感观的体验，就能拉近商品与消费者的距离，使其理性需求进化成感性需要。而一旦消费者将米素壁纸的产品与自己的需求相连接，就会加深购买的欲望和好感。

其实体验营销并没有特定的形式，也并不是一定要使用 VR、AR 这样的高科技才能够实现。只要能让消费者得到"亲身参与并乐在其中"的触感，并且感受到品牌或产品的优势，或是在服务品质和营销模式上的创新，都能达到以体验带动销售的效果。

**顶层设计文化先行，看文化战略如何更新**

许多企业在创立初期对企业文化的打造最嗤之以鼻，认为谈形而上学的东西太过矫情。然而随着企业的不断发展，文化打造的重要性便逐渐浮现了出来。在张默闻这厮看来，企业文化对内而言，是企业发展的原始驱动力，能够增强员工的归属感和使命感；对外而言，是企业核心价值观和企业精神的传递，能够树立消费者信心，对品牌的打造有很强的推动力。

许多企业正是因为强大的企业文化，才创造了一个个行业奇迹。比如，海尔的张瑞敏怒砸 76 台质量不合格的冰箱，将"海尔中国制造"砸进了每个海尔人的心里，也砸进了每个中国人的心里；华为的敢打敢拼，使其成为世界出货量第三大的智能手机制造商；方太尊重员工、尊重顾客的儒家文化使其完成了"低端加工组装工厂"向"中高端设计制造商"的转型……

那米素壁纸的文化又是什么呢？张默闻这厮在总结分析后得出了米素壁纸未来需要打造的三大文化战略。

**战略一：家文化——软装产品承载人们对美好生活的向往和憧憬**

人们通常会在这几个场景下产生购买壁纸、窗帘等软装产品的需求：成家、入住新家、改造家。家，是社会的基础，它承载的是人们对美好生活的向往和憧憬。对于一个软装家居品牌来说，打造家文化是非常重要的战略。

让家变得更好、更美，是一个企业的使命。对于顾客而言，通过购买高质量的产品和服务，能够打造一种健康、环保、有品位、有文化的生活方式，让自己的小家庭享受幸福安心的生活；对于企业而言，家文化是成就全体米素人物质层面和精神层面幸福，让米素这个大家庭变得更美好的文化。

只有将家文化深深根植于企业文化里，米素才能获得社会的承认、员工的认同以及顾客的忠诚。

### 战略二：年轻文化——年轻人卖米素，年轻人买米素

在张默闻策划集团针对加盟商和消费者进行调研时，我们对每一个人都问过一个问题："你对米素最大的印象是什么？"

"年轻！"这个回答几乎能从每位受访者口中听见。米素的年轻是从骨子里透露出来的。产品和门店装修风格以北欧、日式的简约风为主，与建材市场里浓重的欧式宫廷风相比，简直是一股清流。消费者多是 25~35 岁的刚刚成家的年轻人。加盟商的平均年龄在 30 岁左右，其中不乏"手握两家门店以上"的 90 后创业者。

在年轻人这个市场里，每个品牌都想分一杯羹。米素要做的不是刻意去讨好年轻人，而是做年轻人的朋友，通过自身的年轻气质去吸引更多的年轻人。

### 战略三：透明文化——老板让人信任，价格让人信任，品牌让人信任

透明是信任的基础。市场里卖壁纸的企业这么多，消费者凭什么要买你的？

当我们还原消费者在建材消费时的路径时会发现：很多消费者都是第一次装修，这些消费者担心建材行业的坑比较多，一般第一步会找熟人咨询，或者交给装修公司；咨询熟人，再通过查询百度、论坛等方式加以验证；去建材市场比较，在这个过程中说得最多的一句话是："我再看看"。

要知道现在的消费者需要的是买点，而不是卖点。营销大师戈德曼（Aaron Goldman）说："营销的秘密不是别的，是我们不销售'产品'，而销售'利益'。"何为销售利益？就是在销售产品的过程中为消费者提供附加价值。现在很多经营者的思维还停留在推销阶段，忽略了"服务体验"及"信任"的重要性。为什么你去宜家、去无印良品，没有尾随你身后喋喋不休的营业员，而你却愿意将大量的时间和金钱消耗在其中？美陈、装修、服务人员的状态就是无声的语言，有时候无声的语言反而是最有力量的。因此，张默闻这厮认为透明文化就是米素壁纸能够短时间内实现销售的核心文化战略。

**顶层设计品类先行，看品类战略如何部署**

一个企业无论想要把规模做得多大，首先都要把资源和精力聚焦在一个超级品类上面。先将一个超级品类做成功，再通过超级品类带动其他品类的销售，这才是做品牌的王道。

《孙子兵法·虚实篇》中曾有言："故形人而我无形，则我专而敌分。我专为一，敌分为十，是以十攻其一也，则我众而敌寡。"这是分散敌人兵力，变强敌为弱敌的一种作战方法。企业如果同时推出多个品类，资源分散，则会导致所有商品都无法赢得市场。就像消费者记住一个品牌，往往会把这个品牌与其某个战略单品联系在一起一样。靠一个单品打天下的品牌不在少数，比如提起康师傅，会想到红烧牛肉面；提起洋河，会想到蓝色经典；提起可口可乐，会想到红罐可乐……

那提起米素呢？米素的战略品类究竟是什么？

张默闻这厢认为，米素不管未来如何发展，必须坚持超级品类战略，放大壁纸品类的影响力，不能顾此失彼。壁纸作为米素第一个成功打入市场的品类，历经市场的检验，相对其他品类来说更加成熟。同时，在过往的广告投放以及营销活动中，米素壁纸无形中积累了品牌口碑，这些都使它成为超级品类战略的不二选择。

所以，米素首先需要做的是以壁纸作为超级品类去打开市场，将"壁纸等于米素"的观念像一剂强力针一样打入消费者心智。以壁纸这一超级品类为核心，做大战略品类，使之成为武器突破市场重围。与此同时，在做大超级品类的同时，围绕品类延伸、丰富产品线，建立起规模化的、完善化的软装产品结构体系。并且持续对超级品类进行创新、升级，以使品牌健康长久地发展下去。这是米素必须坚持去做的事。其实，人们口中常提到的"二八理论"正是如此，80%的业绩销量是由20%的商品所创造，利用超级品类去撬动市场需求，更有利于实现单点突破。

不过，所谓的超级品类战略并非一成不变的。超级品类实际上是产品力 x 创新力 x 品牌力的总和。在市场竞争如此激烈的今天，产品创新力严重缺失，往往是你每走进一个建材市场，都会发现大部分店铺卖的商品款式和花型大抵相同，普通人难以准确区别其质量的优劣。

产品同质化日益严重，只有做到差异才能为消费者创造独特的价值。从品牌建立伊始，米素壁纸就一直恪守原创设计，由CEO金和带领的设计师团队每年都会出国考察，参考欧洲的一些先进设计理念和版本并引入中国。这是米素壁纸与国内其他品牌不同的地方，也为超级品类战略的实施提供了先决条件。

产品创新力的意义在于满足了一种新的消费需求。随着新中产阶级和80后、90后黄金一代的崛起，消费者的需求不再停留在"拥有"层面，而是希望得到独特品质的精神满足。

通过产品的创新升级在品牌战争中占据先机，与竞争品牌的区别不断拉大，一些缺乏原创设计的品牌将逐渐被市场淘汰。

张默闻这厮总结道："通过超级品类打开品牌营销之战，将兵力集中在一个点上进行重点突破，形成绝对优势兵力，方能战胜强大的对手，这就是超级品类战略的打法。"

**顶层设计传播先行，看传播战略如何升级**

一个品牌想要打响知名度，就必须进行广告投放，拉动市场需求。米素壁纸虽然在互联网上已占据先机，但与深深扎根线下多年的其他壁纸品牌相比，知名度仍然不够。

在过去七年时间里，米素壁纸断断续续在高铁、地铁、CCTV-2、《瑞丽家居》等多个媒体投放过广告，但由于广告过于分散，犹如"散弹打鸟"未能形成传播效应。同时它在各个媒体上投入的形象时常变化，缺乏统一的形象输出，增加了消费者的记忆成本，最终得到的回报微乎其微。

张默闻这厮根据米素壁纸目标消费群可能的接触点，制定了米素壁纸的传播组合策略。

**第一大战略：广告战略——让别人知道你**

**地铁广告——触及一二线城市白领阶层**

近年来，地铁广告迅速走红，使地铁作为全新的载体出现在广告主的视野里。相对于其他广告形式而言，地铁的人流量庞大且稳定，以北京为例，平均一天的客运量高达1235.87万人次，这其中聚集了大量有消费能力的都市白领。而且地铁站和车厢更具封闭性，受众的注意力相对集中。在地铁乘坐的高峰期，乘客不得不在人潮拥挤的地铁过道中移动、等待，这种情况下无论是主动还是被动，都会受到周围广告的影响。

在张默闻这厮看来，投放地铁广告解决的是米素壁纸品牌与年轻人沟通的问题。在这个一切都有可能的新兴传播媒介中，米素壁纸可以通过自己的方式与消费者对话，从而增加品牌影响力。

**高铁广告——触及全国来往商客**

高铁作为人们出行的主要交通工具，每年有大量的客流途径于此。据《2017高铁媒体价值及广告效果评估》调研报告中显示，2017年高铁客运量突破16亿人次，成为亿万商家梦寐以求的流量新入口，高铁站的媒介作用也越来越重要。

与地铁广告不同的是，高铁的客流主要以商客为主，来往的宾客来自全国各地，是一个极好的面向全国广告宣传品牌的地方。一直以来高铁都是招商类广告的主阵地，不少商客会在南北往来时寻求商机。正是明白了高铁广告的作用，张默闻这厮才积极促成了米素壁纸与高铁媒体巨擘永达传媒的合作，希望通过投放高铁广告，加强与来往商客之间的互动。因为对于急需解决招商问题的米素壁纸来说，这是另一个机会。

**软文广告——触及意向消费群体**

如果说户外广告是为了培养潜在顾客，那软文的作用则是为了打动目标顾客，让有消费需求的顾客在网络搜索这一环节对品牌产生好感和认同感。现在的消费者在购物时不再一味地听从导购员或者身边人的推荐，做选择以前往往会在网络上搜索相关信息。在这时，基于品牌关键词生成的信息或优质软文就会发挥出其无法估计的力量。

不放过对客户的每一个宣传点，是张默闻策划集团在客户服务中的基本准则。为此在深度了解企业之后，张默闻策划集团将米素壁纸过往取得的成就或亮眼的活动梳理成文，"甲壳虫飘移""七年创造五个第一""叶一茜、胡兵等明星站台"等事件摇身一变，成了《米素壁纸七年创造五个第一 加盟米素十人九个盈利》《米素壁纸用什么魅力吸引众多明星支持助阵》等宣传软文，在新华网、人民网等权威媒体，以及新浪家居、网易家居、凤凰家居等垂直媒体上加以投放，对品牌塑造互联网形象起到了推动作用。

**第二大战略：口碑战略——让别人认可你**

口碑，是最早的行销广告。在互联网极速发展的今天，口碑越来越彰显出其强大的力量。人们购物不再简单依托于导购员的推荐，而是会通过线上评价、百度搜索、朋友推荐等多方面途径进行抉择。这对于企业来说无疑是一个巨大的调整，意味着企业不仅要在商品上下功夫，还要在服务、体验上花心思，以适应消费者日益提高的审美、消费需求。

张默闻这厮表示，在线上口碑的打造上，米素壁纸的优势在于其互联网起家的品牌背景。常年以"低价、好物"为经营核心的米素壁纸在天猫上积累了大量好口碑。消费者在购物前可以先上天猫旗舰店上搜索相关产品的评价，这个评价的好坏会间接影响消费者对品牌的态度和考量。

对于企业来说，线上口碑"不可控"，会受到消费者喜好、快递配合程度等客观因素的影响。但好的评价如果被合理利用就会产生不可估量的影响。因此，张默闻策划集团在米素壁纸招商会时制作了天猫好评墙，让一些优质评价直观地展示在潜在加盟商面前，增强他们对于品牌的信心及认可度。

线上口碑基于米素壁纸天然的互联网基因，而线下口碑必须要通过米素壁纸总部与加盟商之间的共同努力获得。米素壁纸的加盟商一般是通过朋友推介、展会推介、网络搜索推介获得的，还有老顾客变为加盟商的。原始加盟商的累积大多是通过口碑效应完成的，一些潜在加盟商在看过米素门店、了解米素模式后意向加盟的占总人数的 2/3 之多。这是米素模式的亮点所在,张默闻策划集团将这些事迹案例化、软文化投放于公众媒体之中,通过软植入影响潜在加盟商,同时这也是推广米素壁纸品牌的重要方式。

**第三大战略:门店战略——让别人看见你**

门店就是最好的广告。张默闻这厮曾多次在公开演讲时提到过这个被许多企业家忽略的问题。就像中国有句俗语所言"面子里子都要做足"。宜家、苹果、小米的门店设计为什么深受大家喜爱,人们逛街为什么更愿意走进装修好看的门店?买点时代,消费者变了,倒推着加盟商的心态也在改变。开一家赚钱的店的前提是开一家人们愿意走进的店。

米素壁纸非常重视门店视觉的打造,金和曾在一次演讲中说道:"看到的比真实更重要。"他不惜花重金邀请外婆家的金牌设计师为米素壁纸设计门店形象:地板要灰色的;壁纸窗帘不是简单陈列而是要还原使用场景;收银台设计成水吧样式,顾客坐在白色高脚凳上向店员要一杯水仔细了解产品细节……从陈列到服务全部经过了精心设计。

互联网时代的信息纷乱复杂,"酒香也怕巷子深"。我们必须用大媒体、大传播、大营销去把这些东西传播出去,让更多的人知道米素有什么。

广告战略、口碑战略、门店战略三驾马车并行,才是米素壁纸进行品牌传播的关键所在。

## 顶层设计符号先行,看符号战略如何出击

世界营销战略大师劳拉·里斯(Laura Ries)曾说过:"视觉时代,抢占消费者心智的最好方法并非只有语言的钉子,还要运用强有力的视觉锤。视觉形象就像锤子,可以更快、更有力地建立定位并引发消费者共鸣。"视觉作为营销传播的重要武器,有语言所不能表达的张力。在张默闻这厮看来,将"波点"以及"斑点狗"符号化并融于品牌文化之中的举措,看似无足轻重,却对品牌的未来有着深远且无可估量的效果。

**视觉锤助力品牌获得成功**

在讲米素壁纸以前,我们先举一个快克的例子,这个由张默闻这厮操盘的品牌之所以能够成功,离不开张默闻对"品牌符号"的打造。

如果你有心留意快克的广告,就会发现快克超人被广泛地使用。无论是平面广告、电视广告、户外广告还是网络插片广告,只要有快克,快克超人的身影就无处不在。当年在张默闻这厮的精心策划下,快克原先的白色包装被更换为显眼的白绿色包装。包装上的超人形象让快克脱离了药品包装"千篇一律"的呆板形象,一跃成为国内感冒药品的领先品牌。

张默闻这厮认为,视觉语言和文字语言的张力是不同的。视觉元素可以跨越种族、国

家的界限，能够更有效地传达信息。坚持使用同一个视觉符号加上不断变化语言钉，就能使品牌在激烈的市场竞争中屹立不倒。

**视觉锤与语言钉双拳出击抢占市场**

将视觉与语言完美地结合在一起，会让品牌传播的效果事半功倍。基于20多年的品牌策划经验，张默闻这厮敏锐地察觉出"斑点狗"对于品牌的重要性。他表示，现在许多零售品牌在发展的过程中常常是以语言为导向，将视觉的表达看作"品牌的装饰品"，最后投入大量的营销费用收获的效果却大打折扣。但是米素的斑点狗"聪明伶俐，听话易训，感觉敏锐，容易与小孩相处"的性格，让人们对于这种小动物有着天然的好感，这样的好感加以发酵，最终会形成品牌印象。

为了将品牌符号的效能发挥到最大，张默闻策划集团将斑点狗形象融入电视广告（TVC）、平面海报、门店展示、行业展会之中，将斑点狗"忠诚、年轻、活泼"的特质紧紧与品牌结合在一起。

事实上，张默闻这厮强调视觉符号的重要性不仅仅是依托于多年的经验。有专家做过消费者心理研究，当消费者在观察一幅图像时，他的右脑会产生情感影响，这种影响会激发左脑将概念用语言文字表达出来并储存在脑海中。由于数据处理技术（DT）时代的到来，我们的大脑每天被语言文字轰炸，注意力被极度分散。简单的文字表达很难去影响一个人的关注，必须将图片与文字相结合，才能更好地赢得消费者心智。

随着品牌的不断发展，米素的品牌形象不应该仅停留在告诉消费者"我是谁"的层面，必须通过消费者切身的体验去感受。世界上很多传统的品牌都在打破冰冷的表达，开始与消费者进行更多感情上的互动与联系。而米素选择将斑点狗作为品牌符号正是顺应消费需求变迁的需要。

张默闻这厮与金和、张总、黄赛一起庆祝成功提案。

# 【创意篇】

# 聚焦买点的创意能让品牌重获力量

**扎心的创意是好看策略的洞悉**

近年来,随着人们消费习惯和居住条件的不断改善,生活环境、装修理念、文化品位也逐步提高,由此推动了家装行业的不断转型升级。另外,中产阶级的崛起,使家居消费从功用性需求升级为追求美好生活的诉求。在"轻装修、重装饰"的原则下,人们在墙上花的心思越来越多,而壁纸作为提升家居品位的主要装饰材料,在国内的使用率也在逐年提高。

资料显示,一二线城市的年轻人消费水平逐渐提高,家居风格的消费偏好发生了变迁。这些年轻人崇尚个性、简约的装修风格,对美与艺术有更高的需求,现代简约、时尚大气的风格正在一二线城市快速崛起。同时,他们善于利用互联网工具对装修建材进行比价与比较。那么米素壁纸是该主打素色概念?还是要强调自己的互联网品牌地位?当众人都在思考这些概念的可行性时,张默闻这厮却看出了其中的危机。他敏锐地发现,壁纸行业的同质化十分严重,而近年来想迎合消费者个性简约消费需求的壁纸品牌并不在少数。在参加完上海墙纸布艺窗帘展之后,张默闻这厮更是发现了壁纸行业的几大雷同之处。

**颜色雷同:** 不少厂家都在主推素色,颜色、风格十分雷同。

**概念雷同:** 不少厂家强调线上引流和线下渠道的建设这一被我们认为是米素壁纸最创新的商业模式,甚至在展会现场设置了许多显示屏用来展示其线上的成果,新奇的概念会吸引一部分经销商。

**宣传雷同:** 展会中的中国十大墙纸品牌、天猫 TOP 1 品牌等概念层出不穷。

**名称雷同:** 以素、美等壁纸品类相关性名词命名的品牌层出不穷,相似的名称让人眼花缭乱。

**装修雷同:** 几家主打素色的厂家在展会上的装修出奇地一致,素色的海报和广告语都十分雷同。

显然,如果思维一味地陷入素雅、简约、互联网品牌等方向,肯定不能跳出同质化竞争的怪圈。那什么才是消费者最终购买的核心点?米素壁纸又该如何进行创意才能突出重围?张默闻这厮一直认为,最伟大的创意都来自于消费者,只有贴近市场、贴近消费者的企业个性化定制广告创意才能最终取得成功,而最好的创意都来自于对目标消费者的深刻洞察。因此，张默闻这厮带领张默闻策划集团米素项目组对消费者进行了一次深度访谈。

来自成都的消费者付女士最近刚买了一套精装修房，已经贴好了壁纸。"不过就算没有贴，我自己也会贴的。"她表示，因为乳胶漆的甲醛味太重了，贴壁纸环保又美观，选择性也比较多。对于壁纸的要求，她认为，纸的质感和观感最重要，环保也是必不可少的。至于风格，她希望是现代简约，典雅一点的风格。

来自福建的消费者黄女士表示她以后会在儿童房贴壁纸，因为贴壁纸可以创造另一种风格，起到装饰作用。"而且孩子长大了肯定要换装修风格，贴壁纸更方便。"就个人而言，她最看重的就是壁纸的颜值，喜欢有特点的，但不要太花哨。

来自杭州的消费者王先生说，家里的墙面已经换了好几轮了，第一次是刷乳胶漆，第二次是贴的壁纸，现在因为有点看腻了，加上壁纸有点脱皮开裂了，就换成了米素壁纸。"选择米素壁纸是因为在天猫上买方便，而且壁纸图案不错。"他直言，"方便、好看、环保"是他选择米素壁纸的初衷。

来自湖北的洪先生最近正在装修新家，他打算在电视背景墙等地方小面积使用壁纸，因为他想让家里多一点装饰、多一点生机。作为工程师的他表示不太喜欢复杂的装修风格，相对更喜欢简约风，风格和健康是他着重考虑的因素。

在采访记录中，我们可以发现，与查阅的资料无异，简约、素雅仍然是这次访谈中高频出现的词语，但张默闻这厮却精准得抓住了"好看"这个词。"大家出去买东西，比如衣服，你试穿以后问别人的第一句话是不是'我穿上好看吗'？买其他东西是不是也会先问别人好不好看？"张默闻这厮抛出这个问题后，众人立马茅塞顿开，拍手叫绝。"所以不论是喜欢时尚简约还是喜欢奢华艳丽，其实本质都是喜欢好看的。"

但是，仅用好看一词显然不足以支撑米素壁纸的核心买点。同时，好看作为一个广泛应用的形容词，既可以用来形容米素壁纸，也可以用来形容其他产品，不具备排他性。如何让这句核心广告语与壁纸品类更有关联，更具独特性？张默闻这厮与项目组成员进行了一轮又一轮的头脑风暴，从壁纸的制造工艺、米素壁纸独特的糯米胶水一路想到壁纸的使用场景、消费者选择米素壁纸的几大买点等角度进行思考。

讨论到深夜，张默闻这厮灵光一闪，提出了"上墙更美"这句广告语。"有些衣服挂在橱窗里好看，穿到身上就没那么好看了。对于壁纸来说，消费者对它的核心需求是装饰房间，贴到墙上要好看。米素壁纸给消费者的承诺就是，米素壁纸的产品不仅放在那好看，上墙更好看！"

最终，张默闻这厮将米素壁纸核心广告语定位为：米素壁纸，上墙更美。这句话不仅击中了消费者内心深处"好看"的需求，还强调了壁纸这一品类属性，规避了"撞车"的

风险，简洁明了又有力度。这一好看的策略在《米素壁纸品牌整合营销策划全案》提案时大获全胜，获得了米素壁纸高层的一致认同。米素壁纸 CEO 金和更是感慨道："好看这个策略真的太棒太准了！米素壁纸选择张默闻策划，真的选对了！"毫无疑问，张默闻这厮的走心的创意来自于对生活的细致观察和对消费者买点的精准把握。

**扎心的创意是年轻策略的坚持**

从企业内部调研开始，有一个词就一直萦绕在张默闻这厮的心头，那就是年轻。不论是企业高管的自我认知，还是加盟商、店员的反馈，都向张默闻这厮显示了一个事实——米素壁纸在不断取悦、满足年轻人的消费需求，整个品牌的调性都围绕着年轻。米素壁纸年轻的调性体现在以下几个方面：

**产品年轻**。米素壁纸主打的是素色产品，70% 是素色产品，占比非常高，风格比较现代。素色属于百搭色，而且现在年轻人越来越喜欢素色，这是一种产品的趋势，也是米素壁纸主推的一个方向。

**消费者年轻**。据调研显示，米素壁纸消费者的年龄层在 25~34 岁，年轻消费者对米素壁纸素色、简约的设计十分喜爱，并且米素壁纸相对来说性价比高，年轻人刚开始工作，收入不高，这个品牌符合他们的品位和需求，价格也比较合适，是 80 后、90 后首选的壁纸品牌。

**加盟商年轻**。米素壁纸的加盟商几乎都是 80 后、90 后，对于他们来说，选择米素壁纸一是因为它的品牌调性符合他们的品位，二是因为米素壁纸是一个年轻的发展中的公司，发展的潜力非常大，发展速度很快，对于积极上进、寻求突破的年轻人非常具有挑战性。

**设计年轻**。米素壁纸门店的装修采取年轻人喜欢的现代风格，大面积的白色立面、宜家风的浅灰色吧台、充满生机的绿色植物、卡片场景式的产品展示、屏风式的壁纸造型，整体显得简单清晰而具设计感。如此高端、简约又有个性的设计吸引了一波又一波的人流进入米素壁纸专卖店。

**模式年轻**。米素壁纸作为一个互联网的品牌，线上操作较为成熟，与这一代天生就带着互联网基因的年轻人的需求非常契合。线上线下同款同价的模式也迎合了年轻人不爱讲价、喜欢价格透明的特性。

张默闻这厮断言，年轻化是米素壁纸最大的品牌基因和动力。从一开始，米素壁纸的定位就是年轻人喜欢的壁纸，这一定位显然是非常准确的。根据国家统计局的数据显示，随着适婚年龄的人数日益增加，23~28 岁的消费者占比大幅度上升，同时 23~35 岁的消费者成为家装行业消费的主力。

米素壁纸 上墙更美 | 055

# 米素壁纸
mesu

上·墙·更·美

# 80后 90后
## 壁纸窗帘选米素

米素壁纸 / 线上线下同款同价提出者

**米素壁纸**
mesu
上·墙·更·美

# 80后 90后
## 壁纸窗帘选米素

米素壁纸 / 线上线下同款同价提出者

# 米素壁纸
mesu
上·墙·更·美

# 80后 90后
## 壁纸窗帘选米素

米素壁纸 / 线上线下同款同价提出者

**米素壁纸**
mesu
上·墙·更·美

# 80后 90后
## 壁纸窗帘选米素

米素壁纸 / 线上线下同款同价提出者

此类年轻消费者（23~35岁）具备三大特征：装修消费水平呈上升趋势；设计类产品/服务的需求日益增强；受互联网及国外文化影响大。全国第六次人口普查显示，现有80后2.28亿人，90后1.74亿人，他们的年龄在20~39岁，正是当下买房装修的主力人群，可见年轻消费市场的庞大。家装消费者"年轻化"驱使着品牌年轻化，而这类消费者正是米素壁纸的目标人群。

同时，张默闻这厮敏锐地发现，越来越多的大品牌都在向年轻化转型。不论是一直使用年轻代言人喊着"要爽由自己"的百年品牌可口可乐，还是最近频频以魔性营销、年轻态玩法在消费者面前刷足了存在感的国民品牌百雀羚，都在讨好年轻人，诠释年轻人的生活态度。品牌的年轻化能使其获得更广泛的消费群，正如我们认知中一样："年纪大的人会买年轻的品牌，而年轻人不会为年纪大的品牌埋单。"

而和米素壁纸一样出身于互联网、以年轻"发烧友"为核心用户的小米手机，最新的"拍人更美"的广告，也深深击中了年轻人的买点。年轻人拿手机在做什么呢？吃饭在拍照，出去旅游在拍照，但是在这么多拍摄场景中，小米只选了一个买点——拍人更美，说明小米在跟年轻人沟通，发现了年轻人内心深处的需求，所以又获得了可观的销量。

年轻代表什么？时尚、品位、互联网、简约素雅……年轻人要解决什么？我买了我自己满意的东西，满足了我的需求。换句话说，米素壁纸满足了全国年轻人装修房子的需求。所以张默闻这厮认为，米素选择了80后、90后，选择了年轻化这个概念，是一个非常重大的突破，以后也应当坚持年轻策略。

为此，张默闻这厮为米素壁纸提出了"大牌正年轻"的概念。这句话中，"年轻"符合米素壁纸品牌年轻的战略和调性，"大牌"则拔高了品牌高度，几乎没有一个多余的字，因此一经提出就受到了米素壁纸高管的一致好评。张默闻强调，这句话体现了米素壁纸的品牌调性和态度，必须强化这一概念，将这句话定位为品牌Slogan，放在米素壁纸标识下方，通过广泛的应用使其成为米素壁纸的标签。

除此之外，张默闻这厮还为米素壁纸确定了几大年轻定位：

1. 米素壁纸品牌定位：米素壁纸——中国壁纸年轻化品牌。

2. 米素壁纸品牌基因定位：年轻化基因。

3. 米素壁纸顾客定位：80后、90后 壁纸窗帘选米素。

4. 米素壁纸顾客的情感定位：花不多的钱 装年轻的家。

5. 米素壁纸加盟口号定位：80后、90后 年轻创业做米素。

**扎心的创意是设计的别出心裁**

随着消费观念的改变，消费者要购买的已不只是产品本身，还包括品牌所表现的视觉形象、为消费者带来的精神诉求。其中，设计创意是消费者最直观的视觉体验表现方式。张默闻这厮认为，独特的视觉设计具有很强的传播力和感染力，最容易被公众记住。

因此，张默闻这厮领衔策划的米素壁纸全案除了策略文案令人拍案叫绝以外，在海报主视觉的设计上也创意迭出。数十稿别出心裁的海报设计方案获得了米素壁纸与会人员的阵阵尖叫。负责米素壁纸视觉的高管们坦言，这批设计稿无论是在思路、版式还是配色上，都为米素壁纸开拓了一条设计新方向。

**米素符号新思考，聪明可爱斑点狗**

在品牌的世界里，符号是最重要的元素。张默闻这厮从事策划创意22年，成功改造了诸多品牌的形象符号，其中不乏世界500强企业，这更让他坚信："没有一个伟大的标识就没有超级识别。" 特别是对于同质化竞争严重的壁纸行业，张默闻这厮认为要抓住消费者的眼球就应实现门店的差异化。如何实现？首先就要让别人找到符号。

米素壁纸选用斑点狗作为企业的形象符号，可以说在先天上就占据了优势。但是，张默闻这厮在调研中发现，米素并没有将这一符号优化，也没有将其运用到极致。张默闻提出，今后不仅要将斑点狗放在门头、立在店口，更要出现在包装箱、海报名片中，甚至印在员工的服装上。

为了加强符号的应用力量，张默闻这厮为米素壁纸设计的主画面、书籍、名片等，都包含了斑点狗的斑点元素。他强调，斑点元素必须体现在视觉系统、平面系统、网络系统、服装系统中。"以后大家买壁纸，一定都会说买那个斑点狗的牌子就行了。"张默闻这厮笑道。

除此之外，张默闻这厮还考虑到，黑和白这两种颜色比较容易被淹没，因此建议米素壁纸在视觉设计中运用黑白斑点，在营销传播时将斑点的黑点切换成红色，利用红白的视觉冲击力来达到更好的传播效果。这一建议赢得了米素壁纸与会人员的一致认同，米素壁纸传播中心负责人黄赛更是赞道："张老师对于品牌符号的打造清晰而全面，考虑得非常周全，真的很棒！"

**用心设计新创意，"更美"策略获盛赞**

或许是米素壁纸自带互联网基因的原因，米素壁纸关于海报以及活动的平面设计，向来美观时尚，受到消费者、加盟商的好评。视觉效果最终也会反映到转化率上，米素壁纸专卖店的店员告诉张默闻这厮："很多从线上来的消费者都觉得我们天猫旗舰店的电子海

米素壁纸吉祥物,可爱的斑点狗——小米。

报很好看，点进去看也觉得不错，就到线下来购买了。"所以从数据、视觉的双重验证来看，米素壁纸的设计相对来说是不错的。

但是在恶劣的竞争环境中，米素壁纸的视觉设计也面临着一些问题，一位相关负责人向张默闻这厮透露："有时候我们做一个视觉画面，就需要花一个月的时间，但是对手抄一抄，只要三五天，为此我们感到很苦恼。"对此，张默闻这厮认为，视觉是我们看到的表象，表达的思想才是隐藏在背后的核心和灵魂。米素壁纸确定"上墙更美"作为自己的品牌广告语，那在画面上就应以这句话为核心思想，全力传达出美的概念，这样即使被模仿，也难以模仿到精髓。

因此此次平面视觉设计由张默闻这厮亲自指导，他强调，米素壁纸的设计必须遵循两个创意原则：第一个是最美男孩女孩，这些人不一定是大牌的明星，但一定长得好看；第二个是画面简洁且重点突出，画面只需表达出关键信息"美"和"年轻"，背景色采用非常清新的浅色调，既符合米素壁纸素雅的产品特色，又使得整个画面更加生动立体，突出"上墙更美"这一文字信息。这样的海报设计被投放在公交站台或门店终端将会非常吸引眼球。

在信息爆炸的时代，广告设计画面扮演着越来越重要的角色。对于那些信奉"颜值即正义"的年轻人来说，视觉设计有时候甚至直接决定了他们是否购买该品牌产品。张默闻这厮为米素壁纸提供的这些设计参考，不仅画面极美，而且杜绝了人物肖像使用权被抄袭套用的风险，受到了米素壁纸高层的一致好评。

## 【招商篇】

# 米素壁纸神奇招商速度炼成记

线上品牌转型至线下往往会遇到同一个问题——去哪里招商？

张默闻这厮向米素壁纸 CEO 金和提出了自己的看法。作为线下市场的后进入者，许多品牌早已占据了人和时间的优势，想要突破市场壁垒的限制就必须另辟蹊径。在张默闻这厮看来，米素壁纸想要通过品牌影响力去招商，有几个方法可寻：

方法一：通过参与家居建材展等软装建材行业展会集体亮相的舞台，寻找潜在加盟商。

方法二：通过品牌事件营销、明星站台、举办大会，寻找加盟商。

方法三：通过主流媒体、高铁高速机场三位一体、互联网媒体等发布信息，重复加深消费者记忆。

总结下来，就是用零售的思维来做建材销售，核心方法是建立信任感和良好的体验感，加深目标人群的关注度、好感度和认可度。

**另辟蹊径的第一条路是从展会出发**

如果你有逛建材市场的经验，就会发现经营家居建材类的老板大多在 30~40 岁，这批人混迹商场多年，拥有自成一套的经营逻辑。如果在 21 世纪初你去找这群人，劝说他们放弃经营多年的品牌转做米素壁纸，难度很大。因为那时家居建材市场还是一个老板占据话语权的年代，消费者自主选择的能力偏弱。

这样的局面大概维持了 10 年左右，随着马云在 2016 年的云栖大会上提出了"新零售"概念，被互联网冲击的摇摇欲坠的零售行业再次重获生机。再一次受到社会关注的零售行业已经完全改头换面，VR/AR 等科学手段、无人零售/体验消费等先进经营理念纷纷登场，线上数据与线下场景被打通，买点时代到来。

消费者变了，经营场景变了，消费需求变了，意味着一些传统的经营模式也即将被淘汰。树欲静而风不止，外在的客观因素促使着传统创业者不得不面临全新的抉择。是坚守原品牌一成不变？还是顺应时代进行自我变革？许多经销商正是抱着这样的想法，多次前往行业展会去寻找新的商机。而这正为苦苦寻求招商资源的米素壁纸带来了机会。

在 2015 年第二十届中国（上海）国际墙纸、布艺展览会上，米素壁纸将甲壳虫搬进了展会现场，并在场馆里搞了一场轰轰烈烈的走秀大赛；在 2016 年第二十一届中国（北京）国际家居、软装展览会上，米素壁纸代言人华少空降展会现场，以其独有的主持风格宣读了米素壁纸"限量招商"的须知。要知道在当时的展会上，大部分品牌走的还是卖版本、卖产品的模式，货品和人一起被杂乱无序的现场所淹没。参会者从全国各地赶来，没有创业的寻求创业机会，已经创业的寻求新的合作机会。初出茅庐的米素壁纸就是通过在这几场展会上的惊艳亮相打开了在行业中的知名度。

张默闻这厮表示，与传统建材品牌相比，米素壁纸显得与众不同，这也是很多加盟商选择米素壁纸的重要原因。第一，门店年轻好看，不输一些国际家居品牌；第二，模式理念超越同行，比如率先在行业内提出了"线上线下同款同价""价格透明""专卖专售"的概念，颠覆了原有混乱无章的市场状况；第三，学习机制完善，每年米素壁纸都会组织一大批优秀加盟商出国学习考察、学习国外优秀的经营理念，至今已走访意大利、日本等多个国家；第四，由总部牵头的各种营销活动层出不穷，2017年，米素邀请了胡兵、华少、叶一茜等明星为品牌站台，为各地门店发声造势。这都是其他壁纸品牌所没有的。

如果想要实现加盟店的快速扩张，就不能局限在原有的经销商体系里，必须培养出一批忠诚度高的种子加盟商。在这方面，米素壁纸的"年轻"优势被彰显得淋漓尽致。在传统营销模式逐渐被淘汰的今天，一批60后、70后因不能跟上时代变化而被淘汰，80后成为创业主力，90后创业者也登上了历史舞台。米素壁纸想要合作的就是90后的加盟商群体，他们是熟悉互联网营销套路、思想年轻、敢打敢拼的年轻一代，而米素壁纸传递出的整个品牌调性和发展模式也正是年轻人所喜欢的，于是一拍即合两相欢好。

在米素壁纸现有的加盟商队伍里，就有不少90后创业者。他们一毕业就加入了米素壁纸，愿意与品牌共同成长，为品牌的年轻化注入了新鲜的血液和力量。

**另辟蹊径的第二条路是从培训会出发**

2017年10月，张默闻这厮应金和的邀请来到米素壁纸总部江苏省常州市，共同商讨2017年年底招商冲刺的问题。金和向张默闻这厮说出了自己的难处："2017年已近年关，但米素壁纸今年的招商指标仍未完成，希望能在张老师的帮助下完成。"

如何解决这一问题？张默闻这厮凭借多年的策划经验，向金和提出了办一场招商会的建议。一直以来，米素壁纸的招商都以一对一面试的形式进行，所有有意向成为米素壁纸加盟商的人都必须通过金和的面试。在张默闻这厮看来，一对一面试的效率太低。金和作为企业的决策人每天有大量的工作琐事穿插其中，每个月仅能抽出一点时间去面试加盟商。金和需要重复向每一位面试者阐述米素壁纸的发展前景与模式，这是工作效率方面的一种浪费，也是为何招商速度滞缓的主要原因。招商会能够解决的是品牌内容的统一输出问题，金和不必再一一向面试者讲述米素壁纸的故事，招商效率将被极大提高。

在张默闻这厮与金和的共同商议下，米素壁纸决定在2017年12月4~5日于浙江杭州召开一场名为"软装行业新零售黑马密训营"的知识型招商会，以培训会的模式面向全国软装建材行业从业者统一招商。整个活动从筹备到传播到落地历时35天，构建了一个线上线下联动的整合传播矩阵，引起了家居建材行业的热议，被业内称为最具创新力和影响力的招商案例之一。

那么一向以"自来水模式"招商又从没有办过招商会的米素壁纸是怎么做的？招商会的背后，米素壁纸凭借什么样的战略收获了成功呢？

张默闻策划集团发现，在家居建材行业，大部分招商会的流程都是这样：招商经理根据招商会规模，在各个渠道去招募潜在加盟商，邀请其前来参加招商会。招商会结束后的工作就交给招商经理去推进转化。在互联网时代，这样的方式已趋于传统，无法真正地满足加盟商的需要。

与这些招商会不同，"软装行业新零售黑马密训营"是在真正洞察目标人群的基础上，通过寻找买点式的内容去引发共鸣，再配合传播渠道，在自我收获的同时让前来参会的各地参会者不虚此行。

于是，在张默闻策划集团全力协助下，2017年12月4~5日，一场由张默闻策划集团和米素壁纸全力策划的"软装行业新零售黑马密训营"在阿里巴巴发源地杭州盛大开课，为来自全国各地150多位软装行业的经营者们献上了一场实战分享和零售体验结合的软装知识分享大会。

**拒绝套路，趣味海报直戳传统经销商买点**

在培训会开始前夕，张默闻策划集团米素壁纸项目组为这次"软装行业新零售黑马密训营"创作了一系列的趣味海报，以期戳中软装行业经营者们的买点，吸引更多目标人群的眼球。

"软装行业新零售黑马密训营"的目标人群是在软装建材行业从业多年的经销商们，他们也许正经营着不同的品牌，却一起站在了同一个时代风口上。新零售时代的到来，是对软装建材行业的一次洗牌，像米素壁纸这样带有互联网思维的品牌已经开始强调"体验和服务"。这其中的变化让许多传统经销商产生了不同程度的经营焦虑。如果能够将这些人的需求说出来，刺激他们主动学习、主动报名的欲望，那将会让前期传播的效率翻倍，更多人会因此关注这场会议。

因此，在前期宣传海报的设计上，张默闻策划集团米素壁纸项目组在九个维度上对目标人群的买点进行梳理，刻画出了一批真实又能刺激到经销商买点的海报，在宣传活动的前提下，鼓励传统经销商突破原有经验束缚，向全新的营销模式靠近。

此外，除了九宫格的海报外，张默闻策划集团也别出心裁地为此次会议准备了一份倒计时海报，将此次会议涉及的知识点一一罗列，并通过提问的形式展现出来，使观看者形成强烈的好奇心。

以下为亮点海报内容。

### 角度1：产品难题

产品越来越难卖，因为年轻人的想法你不懂。

＃来软装新零售黑马密训营，听大咖讲消费年轻化＃

### 角度2：消费升级

根本没有所谓的传统行业，只有落后过时的商业模式。

＃来软装新零售黑马密训营，听大咖讲消费升级＃

### 角度3：新零售

难道没有人告诉你："混圈子"和好好学习一样重要？

＃来软装新零售黑马密训营，近距离参观"新零售"战略的率先实践者阿里巴巴＃

### 角度4：竞争对手

不是年轻人抢了你的饭碗，而是旧的碗里已经没有饭了。

＃来软装新零售黑马密训营，听年轻企业家的成功秘籍＃

### 角度5：活动预告

可落地·有收获·能赚钱，

打破思维困境，

与大咖一起消除经营焦虑。

### 角度6：落地层面

虽然学习过很多营销知识，却依然不知道怎么卖货。

＃来软装新零售黑马密训营，听大咖讲新营销如何落地＃

### 角度7：消费心理

在建材市场待得越久，越不知道现在的顾客想要什么。

＃来软装新零售黑马密训营，听大咖挖掘消费心理学＃

### 角度8：体验营销

同样是促销，为什么你的活动就无人问津？

＃来软装新零售黑马密训营，听大咖讲体验营销＃

培训时间 **2017**
**4-5 DEC**

+ 主办单位
**和君智业**
**张默闻策划集团**

+ 承办单位
**米素壁纸**

距离12.04软装新零售
黑马密训还有

**4** 天

如何做到
软装门店
**一年4季**
**无淡季**

距离12.04软装新零售
黑马密训还有

**3** 天

为什么现在
家居品牌开实体店
**喜欢打造**
**第3空间**

软装行业新零售
黑马密训营
—
2017
4-5 DEC

距离12.04软装新零售
黑马密训还有

**2** 天

开店2年
**迟迟没有回本**
**怎么办**

距离12.04软装新零售
黑马密训还有

**1** 天

如何抓住
软装消费者
**下单的**
**一念之间**

软装行业新零售
黑马密训营
—
2017
4-5 DEC

**12.04来软装新零售黑马密训营**
**3998元听大咖讲消费年轻化**

产品越来越难卖
**因为年轻人的想法
你不懂**

前99位报名者可享受
**399元** 专享特惠价

---

**12.04来软装新零售黑马密训营**
**3998元听大咖讲消费升级**

根本没有
所谓的传统行业
**只有落后过时的
商业模式**

前99位报名者可享受
**399元** 专享特惠价

---

**12.04来软装新零售黑马密训营**
**3998元近距离参观"新零售"战略的率先实践者阿里巴巴**

难道没有人
告诉你"混圈子"
**和好好学习
一样重要**

前99位报名者可享受
**399元** 专享特惠价

---

**12.04来软装新零售黑马密训营**
**3998元听年轻企业家的成功秘籍**

不是年轻人抢了
你的饭碗
**而是旧的碗里
已经没有饭了**

前99位报名者可享受
**399元** 专享特惠价

**现场体验，梦想小镇宜家双游学**

此次培训会除了有大咖演讲外，还安排了梦想小镇和宜家的线下门店体验环节。在米素壁纸负责人的带领下，学员先后参观了杭州梦想小镇与杭州宜家体验馆，通过实地学习去感受软装新零售的奥秘所在。

杭州·梦想小镇互联网村，这个孕育出当今中国发展速度最快的商业帝国的孵化地一直以来都备受社会的关注。除了阿里巴巴外，这里聚集了数百家创新型企业，每天都有大量的年轻人、项目和资金涌入这里，创造了一个又一个商业奇迹。密训营的学员们在专业导师的带领下，感受了梦想小镇的创业气氛，也参观了不少创新型公司。"早就听说梦想小镇是创新创业的代名词，现在终于有幸能来这里学习考察，氛围真不错。"一位来自安徽的软装经营者说道。

此后，带着参观梦想小镇的空前热情，学员们又来到了软装行业体验营销的龙头企业宜家进行参观学习。宜家的供应链管理与门店体验被称为教科书级案例，一直被很多品牌争相模仿。而体验营销作为传统软装经营者们向新零售时代转型的最关键的一环，学员们通过参观与学习宜家模式，意识到了体验对于未来经营的重要性，这对在场的每一位学员来说都有着举足轻重的意义。

"阿里巴巴是新零售概念的提出者，而宜家作为软装行业体验营销最成功的案例，早在十几年前就对新零售思想予以实践，实地去参观学习对理解软装新零售有很大的帮助。"米素壁纸创始人金和在采访时阐述了做此安排的初衷。

**大咖助阵，到场观众远超原计划**

此次培训会不仅为学员提供了深入体验学习的机会，还邀请了著名策划大师、张默闻策划集团董事长张默闻和软装壁纸类目天猫冠军、新零售模式探索者米素壁纸创始人金和担任导师，从品牌盈利到零售盈利，再到体验盈利，层层递进，为来自全国各地的近200位学员带来了一场精彩的软装门店盈利视听盛宴。

培训会的重量级环节"导师演讲"放在了学员报到的第二天。大会伊始，作为"软装行业新零售黑马密训营"的主讲导师，张默闻这厮为在场的学员们量身打造了一堂针对软装行业的品牌盈利课程"品牌强则诸侯强"，以"这个世界谁会讲故事"为切入点，深度剖析了中国从古至今众多超级IP的诞生之道，分享了新时代的传统行业营销之道就是"占山为王"的观点，犀利的见解让在场学员频频点头，拍手称赞。

米素壁纸CEO金和则为在场学员带来了一场专业软装门店体验的课程"体验：营和利的思考"，他提出要用零售思维做建材，而不要用建材思维做零售，门店最终盈利的核

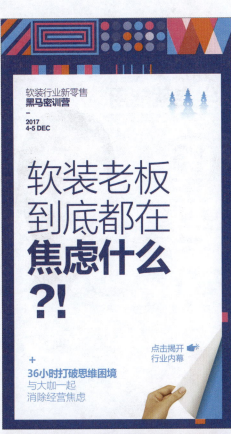
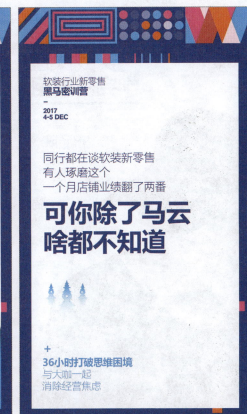
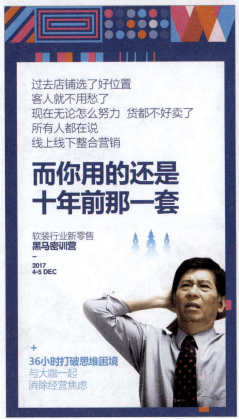
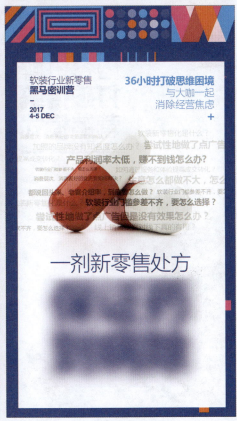

心在于如何让消费者产生信任。而这正是米素壁纸探索新零售模式中最为重要的一环，米素壁纸坚持线上线下同款同价，极大地提高了进店成交率。金和在现场将米素壁纸成功的商业模式倾囊相授，毫无保留，赢得在场学员的高度好评。

超实战的大咖导师、干货满满的课程分享、奋笔疾书的现场学员都印证了张默闻这厮在会议开始前送给众位学员的对联"来的都是黑马，听的都是精华"。米素壁纸创始人金和表示，此次培训招商会不仅会为米素壁纸吸引一群合作伙伴，还帮助米素壁纸在软装界形成了强大的美誉度和影响力。

### 真情打动，创意宣传片收获关注

值得一提的是在培训会现场，有一段创意宣传片的播放让很多学员眼眶湿润，也鼓舞了许多学员继续坚持做软装的士气。没有过度的渲染，没有刻意的展露，没有低俗的表达，由张默闻策划集团创意的米素壁纸招商宣传片以11位老加盟商的创意故事徐徐展开。相对于一般宣传片追求感官上的刺激，米素壁纸更注重表达内心情感上的张力，绝对算得上是招商宣传片中的一股清流。

宣传片的内容表达灵感来源于中国形象宣传片，采用了"人物对话"的形式，向受访者抛出了三个问题："我是谁？""我为什么做米素？""我做米素有什么成就？"。他们有的是国企员工，有的是妇产科医生，有的是刚步入社会的90后，有的是米素壁纸的使用者……11位加盟商来自于祖国大江南北，却因为米素壁纸而凝聚在一起。整个宣传片片长5分05秒，片中真挚朴实地为所有人展示了加盟商对米素壁纸的信心，以及米素壁纸给这些加盟商带来的生活上的改变。

一段真实的视频、一些感人的招商故事，让在场的学员们看到了米素壁纸对于加盟商的支持，也看到了米素壁纸专卖店独树一帜的盈利能力。

**【米素壁纸招商宣传片文案赏析】**

**镜头一：我是谁？**

字幕：米素新疆乌鲁木齐加盟商 牛生海
我是米素的第一批经销商，在乌鲁木齐别人都叫我壁纸牛。

字幕：米素浙江嘉兴加盟商 张亚杰
我叫张亚杰，我来到嘉兴，从零开始创业，米素就已经是我的全部了。

字幕：米素河北石家庄加盟商 王家毅
我叫王家毅，是一名标准的90后。

字幕：米素山东菏泽加盟商 田森
我叫田森，是米素的忠诚粉丝。

字幕：米素江苏宿迁加盟商 王振
我叫王振，我从国企辞职加入了米素。

字幕：米素安徽马鞍山加盟商 吴文慧
我叫吴文慧，做建材行业10年了。

字幕：米素辽宁鞍山＆辽阳加盟商 倪鹏飞
我叫倪鹏飞，大学毕业就加入了米素。

**镜头二：我为什么做米素？**

字幕：米素新疆乌鲁木齐加盟商 牛生海

米素是专卖专售，可信度比较高。

字幕说明：第一，米素能让我成长，第二，米素是专卖专售，可信度比较高，能让消费者信任，再加上米素是线上线下同款同价的经营模式，我觉得这件事情靠谱。

字幕：米素浙江嘉兴加盟商 张亚杰

米素深受年轻人的喜爱。客户成交率达到了百分之七八十。

字幕说明：我觉得米素是一个年轻、时尚、轻盈的品牌。米素深受年轻人的喜爱，在我们店里的客户群体里，80后、90后居多，成交率达到了百分之七八十。

字幕：米素河北石家庄加盟商 王家毅

现在我周围的80后、90后都特别喜欢米素的产品。

字幕说明：米素给我的第一印象就是有活力、正能量、高颜值。现在我周围的80后、90后都在了解米素，想用它来收获人生的第一桶金。

字幕：米素山东菏泽加盟商 田森

米素的产品富有时尚感，特别喜欢我们米素的大家庭，所以就加入了米素。

字幕说明：我特别喜欢米素的产品，富有时尚感，所以就加入了米素。我也特别喜欢米素的大家庭，团结、充满正能量。

字幕：米素江苏宿迁加盟商 王振

想换一种生活方式。

字幕说明：当时我在国企上班，每天工作8小时，时间是不自由的，想换一种生活方式，就正式加入了米素。米素做强做大了，我的生活也越来越好了。

字幕：米素安徽马鞍山加盟商 吴文慧

米素品牌很年轻很有爆发力。

字幕说明：米素的整个销售模式、运作模式，都和我之前的生意不一样。米素品牌很年轻很有爆发力，所有的事情都能按照整个流程做很好的规划，让我越做越有激情。

米素壁纸招商部分宣传片赏析。

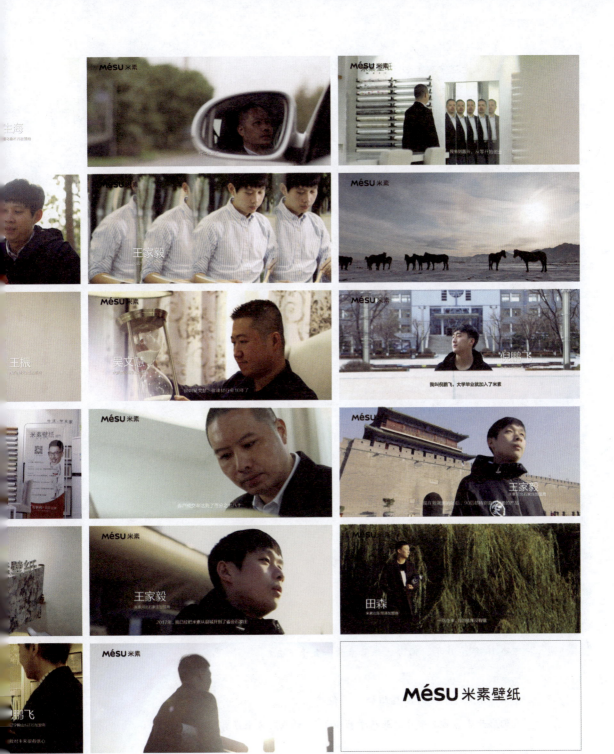

米素壁纸 上墙更美 | 087

字幕：米素辽宁鞍山 & 辽阳加盟商 倪鹏飞

我想创业，用实际行动证明自己。

字幕说明：有人说90后创业只有三分钟热度，所以我选择用实际行动去证明自己。两年时间我就把米素加盟商从鞍山开到了辽阳。米素品牌年轻、成长空间大，确实是一个适合90后创业的项目。

### 镜头三：我做米素有什么成就？

字幕：米素新疆乌鲁木齐加盟商 牛生海

目前，乌鲁木齐有三家店，第四家店在乌鲁木齐正在装修，整个新疆米素要有一定的影响力。

字幕：米素浙江嘉兴加盟商 张亚杰

2018年，我们准备进驻嘉兴市的红星美凯龙，再开一家分店。

字幕：米素河北石家庄加盟商 王家毅

2017年，我已经把米素从县城开到了省会石家庄。

字幕：米素山东菏泽加盟商 田森

一路走来，我的选择没有错。

字幕：米素江苏宿迁加盟商 王振

脚踏实地走对每一步，走好每一步。

字幕：米素安徽马鞍山加盟商 吴文慧

下个10年、20年、30年，跟着米素一直干下去。

字幕：米素辽宁鞍山 & 辽阳加盟商 倪鹏飞

我们店开业的第二个月，业绩增长400%，让我对未来很有信心。

### 火热招商，现场意向客户超五成

别开生面的培训招商会赢得了米素壁纸高层和意向学员的高度好评，超过五成的学员与米素壁纸达成了合作意向。米素壁纸培训招商会的成功举行，标志着张默闻策划集团和米素壁纸共同开创的"培训招商"新模式顺利通过了市场的检验。

会后，一位经营软装行业多年的老板表示，此次课程可谓非常实战，句句都是导师的肺腑之言，三节课层层递进，对于传统软装行业的经营者们非常有价值。无论是现场学员们给予的积极评价还是在建材行业引起的巨大反响，所有的事实和口碑都证明了"软装行业新零售黑马密训营"已经成为软装行业最具针对性和实战性的一流教育平台。

此次"软装行业新零售黑马密训营·杭州站"只是首站，在未来，"软装行业新零售黑马密训营"将会在全国范围内巡回上演，为软装行业的从业者们带来针对软装行业最新趋势分析、口碑营销等实战知识，帮助他们全面掌握软装行业的运营之道。相信在张默闻策划集团和米素壁纸的共同努力下，"软装行业新零售黑马密训营"定能培养出更多具有品牌意识、零售思维、体验模式的软装行业领军人物；米素壁纸也将会吸引更多优秀人才加盟！

**附：金和在 2017 年 12 月 5 日"软装行业新零售黑马密训营"的演讲实录**

## 体验：营和利的思考

我在做体验营销这个课件时，在课件后面加了思考。为什么加思考，2017 年，我走访了 100 多个城市，面试了 230 多个经销商，我发现米素目前还有很多不足的地方。我对思考的理解，一个是对过去的反思，另一个是对未来的推测和假设，所以在下面课程中，更多的内容是互动和共同探讨。这是一个简单的介绍，没有大家想象的那样光鲜，只是一些我看到的问题。

举个例子，米素 4 年的天猫第一的销售业绩不代表什么，因为米素做的是全国市场。成都有一个品牌，我了解到它在成都市内有 12 家店，成都外围有 6 家加盟店和几家直营店，一共 24 家店，一年做 3 亿元。我觉得这个成都的品牌才是张老师讲的占山为王的品牌。我再讲一个网上的数据，2017 年，线上大牌的销量环比 2016 年下降 40% 左右。2015 年的销量是 18 亿元，2017 年是 12 亿元。线下销量多少？2017 年，杭州的交房量是 12 万户，按照装修率 30% 计算，也就是 4 万户要装修。按照墙面装修费 5000 元一家计算，就是 2

亿元。我觉得要以这种思维去思考，就会觉得还有很多不足的地方。这是我对于过去的一些思考。

## 思考 1：门店运营的成本，哪个占比最大？为什么？

&lt;举例&gt;传统行业：餐饮店案例

**A 快餐店 距离 CBD 商圈 100 米**

- 房租：200 平方米，4 万元/月
- 每天 300 个客人左右
- 每客 20 元，月业绩为 18 万元
- 房租占比：22%，获客成本为 4.5 元

**B 快餐店 距离 CBD 商圈 500 米**

- 房租：100 平方米，为 1.5 万元/月
- 每天 100 个客人左右
- 每客 20 元，月业绩为 6 万元
- 房租占比：25%，获客成本为 5 元

结论：B 店看起来房租便宜，但客流少，所以获客成本和房租占比反而比 A 店还高。

&lt;举例&gt;建材行业：壁纸店案例

**A 店 位于电梯口**

- 100 平方米左右的壁纸店，房租月均 1.5 万。
- 每月 80 个客流左右（周 20 个），平均获客成本约为 180 元。
- 按 50% 转化，5000 元客单核算。
- 月业绩 20 万元，房租占比 7.5%。

**B 店 位于拐角**

- 100 平方米左右的壁纸店，房租约为均 1 万元。
- 每月 50 个客流左右（周 10 个），平均获客成本约为 200 元。
- 按 50% 转化，5000 元客单核算。
- 月业绩 12.5 万元，房租占比 8%。

结论：假设在同样的转化率和客单情况下，B 店业绩比 A 店差近 40%。

结合这两个问题，我的思考如下：

第一，要想业绩好，商圈的位置非常重要。业绩好的门店房租虽然高但是占比少于业绩差的店。第二，发现问题点：最大的门店经营成本是获客成本。房租和工人只是固定成本，只要能获得更多的客户，固定成本自然就会降低。第三，假设在产品成本一致的情况下，商圈好的门店定价其实可以更低。

**思考2：如何围绕问题本身去找解决方案？**

我在过去两年对运营线下店的思考是，房租高不代表产品定价高。只要获客客流足够多，就像小米和名创优品，哪怕只有1%的毛利，一年的销售额也能做到1亿元。因为固定成本是不变的，所以客流够多了竞争力就能起来了。企业可以通过做大规模来降低经营成本，增强企业市场竞争力。

那么企业实际经营过程中应该如何实现16%~28%的市场占有率？

**第一个维度**：固定成本，即位置、面积、装修。

什么叫固定成本？比如米素在北京金源居然之家店要重新装修，那这个店面就只能按照一年的装修费用算折旧。按照5000元/平方米计算，100平方米的店的装修成本是50万元，这就是固定成本。但是我觉得这个店每年装修一次都值得，为什么呢？因为这个店一个月能做70单业务，一个月收入50万元，一年能赚600万元。

开店最核心的工作是选位置。米素通过内营销在市场内打开的知名度后，居然之家的总经理都过来参观，这其实就是一种公关。米素举办的明星活动投入了70万元，换来了第二年在北京北四环的开店位置，这是我的思考和打法。固定成本是一次性投入，核心目标是围绕那个600万元年收入和净利润去的。

（提示：米素壁纸在2017年10月17日北京四店一起开，邀请了叶一茜为品牌助力，是壁纸行业首家邀请明星做活动的品牌）

**第二个维度**：人员，即人员的素养、形象、专业化程度。

我对人员的素养、形象、专业化程度方面要求很高。你说你会卖壁纸，把材料故事讲得天花乱坠，我认为这是骗术。这是把梳子卖给和尚的逻辑。我看中的是当客户进店的时候，导购员是怎么和客户打招呼的。客人进店以后，不断问客户"家住哪里？装修到什么程度了？"的导购员是不合格的，客户没有告知义务。当一个客户挑选壁纸时发现，你的店面装修比别人好，店员比别人有气质、更专业，客户能不愿进店吗？

**第三个维度：产品，包含独有的花型原创设计和低于市场的价格。**

说到原创设计，米素每年都会去采购数万欧元的画稿回来，把代理权拿过来，这不是不行的。我从来都是干营销，从来不干发传单、打电话的事情。

**第四个维度：营销公关，包含内营销和外营销。**

什么是内营销？每年的节日，比如中秋节，米素会送给商场里所有的导购和管理人员每人一盒月饼。这些导购和管理人员是每天和顾客接触的人，所以要把时间放在每天为米素创造效益的人身上。

外营销层面，比如我这次请了一个台湾的插画师到北京金源店举办了一个沙龙，逛商场没事的时候就在商场并免费邀请附近逛商场的女士过来听课。这样做增强了米素的竞争力。

在我看来，固定成本（服务和体验）是可以极致化投入的，而固定营销成本要按占比规划投入。在商业竞争环境中，必须完善顾客的所有痛点才能建立企业核心竞争力、巩固市场地位，尤其是在新品牌还想抢占市场的阶段。

## 如何向华为学习？

我特别喜欢华为企业的文化。在1996年的时候华为的销售额还没过100亿元。它服务的对象是各个邮电局、电信局，是B2B的模式。华为在参加一场展会、订货会的时候派出了400名员工，与参会人员的比例是10∶1。因为华为知道只有把这场订货会搞定，华为才有机会实现销售额的突破。不计一切成本把它搞下来才行。华为去非洲开拓市场的时候，人员配比是100∶1。只要是快速成长的非洲国家，华为到了当地就会先做教育、投资基础建设以获得政府的信任，以后当地政府发展起来的时候，第一个想到的肯定就是华为。我在居然之家的经营逻辑也是这个道理。

从上面几个场景我得出的结论是：第一，希望大家用零售的思维做建材，不要用建材的思维做零售。第二，用传统正规的财务算法来发现问题，坚持以问题为目标去找解决方法。第三，最好的商圈是最便宜的，做生意是最简单的。第四，先问问自己到底想要什么，再反推自己应该怎么做计划和行动。第五，是目标设定，净利润不是唯一目标，也不是第一目标。以福特为例。汽车行业最赚钱的是零部件业务，如果以净利润为目标去经营，那么只要天天修车，利润率就自然会很高。倒过来讲，如果不做新车的研发，没有市场占有率，那如何增强企业的竞争力呢？所以这还涉及一个维度——创新。

什么是零售思维？重点体现在顾客在零售消费时的步骤：成交——信任——服务——体验（环境、品质）——渠道（商圈）——营销（促销、推销）——产品（调研需求、定位）——口碑，这是一个闭环。

### 建材行业的零售逻辑是什么呢？

最重要的两个逻辑是"服务体验"与"信任"。米素壁纸希望客户进店后先随便看，喝瓶水，有问题再找导购。建材行业是跟人接触的行业，是B2C模式，要回到服务和体验的场景中去思考。

那顾客的购买逻辑又是什么呢？要根据顾客的消费路径来完善体验服务。比如建材消费，很多人都是第一次装修，这些人一定是担心建材行业的坑比较多，所以一般第一个路径是找熟人咨询，或者交给装修公司。第二个路径是通过熟人咨询再去网上查询资料，通过百度、论坛等方式加以验证。第三个路径是去建材市场比较。顾客不成交走出去说得最多的一句话是："我再看看。"米素要做到通过回答顾客的五个问题实现成交。如果没有实现成交，就要分析不能成交的原因，进行倒推。现在的砍价会、电话营销都还是停留在推销环节，而忘记了"服务体验"与"信任"。

### 消费者的真正需求是什么呢？

消费者真正的需求是"放心买"。那消费者对产品的需求是什么？"环保一点、美观一点、不翘边、不发霉"。举一个空调的例子。空调的需求是解决人们希望生活空间冬暖夏凉的问题。如果说夏天屋子里本来就凉快，那消费者还需要空调吗？所以空调企业现在也在自我革命，不只做空调了，开始做环保型的建筑材料了。市场经济学的理论就是"世上本无商品，世上只有需求。"区别只是商家能否看到需求的本质。所以我对建材行业的理解是，首先要能解决消费者的痛点。围绕这个维度再梳理一步步的做法。

我们用财务数据分析的方式发现，业绩＝客流×转化×客单价。为什么要把转化和客单价放进去？因为现在大家都在关注客流，没有注重转化和客单价。如果想要的业绩是1，那后面每个维度都不能低于100%，才能实现1。所以我希望大家用财务的方式去思考。在我看来，信任的成本是最大的，也是最低的。前面你通过各种方式拉客进店，进店后你的行为却让消费者不敢下单，导致成交转化率低下。这中间的成本包括时间人员效率成本、浪费获客成本、后期口碑传播的成本。

由张默闻策划集团联合米素壁纸共同举办的"软装行业新零售黑马密训营"现场。

张默闻这厮对培训招商会的成功举办充满信心。

**信任行为下的场景思考：当下窗帘行业销售行为思考及做法。**

米素卖窗帘大概两年不到，我不想米素的门店传播的感觉是"壁纸很便宜，但是窗帘狠狠地宰我一刀"。我希望传递的是"有图有真相，所见即所得"，我觉得这是第一步感知层面的问题。

### 思考：怎么让消费者从陌生到信任

米素壁纸快速发展到今天，怎么让消费者从陌生到信任？我把这当作一个机会去思考。

**＜调研一＞行业现状了解：门店为什么年年去展会？**

- 去展会看看有没有新的花色和花型，最好能获得市场独有的经销权，顺便看看老的产品有没有降价。
- 因为新品独有，回来推销的时候可以给消费者讲故事，老的品牌可以打价格战。
- 云里雾里，就产生担心，最后消费者决策时间增长，多比比多看看。

最后导致的本质问题：整个行业在消费者心智中的信息量太大，消费者持怀疑态度，不知道怎么选。

**＜调研二＞行业现状了解：工厂为什么年年去展会？**

- 一方面，由于上届展会投放市场的产品门店带来的销售不能达到工厂的预期，需要更换门店。
- 另一方面，新品发布需要开发更多渠道，一套版本一个市场的销量，一家门店不能"吃饱"。

米素参加展会的逻辑是先做体验，打造品牌。特别是2014年和2015年的展会，米素没做招商，只做体验。同时让米素的加盟商只要到展会看到米素的展位，就能有荣誉感和自信。

因此我认为工厂年年参加展会的本质原因是，门店忠诚度不断丢失。因为门店不是专卖而是代销，所以工厂不仅要给予门店产品，也要在其他价值层面给予门店更多的支持，比如在客流服务、门店人员的成长管理提升等方面。实现共赢。

**＜调研三＞商家现状了解。**

- 人员层面：夫妻老婆店为主，上下班随意，没客人的时候在店里无所事事，缺乏职业化管理观念。
- 用户体验层面：版本堆积如山，环境陈列无系统化装修设计、美学、动向设计等，很多都是按自己的意愿装出来的。卖货定价因人而定，无标准。

营销大咖驾到,张默闻这厮全面助力培训招商会。

张默闻这厮与金和兄弟同心。

培训会间隙：两人密切交谈。

金和解密体验营销真谛001。

商圈的位置是排第一位！业绩好的
但是占比要少于业绩差的门店！
点：门店经营成本其实最大的是获
工只是固定成本，只要能获取更多
固定成本！
一致的情况下，商圈好的门店定价
四季青的批发差3%）

- 品牌打造意识层面：由于非专卖店模式，基本是挂门头为主，所有VI（Visual Identity 的简写，译为视觉识别）没有统一标准，品牌推广基本靠促销，最后口碑难以沉淀。

所以商家到底要什么，是基于市场缺什么或者消费者要什么，这样才会产生商业机会。企业只有通过解决消费者的实际需求才会达到自己想要的需求目标。

### 当下消费者的信任问题怎么解决？

信任打造的几个层面：

第一个层面：信任感知——体验度。

第二个层面：信任基础——产品力。

第三个层面：信任监督——透明化。

第四个层面：信任背书——品牌高度建设。

体验度从美学的角度讲，就是打造一种氛围。有人问"米素为什么不吊顶？为什么不用吊灯？地板为什么是灰色的？"。我的回答是，这统统是为了打造氛围。吊顶和吊灯太花了会让顾客觉得压抑，地板用灰色为的是让墙和地面有对比，从而突出墙面壁纸。

消费者相信自己眼睛看到的维度和自己大脑植入的内容，一句话：看起来像比是真的更重要。我把这部分叫场景感知。场景感知带来的价值是无限的，包括提高进店率、提高客单价、提高员工忠诚度、提高行业知名度和口碑等。

### 如何做到服务感知？

在我看来，进店后的接待场景设计的核心是消费者问问题后得到的答案和自身了解的信息要保持一致。而服务必须做到职业化、专业化和标准化，服务标准要对标零售行业的五星酒店和航空公司。

- 在服务态度上必须要做到职业化，包括形象、气质、素养、亲和力、同理心、虔诚度等。
- 在标准化上要做到色彩搭配、行业知识等样样精通，同时要做到不欺客。

我特别讨厌在服务消费者过程中看人下菜的那种行为。所以我观察店员是否专业的套路特别简单，和大家分享一下：进到壁纸店后我一般会逛一遍，看店员是怎么接待我的。一开始我一句话都不说，看店员怎么推销，十多分钟后我会说我是上游的派过来与厂家谈合作的，再看店员怎么接待我。这个时候，大部分店员马上会360°转变，态度比较差，但也有一小部分店员会热情招呼我坐，请我喝杯水。我想说的就是，服务的态度很重要，态度体现职业化。

金和解密体验营销真谛。

### 服务能够带来什么价值?

服务获得的最大的价值就是别人对你的尊重。尊重能拓宽人脉，融入社会主流，最终获得他人的主动帮助。我希望借助米素这个平台，使零人脉在外地创业的人，和客户成为朋友，融入社会主流，那么之后的一些问题，客户一定会帮你解决。那么米素卖壁纸给客户时怎么获得客户尊重，最终获得客户的帮助呢？这是值得思考的问题。

### 如何提高品牌的知名度?

接下来我们来讲品牌建设的问题，第一部分是门店形象，第二部分是代言人品牌荣誉层面，第三部分是媒体投放。做媒体投放时要思考一个问题：必然性和相关性的问题。很多人觉得投媒体一定会带来效应，但其实这只是相关性问题，不是必然性问题。有一句话叫叶落知秋，树叶掉了秋天就一定到了吗？不一定，所以这就是一个相关性问题。那什么是必然性问题？我使劲摇树，树叶一定会掉，这是必然性问题。媒体投放不能马上带来销售，但是可以提高品牌知名度。品牌事件营销、工程案例等都是品牌知名度建设的信任背书。

那么提高品牌知名度的方法有哪些呢？方法一：提升终端店面形象；方法二：利用品牌代言人，增强品牌荣誉，与国际知名设计工作室合作，体现品牌专业度；方法三：利用主流媒体，高铁高速机场三位一体，重复加深记忆；方法四：品牌事件营销，"甲壳虫全城飘移"。总结下来，就是用零售的思维来做建材的核心是建立信任感和良好的体验。

再问问自己到底要干什么，反推自己应该怎么做计划和行动方案。米素的目标，就是效率和口碑。盈利是迟早的事，这不是问题。体验营销的重点就在对"营"的理解上，场景的打造和差异化设计形成用户吸引力来激发用户的购买需求。所以从企业基业长青的角度来看，一定要有自己的目标和打法。除了做好存量市场，还要不断创造需求来获取增量市场。

回顾今天课程的逻辑，第一部分是通过财务数据发现问题，财务数据为做好企业经营和决策指明了准确的方向。比如说，客流从哪些渠道来，哪个渠道带来的收入最大，你就投哪个，加倍投。然后就是转化，你要怎么去转化，日常应该做哪些工作，都值得我们去思考。总之，只有实现规模效应才能降低固定成本。第二部分是针对不同的阶段，进行不同的市场投入，制定不同的目标，慢慢地实现规模效应和市场占有率。因为不同的市场玩法是不一样的，所以我面试加盟商时都会问他们当地的知名品牌是谁，是什么样的玩法。第三部分是做调研，看看市场的商业机会在哪里。第四部分分析这些看到的机会，制定具体的打法，最终在竞争中取胜。

最后通过实际问题来思考如何用100平方米的店实现200万元的收入？200平方米的店如何实现500万元的收入或者1000万元的收入？我觉得做窗帘墙纸没有200平方米肯定达不到很好的用户体验效果，这是我亲身见证的。那么下面我们来探讨，通过200平方米的店，租金3万元/月，配5到6个人，工资加提成5万元/月，办公管理等成本2万元/月，固定成本10万元/月等数据倒推，年收入1000万元的店该怎么做。

月收入为80万~100万元，平均5000~8000元/单，一个月160单，按50%转化率计算，每天应有10户进店。问题来了，怎么可能一个月有300户进店？我可以给大家看一下数据：城市体量年交房量1万套以上，或城市人口超过150万人以上，就有了300户进店的基础。所以问题的点不是没有300单客流，而是客流为什么不主动进我们店？要么店不够大，要么店装修不够好，要么产品不行，核心的本质还是品牌吸引力问题。

举个例子，小米300平方米单店的销售额过6000万元/年，坪效20万元/年。它是怎么做到的？①体验：在最牛商圈，用苹果的设计师，用材极致，销售过程不推销等；②成本：大批量采购，极致定价等。所以小米解决了效率问题，用小米的话说就是"企业和用户成了朋友"，信任等于效率。深挖小米的细节：①商圈：最好的商圈，日均客流超过5000人；②供应链：移动电源一次采购1亿个。从效率结果反推：小米是最短时间做到过千亿元的企业。

通过上述这些，米素要达到坪效5000~10000元/年的目标，需要真正解决的是为什么品牌吸引不了客流来店的问题？不管是开培训会招商还是展会招商，这些都是被动的，我想要做到的是，渠道商主动来找我。最后，借鉴华为成长的方式来结语：基于企业的成长的过程是不断假设的过程。

10年前的你会想到今天的你吗？未来10年将会变得如何你是否敢于想象？所以未来10年请放大你的想象和假设！谢谢大家！

## 另辟蹊径的第三条路是从传播出发

招商不是一蹴而就的，而是要通过媒体传播、广告传播、人员传播等多种方式努力与投入才能渐显成效的。与传统的品牌不同，米素壁纸在招商的时候也充满了互联网思维。2016年，米素壁纸在高铁投放的招商广告上宣布"380万元招天猫运营总监"，广告一出现就引发了行业内的轰动。不循规蹈矩的米素壁纸在做传播时更希望以事件营销的方式去发酵口碑，人们在看到广告的时候就会情不自禁地被内容吸引并无意中替米素壁纸做了二次传播。

大咖来啦。

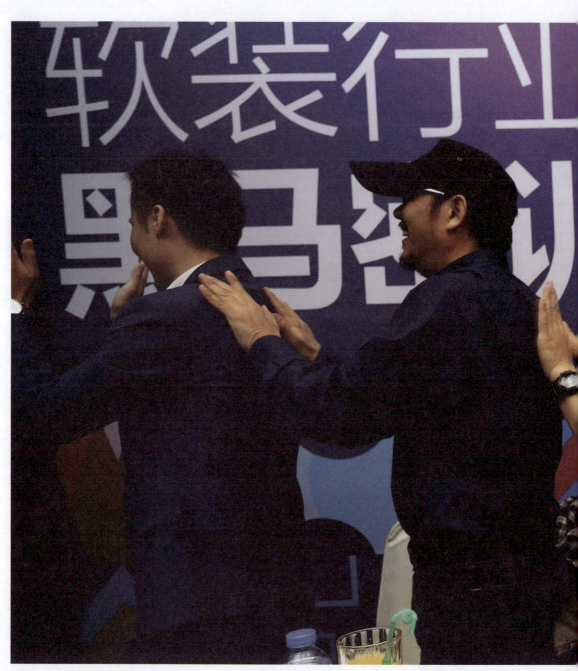

趣味拍拍操,见友情更见激情。

"软装行业新零售黑马密训营"顺利结束!

米素壁纸 上墙更美 | 115

此外，2017年，张默闻策划集团为米素壁纸撰写了大量招商软文，就米素壁纸招商层面的核心亮点进行了宣传和报道。随着媒体曝光的增加，米素壁纸的招商咨询量大幅度增加，许多人在阅读报道后第一次认识了米素壁纸。这里我们摘录了部分文章，也许通过这些文章大家就会知道"米素速度"从何而来。

## 2天扩张1家门店，电商出身的米素壁纸究竟做对了什么？

2017年的热词之一是新零售，可以看到，不仅是背后站着阿里的盒马鲜生，还有以阿芙精油、御泥坊为代表的美妆电商，以小米、魅族为代表的互联网手机品牌，各个细分行业的电商纷纷布局线下实体店，抢占实体市场的蛋糕。

其中，以米素壁纸为代表的建材电商的扩张速度更是令传统建材品牌惊讶。据数据显示：2017年10月，米素壁纸迎来了第305家实体店，这也是它2017年内落地的第152家门店。也就是说，2017年1~10月，平均2天就有1家米素壁纸线下门店落地。即便是在线下布局已久的传统壁纸品牌也无法达到这么快的速度。笔者不得不深入研究，2天开1家门店，如此惊人的开店效率背后，电商出身的米素壁纸究竟做对了什么？

**走一步看两步，米素壁纸超前布局进入新时代**

纵观米素壁纸这几年的发展，笔者发现它每一步都提前预测到了行业发展的趋势。在几乎所有的壁纸品牌都接受多品牌门店、多网点销售的情况下，米素壁纸自开创以来就始终坚持专卖专售，统一门店、统一装修、树立品牌形象，为米素壁纸专卖店的自然流量提供了有效保证。

自2016年10月马云首次提出"新零售"以来，线上流量向综合性的电商平台集中，曝光精准度打折，众多电商品牌因为缺乏线下门店不得不被昂贵的流量价格绑架，举步维艰。而米素壁纸在很早之前就已经开始了线下门店的扩张，2017年更是大举发力，门店数量突破300家，实现了它的"金蝉脱壳"。

十九大报告中明确指出：建设现代化经济体系，必须把发展经济的着力点放在实体经济上。这说明实体经济有望迎来利好政策，线下实业萎靡的阴霾即将过去。无疑，一直走在行业前端的米素壁纸，这一步又走对了。

**更年轻更好看，家居全品类布局初露端倪**

业内人士指出，随着市场容量的增大，消费者拥有了更多的产品选择权，注意力持续时间在逐渐缩短。这是对企业固定经营模式的挑战，若是企业没有及时做出调整，很快就会被顾客忘记。事实上，笔者注意到米素壁纸已经在产品开发、门店风格等方面进行了升级。

在新门店里，米素壁纸继续升级年轻人喜欢的"简约时尚"的风格，通过屏风式的创新造型展示了米素壁纸"上墙更美"的效果。作为新产品的窗帘也恰到好处地融入其中，突破了单品类的现状，而这无疑让笔者看到了米素壁纸布局软装家居全品类的野心。

此外，米素壁纸为了凸显其"大牌正年轻"的市场策略，2017年频繁邀请胡兵、叶一茜等明星举办见面会，将粉丝效应与米素壁纸商业拓展有效结合。业内人士指出，明星代言在壁纸行业内非常少见，足可见米素壁纸强大的品牌实力。

通过笔者近两年对米素壁纸的观察，米素壁纸的门店正在不断迭代并且变得越发标准与美观，在装修上也更加符合年轻人的喜好，这也是米素壁纸短期内实现快速扩张的重要原因。

**大数据大脚步挺进大都市，米素壁纸未来可期**

除了米素壁纸商业上的前瞻性和一击即中的市场策略外，它为迅速扩张准备的政策支持也不容忽视。2017年的米素壁纸招商宣传语是：2年不盈利，回收门店，返还投入成本。这个政策更让想创业的年轻人都跃跃欲试，选择米素壁纸。

提供如此强大的政策支持，米素壁纸不会亏损吗？笔者研究后发现，它敢这样承诺自然有它的底气在。数据显示，米素壁纸现有门店平均6~12个月就能实现盈利，有的门店一年甚至能达到上千万元的销售额。笔者推测，这和其线上大数据引流模式有关。据报道，米素壁纸会在天猫旗舰店展示线下门店信息，作为天猫壁纸类目销量第一的品牌，线上流量无疑给线下带去了不少客源。并且，米素壁纸延续了传统电商价格便宜的优势，率先提出"线上线下同款同价"策略，这对建材行业乱定价的现状造成了不小的打击，米素壁纸也因此得到了更多消费者的信任。

2017年，米素壁纸提出"全面挺进大都市"战略。鉴于一线城市建材市场格局已成的现状，不少业内人士表示并不看好这一战略，但笔者却认为米素壁纸这一步走得很正确。对于一线城市的年轻人来说，他们的互联网基因浓厚，非常容易接受米素壁纸这种调性的品牌。从布局上来说，一线城市对于二三线市场的影响更是毋庸置疑的。2017年9月25日，北京五家米素壁纸专卖店同期开店，也验证了笔者的想法，而攻占大都市对于米素壁纸品牌的提升及未来战略的布局都提供了更多的可能性。

电商出身的米素壁纸加快线下门店的布局,加速开启线上线下双轮驱动的发展格局,这基本宣告了整个软装行业在新零售模式下的新一轮自我革命与升级已经全面开启。未来,这个年轻的品牌将会如何发展,笔者将持续关注。

## 米素壁纸又有大动作,
## 半年花1200万打造14家样板店震惊行业

公开数据显示,2016中国壁纸产业的年产值达300亿元,而装修使用率却不足10%,与欧美等国外市场高达70%~80%的使用率相比,微不足道。业内人士预测,未来5~10年,中国壁纸市场占有率将达到20%~30%。巨大的市场红利吸引了不少其他相关行业的品牌也延伸到了壁纸的生产销售中,使这场壁纸市场的争夺战越演越烈。

在这种情况下,作为土生土长的互联网品牌,米素壁纸半年内斥资1200万元在北京及郑州、西安、成都、合肥等省会城市打造了直营专卖店14家,震惊行业。在国外知名品牌与本土品牌围剿下的一家互联网品牌究竟有什么能力大手笔投资?笔者进行了一番调查。

**一个可持续经营的商业模式**

大约在2010年,传统零售企业纷纷投身互联网,O2O的概念越来越热,米素壁纸也不例外。2010年创始于天猫的米素壁纸,一反传统的仅在线下经营软装行业的做法,及时拥抱互联网,将米素壁纸打造为互联网销售冠军品牌。

米素壁纸CEO金和敏锐地意识到,O2O实际上更应该是O&O,是一种更加高级别的融合发展,不仅是线下传统品牌转战线上,线上品牌也应该为线下拓展谋福利。于是在2012年,米素壁纸第一家专卖店落地常州。米素壁纸线上强大的品牌影响力在此刻彰显了无与伦比的魅力,线上搜索流量逐渐进入线下专卖店,带来了源源不断的人流量。

**一个声势浩大的市场布局**

得高地者得天下,米素壁纸深知在品牌落地线下、开拓渠道时,占据北上广深等一线特级市场对于品牌成长的意义。一线城市的强势表现对二三线城市形成了较好辐射。在深耕细作,把单店运营质量、品牌知名度和美誉度不断提升之后,必定有不少当地二三线城市的经销商慕名而来。再将成熟的销售模式复制到二三线城市,对于品牌开疆扩土具有极大的帮助。

米素壁纸选择北京、郑州、西安、成都、合肥等重点城市建立直营店，正是向华北、西部区域扩张的重要一战。"直营店的开设意味着米素壁纸品牌将提供最优质的资源、最贴心的服务为空白区域打开市场。而其独有的商业运营模式则保障了这些即将开张的直营店拥有源源不断的流量，提升了顾客的信任度，单店的盈利能力与日俱增。"米素壁纸相关人士向记者表示。

**一个雄心万丈的企业愿景**

近年来，数以亿计的新晋中产阶级急剧膨胀的物资需求催生了消费升级的热潮，尤其在中国这种壁纸行业还未普及的市场，短期内市场容量将会有极大的提升空间。就此情况，米素壁纸准备采用增加窗帘、沙发等全品类的方式，为消费者提供家居软装一体化的解决方案。

"现在仅仅还只是墙饰和窗帘，未来的米素是一个规模更加庞大的企业，我们会提供涵盖家居、沙发等诸多软装装饰品类，打造一个中国版的'小宜家'。"米素壁纸CEO金和如是说。截至目前，米素壁纸在全国布局243家线下门店，而这最新的14家门店将给米素壁纸带来不容小觑的品牌影响力，也将极大地带动米素壁纸在这些城市和低一级市场的话语权。金和的"家居梦"也正在一步步变为现实。

# 为什么做米素壁纸的加盟商需要与高考一样的严格面试?

2017年8月10日下午4点，米素壁纸常州总部门口排起了长龙，蜿蜒的队伍已经绕过了拐角，往园区大门方向延伸开去。园区的安保告诉记者，这些年轻人都是为了加盟米素壁纸而来的，正在等待米素壁纸CEO金和的面试，有的人已经等了10个小时了。米素壁纸到底有什么样的魅力，能吸引到如此多年的轻创业者来参加米素与高考一般严格的面试?

**排队10个小时只为加盟米素壁纸**

一位短发干练的女士告诉记者，她是从甘肃省酒泉市赶过来的，已经排了8个小时了，马上就要轮到她了。谈及为什么要代理米素壁纸品牌，她坦言，一年前在北京墙纸布艺展[第二十一届中国（北京）国际家居、软装饰展览会]上看到米素壁纸展厅时就被深深吸引了，"但当时加盟费太贵了，我被吓跑了。"她笑着说，之后她一直关注着米素壁纸，听说最近加盟有优惠就马上过来了。

"米素壁纸线上销量很有说服力，O2O 模式的创新也处于行业领先水平。"这是一位来自宣城的意向经销商给出的加盟理由，他说他一开始并不知道金和会亲自面试，感觉又回到了高考时，所以现在有些紧张，"但是我也能理解，这说明米素壁纸注重品牌管理，对团队有要求。"

### 前景看好，品牌看好，米素壁纸正当红

2016 年，在中国家居家装行业市场规模中，建材家居的市场规模为 40000 亿元，住宅装修装饰完成工程总产值约为 15000 亿元。同时，壁纸的市场接受度逐渐扩大，壁纸行业迎来了一个新的繁荣时期。

米素壁纸在这样的风口上蓬勃发展，从 2010 年创始于天猫以来，米素壁纸就采取O2O 模式运营，经过多年成长和壮大，已发展成为天猫商城壁纸类目 TOP1 品牌。2017年，米素壁纸加大力度提升开店速度，仅上半年就在 5 个重点城市开了 14 家新店，在全国核心城市占据了销售点位。不仅如此，米素一直专注品牌传播，斥巨资抢占 CCTV、高铁传媒、机场大屏、户外广告的广告位等，实现了高空与地面广告立体式传播，产品销量和品牌价值直线狂飙！

### 开一店赚一店，创业者蜂拥而至

官方数据显示，截至目前：已经落地的米素门店有 229 家，装修中的米素门店的 36家、试运营的米素门店有 24 家；在 169 家已经运营的门店中，166 家实现了盈利，盈利率高达 98%。其中，月净利润超过 5 万元的门店有 63 家，年收入超过百万元的门店则有 21 家，再开店率超过 23%。米素壁纸的高存活率和高盈利的优势显然是吸引众人排队签约的一大要素。

值得一提的是，在外排队等候的加盟商基本都是 80 后、90 后。很多人向记者表示，他们非常喜欢米素壁纸的产品和店面装修的调性。实际上，米素壁纸一直以来深受年轻人喜爱，加盟商们和主力消费人群也均为二三十岁的人。伴随着创业主体走向年轻化、大众化的趋势，米素壁纸自然成了创业选择的热门项目。

### 全方位服务，总部支持，共谋发展

加盟米素壁纸虽然有较高的门槛，但米素壁纸给予加盟商的服务更让人眼红。7 年的发展，米素壁纸团队不断总结经验，精细化服务于每一位加盟伙伴。

线上旗舰店持续给线下门店引导客源无疑是米素壁纸的最大优势之一。此外，米素壁纸总部持续推广全国线上线下联动活动和大型营销活动，各种活动都有经验丰富的运营团队与客服团队协助。对于线下门店，米素壁纸也拥有一套标准化的运营体系，由总部统一打造门店形象识别系统，统一规范消费场景。

　　米素壁纸也非常重视对加盟商的培训服务，从人员培训到团队提升，米素壁纸不惜花费巨大代价邀请行业顶尖人物，如色彩专家沈毅、品牌专家张默闻等给米素壁纸团队和加盟商们授课。

　　广阔的市场前景、成熟的运营模式、全方位的服务支持，米素壁纸强大的品牌力量使得代理该品牌成了一件既轻松又"包赚钱"的美事。

## 【展会篇】

# 一场成功的展会让品牌买点全面落地

2017年8月16日,第二十四届中国(上海)墙纸布艺窗帘及家居软装饰展览会(以下简称上海展会)在上海新国际博览中心正式落幕,米素壁纸也凭借新门店形象发布、核心亮点集中展示、窗帘系列全新亮相、创业冠军俱乐部成立等诸多营销大招,成功走进了不少建材加盟商的内心,将米素壁纸招商进程、零售进程推向新高潮。可以说,成功的品牌展会才是解决建材行业零售、招商的真正买点。

**真正的零售秘诀在于将实体门店搬进展会**

360度景观开放式入口,领略东方禅意之美;白色氛围衬托了艺术生活家的多彩;中心绿色景观区凸显人与自然的和谐相处;不规则造型与墙纸墙布拼贴,引领时尚和色彩流行趋势。如此精致的展区不仅是米素壁纸在上海展会布置的全新展厅,更是米素壁纸新门店形象的首次亮相。

这一次,在张默闻策划集团的全力策划下,米素壁纸将新门店发布搬到了上海展会上,1:1还原专卖店门店设计,艺术空间与贩卖空间完美融合,为行业品牌门店设立了新的标准,同时也靠仅仅160平方米的面积成为本次展会最聚人气、最赚钱的展馆,一时间轰动了整个上海软装界。

### 一比一门店搬进展会,米素壁纸成全场最大黑马

如果你去过米素壁纸的门店,就会发现它和印象中"乱糟糟"的壁纸窗帘店不一样,也一定会惊叹于它的美观和时尚。黑白灰的极简主义色彩加以绿色植物点缀,简约格调中透着原始美学的气息。为了更好地推动品牌升级,此次展会,米素壁纸不仅对原有门店设计进行了升级改造,更在极简的基础上融入了人文情怀,传递品牌温度。

与过往展会相比,米素壁纸在160平方米的展位上延续了"简洁主义"的设计风格。大面积的白色立面、宜家风的浅灰色吧台、充满生机的绿色植物、不同场景的装饰配搭,使米素门店整体显得简单清晰而具设计感。如此高端、简约又个性的设计吸引了一波又一波的人流,堪称整场展会的人气王。

在消费升级的时代,门店不再是简单的产品买卖场所,用人性化的产品研发和体察心

灵的空间设计，以及精细把控的空间布局抓住人的眼睛、耳朵、心灵，才是俘虏消费者的不二法则，更是让人产生购买行为的最好铺垫。在米素壁纸看来，用最纯粹的环境，讲述产品、讲述家，在消费者选择产品的时候给予足够的空间去遐想和思考，才是未来门店设计的趋势。

**壁纸加窗帘初露端倪，布局新零售把握品牌命脉**

面对日益激烈的竞争态势，米素壁纸的战略也正在逐渐发生变化，此次展会除壁纸以外，还全新发布了成品帘系列，方便选、快速装。米素壁纸为当下追求快捷生活的年轻人带来了便捷的选择方式。

在软装行业，窗帘与壁纸一直是密不可分的两个领域。米素壁纸自2016年起就开始布局窗帘软装领域，极早地预见了未来行业的发展趋势，由单品类向整体软装、家居进发，实现品牌的突破。据了解，未来的米素壁纸，将朝着壁纸、窗帘、墙布、沙发等家居全品类布局的方向迈进，一个类似"小宜家"的米素生态初露端倪。

除了全品类布局外，米素壁纸另外一个撒手锏正是马云口中的新零售。米素壁纸CEO金和告诉记者，未来米素壁纸将加快线下布局，打通"新零售"模式，将多年积累的线上数据精准服务于线下，通过大数据检测用户的购买行为，建立精准用户画像模型，并以此为依据优化营销方案。与传统壁纸品牌相比，这将是一个具有深厚技术壁垒的战略。

记者了解到，米素壁纸最与众不同的营销策略当属线上线下同款同价，这是迎合消费升级的一种嬗变，更是互联网品牌发展的大趋势。布局线下最重要的工作是与消费者接触，在更大的市场上建立大众对米素壁纸的认知度。

毫不夸张地说，这个自带互联网基因的品牌正以敏锐的触感迎接市场的变化。以变，谋变，才是一个年轻品牌该有的态度，而且这个态度也让米素壁纸仅靠160平方米的面积成就了最赚钱的壁纸窗帘软装店。

**真正的零售秘诀在于品牌亮点的全面展示**

在精准的策划下，张默闻提出了米素壁纸的"加盟店成活率第一、互联网销售第一、线上流量第一、80/90创业建材行业选择第一、专卖专售第一"的五大核心优势，米素壁纸也将这些核心优势展示在了展厅墙最为明显的地方。不得不说，这些清晰明了的亮点展示为米素壁纸吸引路过的观展嘉宾提供了有力帮助，也为展会的成功召开奠定了基石。让我们一起来看看米素壁纸的五大核心优势。

上海展会上的米素壁纸。

米素壁纸,互联网壁纸领军品牌。

**线上流量导入线下，颠覆传统模式创行业第一**

米素壁纸，2010年创始于天猫，是集原创设计、生产制造、销售服务、售后管理于一体的专业壁纸销售商。经过多年成长和壮大，现已发展成为天猫壁纸类TOP1品牌，同时线下门店已达300多家，成为中国壁纸行业新零售模式的领军者。

最初，米素壁纸看起来并没有太多的机会，壁纸属家居建材，固有的产品属性注定了它不能达到服装行业在线上的普及率。当时整个壁纸行业在天猫开店的都不超过20家，而米素壁纸CEO金和却一跃而上，成为第一批吃螃蟹的人。由于壁纸是从国外引入的，因此不少人心中都有一种刻板印象：壁纸是奢华风的践行者，但是，米素壁纸却抓准年轻人才是电商最主要的目标消费人群这一点，立足于年轻人喜爱的简约风格，打造了独特的时尚、年轻的品牌形象，获得了消费者的一众好评。

此外，除了在迅速拥抱互联网+的战略定位上极具前瞻性外，米素壁纸CEO金和的市场创新意识还体现在深度融合线上线下，迅速开启全新O2O商业模式方面。早在2012年，天猫壁纸企业以几何倍数疯狂增长，传统零售企业纷纷大力发展线上品牌时，米素壁纸却早已悄悄布局线下渠道，第一家专卖店在江苏常州正式开业。面对营销思路截然不同的线上和线下市场，米素壁纸创新性地提出：O2O并不仅仅只是从线下到线上销售，也应该是从线上转型到线下布局渠道，线上的成功发展为米素壁纸带来了巨大的流量，但并不是所有的消费者都会接受壁纸的网店销售模式，打造一个给消费者体验的实体店就成为未来的趋势。米素壁纸要做的就是打造跨界多元化的购物体验，深入消费者的内心，引发共鸣，促进口碑传播，形成线上线下流量一体化、可持续化运营的"米素互联网+"。

**形象统一，品牌为王，米素壁纸专卖专售创行业第一**

与米素壁纸迅速扩张战略不同的是，在深耕线下渠道的过程中，米素壁纸CEO金和对想要加盟米素的经销商并未随意敞开怀抱，甚至独创了经销商需要"亲自面试"的招商方式。

为什么要对经销商如此严格呢？米素壁纸CEO金和坦言，一方面，他希望对加盟的经销商负责，将米素壁纸现在真实的发展情况倾囊相告，拨开繁花似锦坦然相见；另一方面，他也希望经销商做大后，能反哺品牌的口碑传播。因此，米素壁纸在招商中一直高标准、严要求，以期能获得一群将品牌扩展到全国各地的好伙伴。

同时，金和告诉我们，在下市场走全国的调研中，米素壁纸的市场人员发现，不少品牌由于扩张需要，在全国各地建立了参差不齐的销售网点，而这对于有效传达品牌概念、树立品牌形象，甚至对消费者的产品质量、售后服务等都有很大的影响。

张默闻这厮与黄赛在自己创意的"5个第一"面前合影。

米素壁纸全力招募代理商。

对此，米素壁纸 CEO 金和决定，加盟米素壁纸专卖店必须符合标准化、品质化、专卖化的三化要求。标准化：加盟的米素壁纸专卖店必须统一色彩、统一诉求、统一管理方式、统一售后服务；品质化：米素壁纸专卖店是线上品牌拓展到线下的体验店，精致简约的品质感、独特的装修风格是米素壁纸专卖店最大的竞争力；专卖化：米素壁纸不同于其他急于开拓网点的品牌，米素壁纸坚持每家专卖店"专卖专售"。为顾客提供强有力的品牌服务支持是米素壁纸建店的初衷，更是产品质量的最佳保证。

"我们从不以发展速度为标准，而是将目光放长远，未来米素壁纸的发展必将是当前蝇头小利所不能比的。"金和如是说。

**模式创新责任担当，米素高存活率创行业第一**

近年来，随着创业氛围逐渐浓郁，开加盟店成为创业者的首选创业项目。但是"开店容易，管店难"，店铺因经营不善而转让的信息早已司空见惯。而作为从线上转型到线下的互联网品牌，面对如此天壤之别的环境，使人们不禁担心加盟米素壁纸的存活率是否与传统品牌一样深陷泥潭？米素壁纸的市场人员告诉我们，答案是否定的。布局线下渠道已有 5 年历史的米素壁纸，开店存活率几近 100%，10 人代理米素壁纸，9 人可盈利！

加盟米素壁纸存活率高的秘诀一：总部保障足。米素壁纸会为加盟商首先提供当地最适合开店的优先选址建议，其次提供专业的培训和保姆式的服务指导，并且坚持"一城一商"制度，严格实行区域保护，避免人流量的流失。总部的强大支持保证了加盟米素壁纸品牌的加盟商能够获得最高效、最省心的管理经营方式。

加盟米素壁纸存活率高的秘诀二：线上引流多。独特的线上引流模式，为线下开设的米素壁纸门店带来了络绎不绝的人流量。据统计，在苏州的米素壁纸专卖店中，超过 60% 的顾客都是通过线上引流而来，这些因为认可品牌而来的客户成交比例达到 70%。不得不说，良好的口碑和有效的 O2O 商业模式为加盟店增加了越来越多的销量。

加盟米素壁纸存活率高的秘诀三：品牌实力强。米素壁纸虽为线上品牌，但它在线下渠道拓展时依旧十分注重视觉形象整体性，专卖店的视觉设计和装修布置均延续品牌一直以来的简约、年轻的设计风格，打破了传统壁纸的奢华风，吸引了不少年轻人进店采购。

**刚需项目受高频关注，米素回本速度创行业第一**

处于家装行业的壁纸无疑是刚需项目，获得装修人群的高频关注。因此，在保证 100% 的加盟店存活率外，投资米素壁纸的回本速度也在米素壁纸总部的不断支持下，维持在半年左右，创行业投资回本速度之最。

天猫销量 TOP1 的知名度带给品牌的优势是不可限量的，据统计，2016 年在杭州古墩路店的米素壁纸开业活动当天，就吸引了 300 余人进店，最终达成销售近 150 单；国庆线上线下互动营销活动期间，进店人数达到 600 余人，最终成交订单数近 300 单，成功引爆市场。

同时，互联网出身的米素壁纸在进行市场开拓时，也带着浓郁的互联网风格：大胆实行网上和专卖店同款同价政策，有效消除了消费者进店选择的顾虑，极大程度地提高了进店成交率；对导购员色彩搭配进行培训，打造顾问式销售；与酷家乐软件合作，根据消费者提供的房型，设计出足以令其满意的室内装修图；引入窗帘品类，提升进店客单价，为消费者提供软装一体化的解决方案。诸多有效的线下营销策略保证了米素壁纸加盟店的进客量和客单价，加快了专卖店的回本速率。

**排队签约引发热议，米素壁纸聚集年轻群体创行业第一**

虽然米素壁纸 CEO 金和在经营策略上具有前瞻性的老道的眼光和大手笔的投入，但其实他是个不折不扣的 80 后，不仅如此，米素壁纸从原创设计师团队到运营人员，都是一群充满朝气的 80 后、90 后，年轻化的团队促使整个米素壁纸品牌都更趋向于年轻化，也吸引了不少年轻人进店消费。

不仅如此，米素壁纸也受到了不少年轻创业者的喜爱。据统计，米素壁纸加盟商中超过 70% 都是 80 后、90 后的年轻创业者，超过一半的加盟商都是第一次创业，他们正是看中了米素壁纸专卖店自带的巨大流量和创新的商业模式。

据米素壁纸市场负责人介绍，米素壁纸企业总部每月都有两三批想要加盟米素壁纸的意向经销商在排队面试签约，而此次上海展会后，排队签约的人数更是创历史新高。毫无疑问，之后的壁纸行业的市场份额会随着人们的接受度的增强而逐渐扩大，有着独特商业模式的米素壁纸必定会受到更多年轻人的欢迎。

**真正的零售秘诀在于成立创业冠军俱乐部**

除了将展会的现场布置得美轮美奂、将核心亮点清晰展示外，张默闻这厮还为米素壁纸设计了一场公益性质的事件营销。2017 年 8 月 15 日，在上海展会的米素体验馆内，米素壁纸 CEO 金和、米素壁纸品牌总监黄赛一同为米素壁纸创业冠军俱乐部揭幕。

在大众创业、万众创新的今天，越来越多的创业者涌向家装壁纸行业。为了更好地服务于加盟商，凝聚年轻创业者的坚实力量，米素壁纸成立了创业冠军俱乐部，帮助年轻创业者们更好地开拓创业之路。

张默闻这厮创意策划的米素壁纸创业冠军俱乐部。

米素壁纸耀人的资质证书。

米素壁纸 CEO 金和在致辞中表示，俱乐部成立的初衷是为了给加盟米素壁纸的创业者提供更好的帮助。他强调，俱乐部将会通过一系列项目活动实现"让创业者更有创造力"的核心价值，并坚持以"培养创业冠军"为愿景，为俱乐部成员提供最系统、最实战的创业与营销思路，实现米素壁纸与创业者的双赢。

据了解，米素壁纸创业冠军俱乐部秉承高标准、严要求的进入门槛，因此加入的第一批会员均是米素壁纸加盟商中的冠军人物。他们作为米素壁纸加盟商中的杰出代表和领跑者，有着独特的经营管理理念，也是创业者精神的践行者。这些加盟商在俱乐部不断壮大的过程中释放更大的活力，凝聚更坚实的力量。

数据显示，米素壁纸的加盟商以 80 后、90 后为主，如此年轻的加盟商，并无过多的经验可以遵循，他们是通过什么样的方法来获得成功的？在这次展会上，他们带来了自己的创业故事，给意向人群传递成功正能量。

今年 35 岁的吴文慧已经有十年的创业经验，深谙建材行业门道。她坚信，打造健康的团队是发展的核心。因此除了常规的助理、导购、工程师等岗位配置之外，她还设了一个营销策划岗，用来对接广告媒体发布。对于俱乐部，她更期待后期开展的著名企业和院校考察合作的活动，希望通过考察，学习先进的管理理论和方法，提升品牌思维和认知水平。

除了成功创业者经验分享会、国内外著名企业和院校的考察合作等项目外，俱乐部还推出了商业领域的顶级专家、商界名流一对一创业辅导服务。米素壁纸邀请中国品牌专家张默闻这厮等诸多实战性大咖为俱乐部会员上课。作为中国排名第二的策划公司董事长，张默闻策划集团董事长张默闻表示米素壁纸创业冠军俱乐部的成立具有聚合高端人脉与分享价值的现实意义，不仅有利于米素壁纸团队专业化运营，更是中国年轻创业者们的福音。

米素壁纸创业冠军俱乐部为众多创业者提供了一个缔结信任、思想交流的创新型服务平台，同时它也是米素壁纸帮助年轻创业者的重要渠道。今后，米素壁纸创业冠军俱乐部将帮助中国的年轻创业者们实现资源对接，互助发展，建立良性商业生态。

**真正的零售秘诀在于展会营销的一再坚持**

毫无疑问，2017 年米素壁纸上海展会是一场成功的壁纸展会，不过，在成功的背后，不仅仅只是米素壁纸对于这场展会的重视，更多的是米素壁纸对于展会营销的一再坚持。作为占据近 3000 亿元市场的软装行业而言，展会是行业集中展示产品技术、促进销售的盛宴，更是无数软装行业的经营者集中采购产品、了解市场行情的最重要途径，不少软装的厂家们会在这里交易数以万计的订单。因此，展会对于米素壁纸而言，不仅仅只是一个

张默闻这厮与张默闻策划集团 CEO、《广告人》杂志社陈晓庆老师合影。

宣传、一场活动、一个拓展渠道的方式而已。

自 2010 年，米素壁纸携第一个版本参加上海展会开始，不论是上海，还是北京，米素壁纸用一个又一个精美的版本，用越来越大的展厅以及愈加成熟和专业的艺术陈列，为前来参观的商家、寻找灵感的设计师、想要打造美居生活的人们，展示了米素壁纸一年又一年的变化。这种变化不仅是数量上的递增，更是自身品牌在产品力和艺术方面逐步进阶的表现。上海展会成为米素壁纸品牌升级的大会，成为在行业的有力发声，成为引领行业进步的软装标杆。米素始终认为，以正确的方式展示自我，远比叫嚣式的促销更有意义。

**玩转纸上艺术，颠覆想象之美**

对出身线上的米素壁纸而言，不断地创新是米素壁纸与传统壁纸商家而言最为核心的优势。早在 2014 年 8 月的上海展会上，米素就不满足于简单的壁纸陈列，首次制作了精致美丽的纸艺礼服。各式各样的壁纸礼服，配上模特姣好的容颜，再加上每位模特专属的壁纸展示台，促成了一幅美轮美奂的画卷。精致的手工技艺和别具匠心的创意将纸上的艺术展示得淋漓尽致。

此外，在展会现场，米素壁纸也用壁纸制作出了各式各样的装饰，映衬出的不仅是穿着壁纸礼服的艺术精灵的美丽，还有米素壁纸品牌的素雅大气。整个 600 平方米的展厅，一比一专卖店式的真实陈列，满足了参展者参观的诸多需求。展会现场涌动的人流也印证了这次米素壁纸展的成功。

**把展厅变秀场，让艺术变米素**

继 2014 年米素把壁纸从墙上穿到模特身上之后，2015 年展会，米素壁纸将纸上艺术诠释到极限，纸质的雕塑造型墙、纸质的时装模特秀、纸质的时尚面具、纸质的吊灯、纸质的江南油纸伞，还有参展者可随意参观的多个现场油画体验区，构成了展会现场十大视觉陈列区域，每一个陈列区都拥有自己的主题语言，它们用不同的纸艺诉说着一个又一个关于艺术的美丽故事。可以说，现场数万家软装企业，没有一家能够如米素壁纸般苛求纸上艺术的展示，传递品牌对于美丽的理念。

此外，在展会外场，米素壁纸也将拥有着米素壁纸独特符号的波点甲壳虫车队带到现场，数十辆波点车队占据了整个展会外广场，吸引了在场所有人的目光。从展会内到展会外，米素壁纸承包了所有的目光和期待。不得不说，米素壁纸是为颠覆想象而生，更为引领行业进步而来。

值得一提的是，在 2015 年 8 月上海展会举办期间，米素壁纸同期举办了一场别开生面的壁纸选美大赛。主题为"魅力米素 美丽艺术"的 2015 年米素壁纸杯软装行业 32 强

金总与其夫人正在仔细交流,真是上阵伉俪情更深。

佳丽选拔赛在上海盛大举行。32 位美丽的姑娘通过优雅的晚礼服展示、性感的比基尼泳装秀和设计感十足的壁纸礼服展示三个精彩环节，角逐桂冠，为广大观众展示了一场前所未有的视觉盛宴。魅力米素遇见青春模特，让人惊喜和惊艳。

### 华少现场助阵，再掀展会风浪

但凡有明星到场的地方，总会聚集更多的目光。2016 年 3 月，米素壁纸邀请代言人华少空降北京国际墙纸展 [ 第二十一届中国（北京）国际家居、软装饰展览会 ]，作为娱乐圈中一线的主持明星，华少以其独特的主持风格担任此次米素壁纸展的主持人。一时间米素壁纸展会现场人头攒动，被围得水泄不通。

除了为其代言的米素壁纸展站台外，华少在现场以其一贯的主持风格为在场观众道出了米素壁纸的招募须知——限量招募加盟伙伴，瞬间成为行业议论的焦点。用明星效应引发行业关注，不得不说，米素壁纸在此次展会又夺得不少目光。此外，在此届展会上，米素壁纸在展厅旁特别设置了 100 平方米的 1:1 门店样板间，真实展现门店的实景，并且将最新上线的窗帘布艺产品陈列其中，打造了墙纸、窗帘一站式选购体验场所，满足了加盟伙伴现场参观样板店、实体考察产品等诸多需求。

### 新店形象发布，米素壁纸再放大招

在模特选美、香车助阵、明星代言等吸人眼球的招数都使用殆尽后，不少业内人士开始期待米素壁纸 2017 年的上海墙纸布艺窗帘展 [ 第二十四届中国（上海）墙纸布艺窗帘及家居软装饰展览会 ] 的与众不同的招数。然而，令人意外的是这一次米素壁纸摒弃了之前的各类招数，将核心完全放在了产品多样化、门店一比一还原的展示上。

整体白色氛围衬托艺术生活家的多彩；360 度景观开放式入口烘托东方禅意之美；中心绿色景观区凸显人与自然的和谐；不规则造型屏风与墙纸墙布拼贴引领时尚和色彩流行趋势。除此以外，米素壁纸的成品帘系列也全新亮相，印有二维码的菜单式窗帘价目表，使消费者下单选购一目了然，轻松实现了成品帘的"方便选 快速装"的目标。

### 受邀德国展会，再获国际认可

除了积极参加国内软装展外，2015 年 7 月，米素壁纸也受邀参加了德国法兰克福家纺展，成为唯一受邀的中国墙纸品牌。德国法兰克福家纺展，是法兰克福展览公司最为成功的展览会品牌之一，同时也是该领域规模最大、国际性最强的展会，更是广大来自设计、创意、制造领域的高质量展商及观展者梦寐以求的盛会，是整个业界发布家具布艺、室内装潢新品、最新潮流和设计的理想平台。

米素壁纸向国际家装领域展示了自有产品，同时也汲取了国际前沿工艺和优秀的原创设计经验。不仅买断了一批个性时尚的原创手绘作品，还签约了德国、英国等地的知名设计师，拓展了国际视野。同时，米素壁纸作为唯一受邀的中国墙纸品牌，得到了国际市场的认可。

一场场精彩绝伦的展会活动，一次次让人叹为观止的展会场景，让米素壁纸受到了行业内外的关注。相信在未来，米素壁纸不仅会推出更多高品质产品，也会策划更多与众不同的展会活动，让每一次展会都成为品牌话题性传播的渠道，让每一次展会都能在行业内外和消费者心中形成强大而无与伦比的影响力。米素力量，正在爆发。

**【美家篇】**

# 米素壁纸兵出奇招 买点指路抢占市场

很多人都在讲创意,真正的创意究竟应该是什么样子呢?张默闻这厮认为真正的创意应该是从消费者的角度考虑,从买点出发,让有需求的消费者能购买,让没需求的消费者能动心。

研究显示,米素壁纸现有的消费者主要集中在年轻消费群中,消费需求主要集中在新房装修方面。张默闻这厮敏锐地洞察到,现在新房市场已经逐渐趋于饱和,米素壁纸想做增量,就应该盯紧二手房市场。于是,在张默闻策划集团的倾力策划下,"米素壁纸·老房改造美家计划"新鲜出炉,米素壁纸投入百万元资金,为广大消费者提供一站式老房改造服务。张默闻这厮以战略的高度、产品的角度重新定位了米素壁纸老房改造项目,势必使其成为米素壁纸的标杆性服务产品。

**让人动心的美家计划需要建立全新的定位策略**

2017年11月,"米素壁纸·老房改造美家计划"全面启动,正式朝着"软装一体化"的目标迈进。这也意味着米素壁纸正在由壁纸产品提供商升级为壁纸产品服务一体化提供商,向着"大家居梦"持续发力。

**瞄准海量二手房市场,当机立断推出营销新方式**

根据国家统计局数据显示,截至2016年,我国城镇住宅建筑面积为290.2亿平方米,其中1999年后竣工的商品住宅只有88.7亿平方米,占总体存量住宅面积的30.6%,其余均为装修和设施较为陈旧的私房和房改房。这部分房改房即将进入10~15年的首次改造周期,而且房龄超过10年的房屋或多或少会存在潮湿发霉、开裂掉皮、渗水空鼓、起皮粉化等墙面问题,这些问题将会在二次交易时一一暴露出来。同时根据中国建筑装饰协会在2016年发布的数据,专家对未来十年的家装市场做了预估:十年内家装市场将达到3.9万亿元的市场规模,其中新房1.25万亿元,二手房1.38万亿元,存量翻新1.27万亿元。

通过这些数据我们可以看出,随着房屋不断迭代,未来新房的整装需求将会快速让位于老房的局部装修和翻新。抓住这个契机,米素壁纸高层提出了老房改造项目的想法,张默闻这厮表示非常赞同,并立即全身心投入到项目策划中。他发现,油漆品牌早在7

年前便涉足二手房翻新领域，而壁纸行业却一直迟迟没有动静。究其原因，一方面是因为我国家庭壁纸的使用率很低，壁纸品牌影响力相对薄弱；另一方面也是由于行业市场的一些不规范现状，导致消费者在选择墙面装饰材料的时候舍弃壁纸选择了乳胶漆、水漆等其他墙面材料。对此，张默闻这厮认为这反而是米素壁纸大举进攻老房翻新市场的绝佳机会。

**理由1：壁纸老房翻新领域空白。** 在二手房翻新市场中，被消费者广泛接受的油漆品牌有立邦和多乐士，但在壁纸行业，则没有任何一个品牌推出类似项目，米素壁纸若在此时推出老房改造服务，无疑抢占了市场的先机。

**理由2：消费者对美好生活的需求日益增加。** 十九大报告提出，我国社会主要矛盾已经转化为人民日益增长的美好生活需要和不平衡不充分的发展之间的矛盾。显然，随着经济文化的发展，人们对生活质量的要求、对美的追求都在显著提高。而在家居装修中，大家也越来越多地选择了方便美观的壁纸。

**理由3：环保装修是消费的趋势。** 一直以来，室内装修的环保问题是人们关心的热门话题之一，人们在装修时都会尽量避免使用不环保的产品，诸多家具建材企业也不断推出"净味""无污染"等系列产品。尽管如此，每年仍然有大量消费者因为居室污染影响了身体健康，很多装修材料的甲醛污染问题仍然是无法解决的顽固问题。壁纸相对于油漆等墙面装饰材料，最大的优势就是环保，可以做到即贴即住。

可以说，米素老房改造项目占据了天时地利人和的优势。张默闻这厮当机立断，这个项目不仅要做，还要马上做。不仅是在一个季度、几个城市做，还要长年做、在全国做。

**全新定位打造更走心更动心的专业化米素美家计划。** 张默闻这厮接到任务后，立即召集张默闻策划集团米素壁纸项目组集中讨论，加班加点开启头脑风暴的创意模式。通过对项目战略目标、战略意义、竞争对手、广告诉求的深度挖掘，张默闻这厮重新规划了老房改造项目的几大核心策略定位。

首先是产品名称，张默闻这厮将其定位为"米素壁纸·老房改造美家计划"。将"老房改造"加进项目名称中，提高消费者对该项目的理解度，降低传播成本；"美家"，既是米素壁纸"好看"策略的延伸，也是对壁纸装饰墙面效果更好的理念的诠释；"计划"，与CCTV提出的"国家品牌计划"概念如出一辙，体现项目的高端感。

其次是核心买点，"更好看更环保"是张默闻这厮对该项目提出的全新定位。因为无论是新房还是老房，消费者在意的还是颜值，且与米素壁纸核心策略相统一；同时，贴壁纸能够做到即贴即住，高效环保，消费者对漆类的墙面装饰品牌的环保性终归会有所顾虑，这是这些品牌的最大软肋，也是米素壁纸的最大优势，要利用好这个优势。

最后是利益点诉求，张默闻这厮认为可以用"环保纸，糯米胶。马上贴，马上住。"用"环保纸，糯米胶"等事实强调米素壁纸的环保优势；针对消费者内心惯有的墙面漆晾干思维，强调贴壁纸可以马上贴马上住的特点，满足消费者方便装修，节约成本的需求。

为了真正地实现环保好看的承诺，建立起消费者对"米素壁纸·老房改造美家计划"的信心，张默闻这厮在与米素壁纸 CEO 金和深度沟通后，达成了三项共识。

**共识一：针对环保问题。**此次"米素壁纸·老房改造美家计划"承诺为消费者提供欧洲知名壁纸制造商的进口壁纸。进口壁纸不仅要通过中国相关行业的标准认证，还要经过原产地相关机构的监管审查。这种国内外双重监管的制度，使得壁纸的环保度更高，用起来更放心。同时，"米素壁纸·老房改造美家计划"全部采用可食用性植物材质糯米胶，该糯米胶经过 6 道检测严格把关，获得欧盟 CE 认证，是真正环保可食用级别的胶水。

**共识二：针对好看问题。**米素壁纸自成立以来，就是坚持原创生活美学的践行者。公司重金聘请国内外知名原创大师，包括意大利著名建筑设计师 Marco、罗马著名建筑设计师 Valeria 等，为米素壁纸创作出几百种或简约时尚或奢侈华丽的壁纸款式，让每位消费者都能在米素挑选到理想中的壁纸。除了精致好看的壁纸可供选择，米素壁纸的优秀设计师团队也将在此次"米素壁纸·老房改造美家计划"中大显身手，不仅为消费者免费提供色彩搭配等咨询服务，还为消费者提供室内装修设计方案，真正实现消费者老房翻新的诉求，让家更美。

**共识三：针对专业化问题。**专业化问题受到了金和的高度重视，他对团队提出了"三化"，即必须保证施工师傅专业化、门店响应快速化、售后反馈及时化。在这"三化"中，施工师傅专业化被放在了首要位置。作为与消费者面对面沟通的桥梁，每一位施工师傅在加入美家计划以前都需要到米素壁纸总部接受上岗培训，统一制服、统一施工工具、统一施工流程，用专业的态度面对每一位消费者。

可以预见，在张默闻策划集团和米素壁纸的合力推进下，"米素壁纸·老房改造美家计划"一定会如它向消费者承诺的一样，比市场上现有的老房改造更环保更好看。每个人都有享受美好居家生活的权利，米素壁纸以帮助每个人实现居家梦想为己任，为广大消费者提供优质服务。

**让人动心的美家计划需要生动有趣的互动创意**

一个营销创意最终能掀起波澜，不仅仅需要精准的定位和过硬的专业化水平，还需要通过生动有趣的传播建立起消费者的品牌记忆。张默闻这厮认为"米素壁纸·老房改造美家计划"正式启动后，一定要有充足的传播为该计划造势，这样才能打开市场，达到传播最大化。

他提出，互联网是现代社会营销传播时不可或缺的一环，米素壁纸作为天猫美家类目TOP1品牌，虽然正在布局新零售，大力发展线下市场，但绝不能丢失线上的城池。米素壁纸应合理利用好新媒体对营销传播的强大推动力，并结合传统的线下传播模式保证广告效果。

**预热传播，互动创意强势吸睛**

"米素壁纸·老房改造美家计划"的前期宣传，首先要解除的是消费者的疑虑——米素壁纸真的可以马上贴马上住吗？美家计划到底是什么？

针对这些疑虑，张默闻策划集团米素壁纸项目组为米素壁纸提供了一批具有科普性的软文，这其中有从新闻视角出发的《更环保 更好看"米素壁纸·老房改造美家计划"即将全面启动》《"米素壁纸·老房改造美家计划"全面启动 未来将撬动1.27万亿老房改造市场》，从科学理性的角度详细阐述了美家计划启动的具体时间、地点、相应优惠政策以及对消费者的承诺；也有《"米素壁纸·老房改造美家计划"给你个健康到能吃的墙纸》《马上贴，马上住！快嘴华少喊你参加"米素壁纸·老房改造美家计划"啦》，向消费者说明了美家计划的核心竞争力。

在预热时加上有噱头的元素，可以勾起消费者对活动的兴趣，增加消费者参与活动的热情，并自觉开始二次分享。张默闻策划集团结合年轻人喜欢在互联网上交流的特性，从"现代人65%的时间都待在家里"这一数据入手，创作出了以下海报。

01
我还要去改变世界呢，
没空每天跟起皮的墙漆作战，
据统计，现代人65%的时间都待在家里，
米素壁纸老房改造美家计划，让老家不老。

02
给家换壁纸,
是因为,
我早就看腻了那张老脸,
据统计,现代人65%的时间都待在家里,
米素壁纸老房改造美家计划,让老家不老。

03
生活是否美好,
取决于家里的那面墙有多好看,
据统计,现代人65%的时间都待在家里,
米素壁纸老房改造美家计划,让老家不老。

04
吸完雾霾?还有甲醛?
究竟哪里才能逃离污染?
据统计,外国80%的家庭墙面只贴壁纸,
米素壁纸老房改造美家计划,更好看更环保。

05
每一个身披铠甲的妈妈,
都是为了身后健康快乐的宝宝,
据统计,外国80%的家庭墙面只贴壁纸,
米素壁纸老房改造美家计划,更好看更环保。

06
对非典型性吃货而言,
能吃的壁纸才安心,
据统计,外国80%的家庭墙面只贴壁纸,
米素壁纸老房改造美家计划,更好看更环保。

这一系列互动性海报，用轻松俏皮的网络流行词汇讲述了壁纸对于家庭、生活的重要性。结尾带上"米素壁纸老房改造美家计划，让老家不老"，让消费者在莞尔一笑的同时潜移默化地接收了活动的信息。

弹药备足后，该如何打响第一枪？张默闻这厮认为项目的初期亮相必须能够大范围引发话题讨论，因此他建议多渠道投放，完善资讯的多维性、完整性，满足不同消费的需要。除了在与米素壁纸一直保持合作关系的新浪家居、新华网等各大垂直媒体进行投放外，此次软文、海报也在自媒体类账号如头条号、微博、微信公众号，各大家居贴吧、论坛等进行投放。科学有效的媒体发布，使米素壁纸美家计划的搜索指数极速上升，顺利打开了市场。

**活动传播，生动形式再引热潮**

前期的轮番轰炸宣传推动了"米素壁纸·老房改造美家计划"的顺利启动，目前常州、杭州、无锡等米素壁纸直营店已经启动该计划，并逐步推进在全国范围内实施。为了保持项目的热度，稳步抢占老房翻新市场份额，张默闻策划集团米素壁纸项目组趁势再次推出了 H5 交互动态漫画。

滚蛋吧！甲醛君

01
今天是我家翻新的第 1 天，也是和甲醛君同处一室的第 1 天。
当时我还不知道，他是个这么难缠的家伙。
一路下来，辛酸不已。
细数我和甲醛君斗智斗勇的日子。

02
斗智第 1 天，我吹跑你。
已经是深秋的日子，北风呼啸，
我把房间的所有窗户都打开了。
"嘿嘿，看你还嚣不嚣张"
吹了三天，终于……把自己吹感冒了！

03
斗智第 3 天，我熏死你。
今天去了趟超市，把东西都买齐了。
柚子皮、洋葱片、白醋、茶叶渣……摆满了房间的每个角落，
来庆贺我"换"新家的朋友扔下东西就跑了。
"你家是不是厕所堵了？气味也太奇怪了吧！"

04
斗智第 7 天，我吃掉你。
绿色植物最无害了，还能起到装饰作用。

看着每个房间都放着吊兰、仙人掌、虎尾兰，
"啊——"一声惨叫划破夜空，
朋友起夜去上厕所，不小心被摆在洗手台上的仙人掌扎了。

05
斗智第10天，我吸光你。
选了半天终于选中一款据说吸附性最好的活性炭，
下半生的健康就靠你了，
只是……半个月过去了，为什么甲醛的味道还这么重？
我戴着口罩内心咆哮："这得吸到猴年马月去啊！"

06
斗智1个月，我灭了你。
网上买的某款甲醛清除喷雾剂终于到了，
美滋滋地把每个房间都仔细喷了一遍，
"叮"手机提示音响了一下，我拿起手机一看，
朋友发来一条链接——注意！用这些喷雾剂去甲醛易造成二次污染。

07
斗智3个月，我逃开你。
在各大论坛网站泡了半个月，
终于发现最有效的是——装个新风系统，
一摸口袋，没钱，
我我我，我还是先去老家避避难吧。

08
很久之后……和朋友抱怨了这次的遭遇，
没想到被她嘲笑了一番，
"你现在翻新家竟然还刷油漆？当然是贴壁纸啦！"

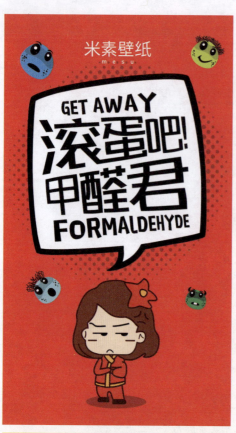

09

"喏,米素壁纸的老房改造美家计划,又环保又好看。"

朋友把手机递给我,

我看完了活动页面,立马下了单。

哼,甲醛君,这次你总该滚蛋了吧!

这次创意H5的灵感来自于漫画《滚蛋吧!肿瘤君》,利用对话形式写出了现代人对装修污染的痛恨以及消除甲醛的烦恼,既符合年轻人的社交喜好,又点出了美家计划"环保纸糯米胶,马上贴马上住"的这一核心买点。该H5一经上线,就被众人转发,又一次为项目带来了较高热度。

总而言之,张默闻这厮根据"米素壁纸·老房改造美家计划"的目标客群梳理出了一套系统的、完善的、线上线下联合的"米素壁纸·老房改造美家计划"传播爆破方案。通过有效的资源整合，扩大了消费场景，升级了米素壁纸形象，完成了由壁纸产品提供商升级为壁纸产品服务一体化提供商的转变。

**让人动心的美家计划需要用心专业的服务人员**

对老房翻新项目来说，最重要的就是要为消费者提供高质量的服务。不管是立邦的刷新服务，还是多乐士的焕新服务，都为消费者提供了一系列专业的服务，使消费者不用自己动手，就能让自己的老房焕然一新。在张默闻这厮的建议和指导下，米素壁纸也为老房改造"贴新服务"设立了7大服务模块。

**品质生活**

墙面问题怎可忍？
潮湿发霉、开裂掉皮、渗水空鼓、起皮粉化。

**免费检测**

轻松预约，免费检测。
专业检测工程师携设备，提供免费上门检测服务与处理方案，过程全透明。

**贴新服务，施工前先保护**

家具及地面防护＋墙面全方位处理。
家具电器搬移保护，地面覆盖保护，无须您动手，我们全方位呵护。

**墙面打磨吸尘更专业**

更少粉尘，更好效果，更加环保。
保时捷跑车原厂打磨工具来打磨您的墙面。

**环保基膜，多重防护**

形成墙体保护层，隔离水分，高效防霉。
EST深层参透，深入墙内成膜，固化墙体，保护墙面。

**米素壁纸，环保时尚**

解读时尚生活，专业设计配搭。
米素壁纸，好看更专业，环保更时尚，上墙更美。

**品质生活,再无后顾之忧**

墙面3年质保,壁纸8年质保。一站式贴新墙面,品牌保证更放心。

"米素壁纸·老房改造美家计划",消费者只需通过电话或网上进行预约,就能享受这些专业服务。该计划通过供应链与服务团队整合,在未来2年内为中国超过10万户家庭提供专业化墙面翻新服务。其实,除了标准化、专业化的定制服务外,更让人动心的是米素壁纸服务人员的用心、贴心,我们也记录下了这些让人感动的故事。

## 24岁年轻父亲的梦想
——记一天骑行180公里的施工师傅陈朝坤

"女儿18个月了,我老婆让我赶紧买房子,方便孩子上学。"1992年出生的陈朝坤在成为墙纸裱糊工3年后,着手准备给女儿买房子。

3年前,20岁出头的陈朝坤是个二手车中介人,上一个月效益好赚几万元,下一个月效益不好也许就没有一分钱的收入;3年后,成为父亲的他是一名技艺娴熟的墙纸裱糊工,工作稳定、收入不错,陈朝坤说:"前段日子我通过了'米素壁纸·老房改造美家计划'的考核,并且在接受了上岗培训后正式工作,现在收入稳步上升。我打算这两年把房子买了,方便女儿上学。"

凭手艺赚钱,凭手艺养家,凭手艺成为一名好父亲,陈师傅的梦想特别简单,小小的,却很有力量。

### 一天骑行180公里，加入米素为爱狂奔

陈朝坤入行的契机来自于亲戚，"亲戚中有几个人在从事贴壁纸的工作，看他们做得还不错，就跟着学了。"之后，做了半年学徒，他就出来单干了，一直到现在，他还骑着小电驴独自穿梭在苏州各大城区。

早前听说过陈师傅的"120公里"的故事，没想到这次面对面交流后才知道，他还有"骑行180公里"的惊人事迹：早上7点出发，骑电动车三小时到苏州市吴江区震泽镇给客户贴了3卷壁纸，又到吴江市区给一个客户测量了墙面尺寸，再到木渎镇的客户家里刷了基膜，然后到新区西环体育馆附近贴了3卷壁纸，再到平江路万达广场附近为一个家庭修护了壁纸，最后骑着电动车回到苏州市相城区租的房子里，到家时间是晚上9点多。

"算下来，这一天的路程怎么也有180公里了。"陈朝坤在讲述这个在外人看来特别"惊人"的故事时，显得特别淡定，但很少有人知道他这一路上，其实是冒雨骑行的。

"干活是为了赚钱，让家人过上更好的生活。"身为90后的陈朝坤异常成熟稳重，对家人很有担当。"不过后来我发现，一个人单干的话，收入不仅不稳定，而且也很难有较大的提升。"为了早日实现买房让女儿上学的计划，陈朝坤成了米素壁纸的加盟商。

加入米素壁纸后，陈朝坤重新接受了专业的壁纸裱糊培训，对此，他表示惊讶又惊喜："以前跟着亲戚学贴壁纸，又自己干了一段时间，以为自己贴壁纸的技术不错，没想到离专业还差了这么远。"专业化的培训、稳定上升的工作业绩让陈朝坤充满了斗志和希望，所以他一听到米素壁纸全新打造的老房改造美家计划之后，就毫不犹豫地报名参加了。

"我听说这个计划对施工师傅的要求很高，通过考核让我觉得很幸运，也说明我之前的努力没有白费。"陈朝坤笑着说道，脸上有着90后有志青年特有的朝气和拼劲，"这次上岗前，我们这批人又到米素壁纸总部接受了培训，我们有统一的制服、统一的施工工具、统一的施工流程，公司还针对应如何与消费者交流沟通的主题对我们进行了培训。"陈朝坤觉得参与这个计划让他获益匪浅。

"我觉得加入米素壁纸，参加老房改造美家计划就像踏上了人生的新阶段，让我开始朝着梦想一路狂奔。虽然有时候会觉得有点累，但是想着要给女儿买房的目标，就什么都能坚持。"对女儿的爱，对家庭的责任，都稳稳地支撑着他一直向前。

### 专业服务踏实从容，年轻手艺人获好评

"没想到你们这个师傅看着年轻，但非常专业啊！"陈朝坤参加"米素壁纸·老房改造美家计划"后接的第一单，就受到了客户林先生的高度评价。在上海独立经营公司的林先生表示他很看重细节，今天特意从上海赶到苏州，亲自更换新家的窗户密封条，并且顺

道安排陈朝坤施工。

"这块衣柜背后的墙面,我打算给您拼接一下。"在测量了主卧的尺寸后,陈朝坤并没有急着干活,而是告知林先生:由于屋内高度超过2.5米,壁纸或许不够,并询问林先生被衣柜遮挡的墙面是否可以用拼接。在得到了肯定的回答后,陈朝坤才开始着手铺贴的步骤。

每一次施工都是一次经验的累积,陈朝坤坦言,在刚加入米素壁纸的1个月里,每次出工都会有经验丰富的师傅带着他,他跟着学了很多实战经验,包括如何应对不同的墙面、不同材质的壁纸,甚至是不同的客户。

"因为每次遇到的问题都不同,所以只有不断地经历,不断地应对和解决,以后才不会犯错。"因为,不到20岁就从安徽阜阳到江苏常州打工,陈朝坤和大多数外地人一样经历过一些本地人的挑剔。还好,在之后几年的成长中,他用手艺和实力赢得了更多人的尊重。

"'米素壁纸·老房改造美家计划'做得不错,以后我朋友要重新装修房子时,我也会推荐米素壁纸的。"全程亲自监督完施工的林先生对陈朝坤非常认可,也对"米素壁纸·老房改造美家计划"很看好。

苏州九鼎装饰的设计师曾在收货评价里这样描述陈朝坤,"阴阳角、收口等细心专业的安装方式和细节处理,让对工艺如此挑剔的我也觉得很完美,服务人性化,比业内大品牌的安装师傅都负责、专业。"这位设计师也在自家重新装修时选择了米素壁纸的美家计划和师傅,并且十分满意。

2017年11月,陈朝坤正式成为"米素壁纸·老房改造美家计划"的专职施工师傅,用他的话来说,"现在不用出去接其他活了,单做米素壁纸都够了。"

几天前,陈朝坤拿到了中华人民共和国人力资源和社会保障部颁发的墙布裱糊工国家职业资格证书。在拿到这个证书的第一时间,他就在自己的QQ空间里发表了说说:持证上岗了……当天来到林先生家中,小编目睹了陈朝坤出示证件的过程,从容、自信。

"现在是持证上岗,更有信心了。以后更要专业地对待每一个客户、每一次施工,为'米素壁纸·老房改造美家计划'的推广和美誉度出一份力。"

不到25岁,年轻的父亲,认真对待自己工作,让消费者满意好评的施工师傅,未来可期。

**让人动心的美家计划需要真实有效的客户评价**

"米素壁纸·老房改造美家计划"首期选择杭州、无锡、常州三地投入试点,选择该服务的消费者不仅能享受超值优惠,还有机会获得惊喜大奖,不少消费者在第一时间参加了该活动,现场好评不断。

**环保纸糯米胶，健康又安心**

"我的房子买了很多年了，之前一直刷的墙漆。现在想换下感觉，听朋友介绍选择了米素壁纸，感觉还挺不错的，既环保也安心。"来自杭州的朱先生表示，"我之前在英国读书，也去过很多英国家庭，几乎所有的家庭都贴壁纸。所以，壁纸给我的感觉是既温馨又环保。特别是我最看重的环保问题，虽然现在的油漆也都宣称非常环保，但心中不免有些担心，毕竟刷油漆要戴口罩，所以我感觉不如平时能够接触到的纸环保。"

诚然，装修环保一直是消费者最关心的问题，不少消费者会选择在装修结束后将房子晾一段时间再住。然而，因为装修导致有房难住的情况，特别是因为老房重新装修导致消费者不得不搬离一段时间的情况，无形中增加了很多成本。对此，"米素壁纸·老房改造美家计划"采用水性油墨着色的环保纸和自然植物材料制成的糯米胶，保证家居环境的环保和安全。鉴于材料的健康性，选择"米素壁纸·老房改造美家计划"的消费者可在壁纸贴完后马上入住。

"装修的那几天我到现场查看时，发现了一个小细节，上门贴米素壁纸的工人全程都没有戴过口罩，这与涂油漆的工人有很大不同，让我更加坚信自己的选择是正确的。"朱先生笑言。

不仅是朱先生，不少选择"米素壁纸·老房改造美家计划"的消费者也纷纷表示他们看中的就是壁纸相对于漆类更加环保的优点，连一直不相信贴壁纸更环保的林女士在看完朋友装修后也不得不承认："我以前认为乳胶漆的味道比壁纸的味道小，散味比较快，因为贴壁纸的胶水不是环保材料。没想到米素壁纸采用的糯米胶真的没有味道，贴完效果也很好，以后老房翻新时，我也会考虑贴米素壁纸的。"

**简约风颜值高，好看又温馨**

除了得到了杭州消费者的肯定外，"米素壁纸·老房改造美家计划"也受到了无锡消费者的喜爱，一位来自无锡的刘女士告诉我们，"我是不折不扣的 90 后，买东西最先考虑的就是颜值，米素给我的第一印象就是简约大气颜值高，这对于我这种'颜控狗'很有吸引力。通过进一步了解后发现，米素壁纸的品牌调性、质量环保也不错，我就选择了它。最后，贴上墙后的效果确实不错，我很满意。"

事实上，米素壁纸自成立以来，一直以坚持原创生活美学的理念，以为消费者提供更美的家居体验为原则，重金签约国内外知名软装设计大师，带领原创团队踏访欧洲进行学习，就是希望能够为每一个家庭提供更年轻、更具美感的家庭软装服务。此外，米素壁纸不仅提供或简约或温馨的壁纸窗帘供消费者选择，还会提供专业的软装搭配师，依照消费者的家具的原有风格，制定专属搭配方案，真正满足消费者用最小成本投入使老房换新颜的需求。

对于极具个性化、喜好变化快的年轻人来说，根据房间风格更换壁纸简单易操作，更换壁纸后的家就会像新装修的家一样。学设计的陈女士更是直白地表示："我根本接受不了长期住在同样装修的房间里，我现在喜欢这种风格，也许过两年我就喜欢另一种风格了。"

"米素壁纸·老房改造美家计划"提供给消费者几百种风格各异的壁纸产品，一站式贴新服务更是免去了装修中的各种麻烦事，可以说一下子满足了消费者喜欢好看又图方便的消费需求，受到了广泛好评。

### 施工快质量佳，耐用又放心

虽然好看和环保都尤为重要，但对于来自常州的姚女士来说，施工质量更是她最为关心的："身处南方，最担心的就是梅雨季，害怕贴的壁纸会很快发霉，所以看到米素壁纸提供的 8 年质保服务，我立刻就选择了它。事实也证明我的选择是正确的，米素壁纸在施工时非常专业快速，让我很放心。"

为了满足各种各样的老房维修问题，此次"米素壁纸·老房改造美家计划"打造了一支专业的老房改造服务团队，为每位消费者提供：墙面检测—墙面处理—家具及地面防护—墙面针对性处理—墙面专业修补打磨—新墙面基膜保护—壁纸/墙布专业施工上墙等一站式美家计划专业服务，确保为每一个家庭提供最耐用、最安全的墙面。

来自北京的李女士表示她原本不打算在家大面积使用壁纸，只考虑小面积使用壁纸，比如装饰电视背景墙等。"因为贴壁纸不持久，会出现掉落、翘边等问题，而且大面积贴的话还得搬东西、套保护罩，耗时又麻烦。"在接触"米素壁纸·老房改造美家计划"后，李女士决定试一试，"反正也不用我自己动手，两三天时间就全部弄好了。万一不好的话，我就使用它承诺的墙面 3 年质保的服务把它给换了。"不过没想到装修下来效果不错，李女士觉得这次真的是赚到了。

"米素壁纸·老房改造美家计划"不仅施工快质量佳，还为每一位参与老房改造美家计划的消费者提供墙面 3 年质保、壁纸 8 年质保的承诺，让每一位消费者贴得放心，住得安心。

**【明星篇】**

# 看米素壁纸如何让痛点变买点

在传统企业居多的壁纸行业中，米素壁纸确实是一朵"奇葩"，出身互联网，熟识所有互联网新鲜玩法；倡导线上线下同款同价，获得消费者的信任；邀请明星代言品牌、参与狂欢会，玩转粉丝经济，受到了不少年轻消费者的青睐。究其原因，正是因为米素壁纸从买点角度出发，尝试打破消费者对家居建材传统品牌的刻板印象，通过请明星、找代言，将米素壁纸打造成为壁纸界的网红品牌，获得了更多年轻消费者的喜爱。

**华少的温暖代言为米素圈粉无数**

2015年，米素壁纸正式签约华少作为其形象代言人。谈及华少，几乎没有人会感到陌生。作为娱乐圈一线明星，华少不仅扛起了《中国好声音》《我爱记歌词》《爽食行天下》《天猫双11狂欢夜》等或综艺或晚会的主持大梁，也担任了《蜜蜂少女队》的导演和制片工作；不仅跨界演出了电影、话剧等影视作品，更推出了个人单曲《几十平国王》。知名主持人、导演、制片人、演员、歌手等各种不同身份，将华少塑造成了各种各样的社会角色。

然而，在这些社会角色之外，华少也是一位拥有着可爱儿子和贤惠妻子的爱家模范。华少在喜马拉雅《写信告诉我》节目中写给儿子的亲笔信感动了无数听众。而这正与米素壁纸所传递的品牌理念不谋而合。自创建以来，米素壁纸一直坚持以艺术化、品质佳、高环保的服务理念践行为消费者提供时尚、舒适、健康的家居生活的品牌承诺。好的原创、好的品质不一定代表高的价格，做高性价比的产品是米素壁纸一贯的坚持。每个人都有享受美好居家生活的权利，米素以帮助每个人实现居家梦想为己任，为广大消费者提供优质的壁纸产品。因此，选择代言人的切入点应与家庭、家装产生关联。

"壁纸产品为幸福家庭代言，夫妻和睦的家庭才更完美。作为娱乐圈的明星，华少爱老婆、爱儿子、爱家庭是无人不知、无人不晓的事。他的这种爱家理念和米素壁纸品牌理念相吻合，无疑给品牌宣传带来了不少正面效应。"谈及为什么邀请华少出任米素壁纸形象代言人时，米素壁纸负责人如是表示。

对于被誉为"浙江卫视一哥"的华少来说，米素壁纸品牌的理念也正是他所喜爱的："米素壁纸对于产品设计的创新和质量的坚守是有目共睹的，每次我看到米素壁纸的新产品都会觉得很惊艳。当然，我和我的家人都是米素壁纸的粉丝，自己家用的就是米素壁纸，确实很漂亮很环保。"

同时，通过明星的监督，更能使米素壁纸在质量上给消费者以最大的保障！当人称"中国好舌头"的华少遇到被誉为"中国壁纸行业翘楚"的米素壁纸，双方的理念不谋而合。米素壁纸坚持为广大壁纸消费者提供时尚、舒适、健康的家居生活品牌承诺，让装饰梦想照进现实；华少的代言，也为米素壁纸线下展会招商撑起了门面，提升了招商效果。2016年在米素壁纸北京展会［第二十一届中国（北京）国际墙纸布艺暨家居软装展览会］上，华少空降展会现场，与米素壁纸粉丝来了一次亲密接触，展厅瞬间被围得水泄不通，再度见证了华少在广大群众中超高的知名度和米素壁纸强大的吸引力。

米素壁纸作为中国壁纸行业最具成长规模的品牌之一，不仅始终坚持品质为先、服务为先的理念，致力于为消费者打造健康、舒适、环保的高品质生活，而且也将品牌打造作为品牌成长的重要一环不断推进。米素壁纸是年轻的、时尚的品牌，而与华少的强强联手，势必也会对米素壁纸品牌的长远发展具有更为重大的意义。

**华少的现场助阵为米素圈粉无数**

除了携手华少代言品牌，"网红品牌"米素壁纸还邀请华少参加了年中狂欢节，现场与消费者互动。2017年6月18日，"邂逅理想生活——米素壁纸618年中狂欢节"在常州江南环球港举行，来自常州、无锡、丹阳的米素壁纸粉丝们汇聚一堂，知名主持人华少以品牌代言人的身份亲临活动现场，不仅给现场观众带来了父亲节的祝福，更带来了20台冰箱、"一屋免单"等诸多福利，并在现场互动的环节中，展现了一秒9字逆天语速的"舌功"，将整个活动的气氛推向了高潮。

**华少在现场**

"米素壁纸2010年始于天猫……"活动现场，华少一口气念完一段100多字关于米素壁纸的简介，一字不落一字不差，舌头快如闪电，引得现场观众阵阵惊呼。作为《中国好声音》《中国有嘻哈》等多档人气综艺节目的主持人，华少的主持功力颇为出色，不仅情商极高，搞笑功夫一流，而且能够掌控现场气氛，尤其是其一秒9字的快嘴功夫最令观众津津乐道，被业界称为"中国好舌头"。

同时，华少也是一位10岁儿子的父亲，更是一位拥有着令人称羡的幸福家庭的明星，堪称娱乐圈中的爱家模范，而这与米素壁纸爱家的品牌理念不谋而合。作为一个知名的公众人物，华少对于他代言的米素壁纸还是非常认可的。他表示，壁纸掌控家里最大的视觉面积，确定了一个家的基调。他认为米素壁纸是一个非常专业的壁纸品牌，一直致力于打造时尚、舒适的家居生活。"米素壁纸的产品研发速度惊人，每次我看到新产品都会觉得很惊艳。当然,更重要的是米素壁纸的纸张以及辅料都很安全、环保。"

值得一提的是,拥有独特魅力的米素壁纸不仅吸引了华少为其代言,也吸引了现场不少观众的目光。活动现场,粉丝们可以挑战华少的嘴速,最快读完活动设置的内容者可获得华少签名T恤,也有机会获得冰箱、"一屋免单"等诸多福利。各种福利公布后,现场一阵欢呼。而当华少公布现场成交的获奖名单时,现场气氛达到高潮。

**米素在承诺**

无疑,能够吸引华少倾情代言的米素壁纸,在壁纸行业的表现绝不会逊色。据了解,米素壁纸签约意大利、韩国等知名设计师,进行原创壁纸设计,并且也实地考察了西班牙、荷兰、意大利、比利时等国外知名壁纸制造商,保证所有海外进口系列都由欧洲设计师研发,100% 欧洲工厂直供,让每一位消费者轻松享受欧式家居生活。

为了消除广大消费者对米素海外直供壁纸的疑虑,在活动现场,米素壁纸海外采购总监朱小伟先生带着采购团队,上台郑重宣誓,并签名承诺。至此,凝聚着米素壁纸真诚服务客户和高质量保证产品的承诺书全新出炉,代表着米素壁纸必将原创壁纸的使命进行到底的决心。米素壁纸与代言人华少共同演绎的这一场"邂逅理想生活——米素壁纸618年中狂欢节",成功刷新了壁纸举办活动的新格局。

据会后统计,米素壁纸现场签约471个客户,累积成交金额超过200万元,来现场的邀约客户100%签单,这对于米素壁纸来说是一次成功的试水。会后,米素壁纸CEO金和先生接受了新华网、新浪家居、腾讯家居、网易家居、房天下、化龙巷等众多媒体的联合采访,"米素壁纸一直致力于为消费者传递时尚、舒适、健康的家居生活理念,适合自己的家居风格才最有设计感。"金和先生认为,每个人都是生活的艺术家,米素壁纸要做的就是帮助每个人发现生活的美。新零售时代的到来,对米素壁纸而言是一次新的挑战与飞跃,米素将把心态归零,把荣誉归零,从"新"出发,持续扩大线下门店规模,实现"线上到线下"的对接,真正做到享誉全国。

**胡兵的时尚亮相为米素圈粉无数**

2017年7月23日的杭州,骄阳似火,米素壁纸723欢聚日活动正式开启。这是一年中最热的时刻,但不少米素壁纸的粉丝们顶着烈日从四面八方赶往杭州,只为见证米素壁纸723欢聚日,目睹新晋"米素壁纸时尚体验官"胡兵的风采。

胡兵是一名家喻户晓的明星,参演过的影视作品有《粉红女郎》《真情告白》《楚乔传》《幻城》《猎场》。除此以外,胡兵也是一位出色的男模,2015年,胡兵成为伦敦时装周全球代言人，如今已是连任的第三个年头。作为演员，胡兵纯粹努力；作为模特，胡兵坚持初心。胡兵的优秀的品质和米素壁纸非常契合，作为壁纸类目线上知名品牌的米素壁纸而言，放弃原有成绩，深耕线下渠道，也代表着米素不忘初心，只为将更好的、更美丽的软装设计带给米素壁纸的粉丝们的优秀的经营理念。

并且，作为叱咤时尚界20余年的时尚教父，胡兵对于时尚和美有自己独特的见解。活动现场，作为伦敦时装周的全球代言人，胡兵首先分享了在欧洲时尚圈的经历和对时尚的理解。他认为时尚是循环的、历久弥新的、讲究时代性的。米素壁纸给他留下的第一印象就是非常符合当代人的审美，打破了壁纸留给人们奢华、烦琐的第一印象，非常适合现在追求时尚、要求家装耐看的年轻人。活动现场，胡兵亲自示范了壁纸搭配的技巧，从众多款经典的米素壁纸中选择了两款极具时尚感的壁纸，现场1:1还原明星卧室与客厅，赢得在场米素壁纸粉丝们的阵阵赞叹，甚至有不少粉丝当场就购买了同款壁纸。

作为蝉联了天猫墙纸类目三年销量总冠军的米素壁纸，在此次活动中也进行了线上传播转化。据了解，本次活动得到了腾讯、新浪等多家媒体平台与天猫平台的支持，纷纷同步直播了米素壁纸723欢聚日的盛况，形成了巨大的粉丝效应。并且，本次活动也与全国米素壁纸线下门店形成了有效互动，共享胡兵赠送的夏日福利。

会议现场，米素壁纸副总裁授予胡兵"米素壁纸时尚体验官"称号，感谢胡兵对米素壁纸产品的时尚解读。而胡兵也为米素壁纸线下渠道的加盟商赠送了签名礼物，以激励他们更好地服务米素壁纸终端用户，用环保、健康、高颜值的米素壁纸产品，为消费者打造代表中国时尚的新家！作为中国时尚与世界时尚的桥梁，胡兵与米素壁纸创始人金和、天猫嘉宾，共同启动了米素壁纸723欢聚日"聚时尚 焕新家"活动，畅享米素壁纸夏日福利！

本次的米素壁纸723欢聚日，是继华少参与的618年中狂欢节后米素壁纸举办的又一明星狂欢会。而与这些当红的明星艺人进行跨界合作，是米素壁纸深耕线下市场的最重要的组成部分。在壁纸行业的竞争愈发激烈的当下，娱乐界的粉丝经济与软装行业的流量为王具有天然的共通性。"眼球经济"地崛起和米素壁纸"上墙更美"策略地提出，成为米素壁纸长期牵手娱乐圈的重要原因。相信在这些巨大的粉丝经济效应下，米素壁纸能够在线下市场一跃而起。

**叶一茜引爆狂欢节为米素圈粉无数**

她是奥运冠军田亮的妻子，也是森碟、小亮仔的母亲，更是众人眼中的人生赢家，她就是米素壁纸"美家体验官"——叶一茜。2017年11月5日，由张默闻策划集团倾心

米素壁纸 723 欢聚日，跨界时尚教父胡兵开启免单狂欢。

策划的"好看不亏茜"2017米素壁纸美家狂欢节在米素壁纸北京居然之家金源店盛大开幕，叶一茜空降现场，与米素壁纸的粉丝们拉开了米素壁纸美家狂欢节的序幕，并现场分享了自己的美家心得。

**携手叶一茜，开启美家狂欢节**

众所周知，叶一茜以"超女"出道，在事业上升期选择了结婚生子，如今，她不仅是一名多栖发展的艺人，更是一名爱家爱生活的母亲、妻子，而"爱家爱生活"恰是米素壁纸品牌一直在向消费者传达的生活理念。叶一茜就是米素壁纸在寻找的"美家女神"。一曲婉转细腻的《风吹麦浪》结束后，米素壁纸新晋"美家体验官"叶一茜正式亮相。

无论是明星还是普通人，对家的热爱都是亘古不变的，怎样做才会让家更美呢？对此，叶一茜表示，通常会进行墙面的翻新，墙是家中占据视野面积最大的地方，美墙就是美家。对于美墙，叶一茜和所有的妈妈们一样，对环保问题尤为关心。"环保、健康、舒适是时尚美家的先决条件，呵护家人的健康，打造一个健康舒适的家居环境，是我最关注的。米素壁纸给我的第一印象就是简约、时尚、年轻，壁纸的款式、颜色搭配都很经典，原创设计也深得我们家人的心。"叶一茜在现场表示。

值得一提的是，在活动现场，叶一茜亲身传授了壁纸的搭配技巧，为森碟、小亮仔打造了专属他们的儿童房，同时还为家人搭配了客厅。"米素壁纸让我们的家充满了清新时尚的气息，自从贴米素壁纸后我都不想出门了"。叶一茜大力赞赏了米素壁纸为她家带来的变化，直言米素壁纸的环保和产品设计都是她喜欢的。

无疑，美丽的米素壁纸不仅打动了叶一茜，也吸引了现场100多位米素壁纸的粉丝。在活动开始前，这些粉丝就将现场挤得水泄不通，不少粉丝甚至站着参加完所有活动。为了感谢米素壁纸北京粉丝对米素壁纸的热爱，此次狂欢节准备了米素壁纸的斑点狗玩偶及现场优惠等诸多礼物和福利，得到了现场粉丝的一致好评。

在2017年"双十一"来临之际，叶一茜以米素壁纸"美家体验官"的身份亮相本次活动，与米素壁纸CEO金和、居然之家金源店负责人周秋红一同拉开了米素壁纸美家狂欢节的序幕，全国门店齐享狂欢福利。

**携手叶一茜，提前引爆"双十一"**

作为连续三年蝉联壁纸类目天猫销售冠军的米素壁纸而言，"双十一"对于品牌的影响力可谓深远。本次邀请叶一茜这样的知名艺人出席美家狂欢节，不仅是为米素壁纸进军北京市场打响了第一枪，更是为天猫"双十一"提前预热。借助名人的宣传效应，为米素

被米素壁纸包围的北京金源居然之家。

叶一茜现场抽取全屋免单大奖。

为米素壁纸摇旗呐喊的米粉们。

壁纸打造良好口碑的同时，也使其成为吸引社会关注度的引爆点。

本次"双十一"美家狂欢节是继"米素壁纸618年中狂欢节"和"米素壁纸723欢聚日"之后，米素壁纸第三次邀请明星参与的活动，从简单的明星站台，到场景式的产品互动，米素壁纸已然将明星参与的活动玩得炉火纯青。在众多壁纸品牌中，举办如此大手笔、大流量、大规模的活动，有效地扩大了品牌认知的覆盖面。

在叶一茜开启美家狂欢节之际，位于北京金源居然之家、大兴居然之家、丽泽居然之家、城外诚、房山盛通的五家米素壁纸窗帘专卖店同时开业迎客。明星为品牌带来的巨大竞争力，势必会帮助米素壁纸在北京的市场展现更强大的销售力。

【现场新闻】

## 叶一茜、胡兵、华少，
## 米素壁纸有什么魅力能够吸引众多明星疯狂打call

继时尚教父胡兵和华少先后空降米素壁纸活动现场后，2017年11月5日，辣妈叶一茜也来到了米素壁纸北京居然之家金源店，成为米素壁纸众多粉丝中的一员。米素究竟有什么魅力能够吸引众多明星前来打call⊖？

**有颜值又环保，米素壁纸让辣妈叶一茜爱不释手**

从"05届最美超女"到"森碟森碗妈"，叶一茜一直被公认为娱乐圈中的人生赢家。如今，她不仅是个多栖发展的艺人，更是一名爱家爱生活的母亲、妻子。对于美家的理解，叶一茜颇有心得，"选择米素壁纸就是因为米素壁纸的格调是年轻人喜欢的清新时尚风。说实话，自从贴了米素壁纸，我们家简直美到让我不愿出门。"叶一茜在米素壁纸"好看不亏茜""双十一"美家狂欢节中感言。无疑，米素壁纸年轻的产品设计和品牌理念得到了她的青睐。

除了对米素壁纸高颜值的认可，拥有着一双儿女的叶一茜对于环保和健康也是极度重视。米素壁纸采用水性漆在环保纸上着墨，使用自然植物原料糯米制胶，经过6道检测严格把关，保证你的家不仅超美，还超环保。

在活动现场，叶一茜还亲自传授了壁纸搭配技巧，为森碟、小亮仔打造了专属他们的儿童房，同时也为家人搭配了客厅。独特的家装美感和将美丽融入生活的理念，让叶一茜成功当选为米素壁纸新晋"美家女神"。

---

⊖ 网络用语，即加油打气，表示喜爱、崇拜和赞美。

是谁的魅力让现场座无虚席？当然是米素壁纸。

靓妈叶一茜为米素壁纸疯狂打call。

**有格调又时尚，米素壁纸实力圈粉"时尚教父"胡兵**

不仅能够吸引到时尚辣妈，米素壁纸也靠实力圈粉了"时尚教父"胡兵。作为伦敦时装周的全球代言人，胡兵对于时尚的理解非常专业和独到。与融合了国外时尚元素的胡兵同出一辙，米素壁纸融入世界顶级的设计理念，将世界范围内的时尚潮流带到了中国的每一户家庭。

"喜欢米素壁纸就是因为米素壁纸品牌的时尚格调。"胡兵在米素壁纸"邂逅时尚生活"活动现场感言。自米素壁纸成立以来，一直坚持原创的生活美学，将自然和艺术中的灵感，融入每一款产品，再点缀上米素壁纸独有的时尚理念，让每一张壁纸、每一款窗帘都能做到极具原创性和时尚性。

作为米素壁纸粉丝中最时尚的一员，胡兵当选为"米素壁纸时尚体验官"，并且现场品鉴米素壁纸，和粉丝畅谈大众时尚，亲自示范如何打造经典的时尚家居。

**有品牌有未来，米素获快嘴华少疯狂打 call**

如果说要为米素壁纸疯狂打 call，想必无论是谁，都比不过有"快嘴"之称的华少，同时，他也是能够圈粉众多明星的米素壁纸品牌代言人。

"选择米素壁纸品牌，是因为这个品牌确实很专业。"华少在米素壁纸"邂逅理想生活"活动现场感叹道，"它的产品研发速度惊人，每次我看到米素壁纸新产品都觉得很惊艳。当然，更重要的是米素壁纸产品以及辅料都很安全、环保。"华少对于自己代言的米素壁纸的品牌和产品表示了毋庸置疑的喜爱。

据悉，在壁纸行业邀请明星进行代言与出席活动，非常少见。而米素壁纸让一众明星为其疯狂打 call，不仅是米素壁纸年轻设计理念的最佳体现，也证明了米素壁纸强大的品牌影响力。"中国好舌头"碰撞"中国壁纸行业翘楚"，一定能够引领壁纸行业，甚至建材行业的品牌发展之路。

虽然"人生赢家"叶一茜、"时尚教父"胡兵、"中国好舌头"华少在娱乐圈的定位都不尽相同，但在壁纸的选择上，却都独宠米素壁纸，那你还在犹豫什么呢？

【最新动态】

## 策略走心、文案扎心，米素广告张默闻作；
## 投放高铁、拥抱春运，将迎亿万级曝光量

正值全国春运即将开始之际，由张默闻策划集团创意策划的米素壁纸高铁广告文案"所有的美好，好不过一桌年夜饭"在全国30多座高铁枢纽城市温暖上线。贯穿年前年后的高铁传播，为米素壁纸带来亿万级的品牌曝光。

中国拥有世界上第一的高铁里程和每年10亿级人次的高铁旅客量，高铁日益成为国民出行首选的交通工具之一。尤其在号称"南北大迁徙"的春运舞台上，高铁起到了举足轻重的作用。为此，在张默闻策划集团的策略推动下，米素壁纸大胆选择高铁媒体进行品牌的新一轮曝光。整个米素壁纸高铁传播，在时间上横跨整个春运，投放站点则涵盖杭州东站、太原南站、石家庄站、长春西站、哈尔滨西站、沈阳北站等大站，预计曝光人数将以亿计。

鉴于春节对于中国人的特殊意义，大量在外打拼的游子将于此时往返于外地与家乡之间。而抓住这群人的注意力，同他们进行对话，进而产生情感共鸣，能够有效提升品牌知名度和美誉度。张默闻这厮在深入研究后表示："首先，米素壁纸在春节期间投放广告，必须使文案创意与春节元素紧密相关，让路过的行人看到后有所共鸣；其次，米素壁纸品牌核心是'上墙更美'，所以我们要在任何一次品牌传播中都传递'美'，将'美'与米素壁纸紧紧地联系在一起，牢牢刻到消费者的心中。"

于是，张默闻这厮及其项目组成员在经过连续一个多月的思考和洞察后，提出了走心文案："所有的美好，好不过一桌年夜饭"。年夜饭顾名思义就是除夕夜的晚餐，也是一年年末合家团聚的团圆饭，是中国人最重要的习俗之一，更是米素壁纸爱家文化最好的传递；"美好"是对米素壁纸品牌核心"美"的完美表露。"所有的美好，好不过一桌年夜饭"正是指在外奋斗、打拼了一年的人无论经历了多少美好，只有过年回家吃一顿年夜饭才是对过去一年的完整告别，同时也寄托了人们对新年的美好期望。除通过高铁媒体传播外，米素壁纸也将在微博、微信、天猫等诸多平台推出更多互动、走心式的传播内容，打造一次真正意义上的全媒体品牌整合传播运动，在曝光品牌的同时，也为2018年3月米素壁纸招商大会埋下伏笔。

优秀的广告来源于优秀的创新力和洞察力。在张默闻这厮的策划下，米素壁纸率先突破了高铁媒体固有的传播模式，用场景式文案吸引消费者注意，同步融合新媒体的整合传

播，用极强的感染力唤醒消费者的思维，产生共鸣，激发二次传播。

高铁广告全面上线仅是米素壁纸2018年品牌传播战役的第一步。接下来，米素壁纸将在张默闻策划集团的助力下，以走心的策略、扎心的文案进行系统性布局，联合线上线下传播资源全面加强品牌的曝光度，将"米素壁纸 上墙更美"的品牌形象根植于更多消费者的心中。

所有的美好，
好不过一桌年

MéSU 米素壁
——上墙更美

米素壁纸全国8省30市高铁站惊艳亮相之杭州东站。

米素壁纸在全国8省30市高铁站惊艳亮相之常州站。

【大奖现场】

## 全案策划领导者张默闻这厮倾力策划，
## 米素壁纸斩获广告主奖年度经典案例

2017年10月22日，由张默闻这厮全案策划的《大牌正年轻——米素壁纸品牌整合营销策划全案》凭借绝妙的策略和创意，一举斩获了2017中国广告长城奖·广告主奖·年度经典案例称号。

中国国际广告节创建于1982年，是经国家工商总局批准，由中国广告协会主办的行业盛会，是中国广告业最权威、最专业、规模最大、影响最广的国家级展会。中国国际广告节集国家级专业比赛评比、媒体展会、设备展会、商务交流、高峰论坛会议等于一体，在推动中国广告业发展，促进国内与国际广告业交流、合作方面有着重要的作用。

2017年7月，天猫壁纸品类销量冠军品牌米素壁纸与张默闻策划集团正式达成战略合作。在合作之初，张默闻这厮就深入一线，对米素壁纸品牌现状进行了调研。在实地走访、听取加盟商的真实想法后，张默闻这厮指出，米素壁纸虽然在互联网上取得了优异的成绩，但是对于正在布局新零售的米素壁纸来说，还有提升的空间。

经过反复的思考，张默闻这厮对米素壁纸的企业文化、企业战略、品牌定位、广告创意、平面视觉、渠道建设、媒介传播、品牌招商等方面进行了全面梳理和升级，协助米素壁纸完成了品牌线上线下的初步布局，为此次斩获大奖打下了坚实的基础。米素壁纸CEO金和赞扬张默闻这厮："张老师的策略为米素壁纸开拓了新的思维与视角并指明了方向。"

策划是一把利刃，而张默闻这厮无疑就是使用这把利刃的高手。此次斩获2017中国广告长城奖·广告主奖·年度经典案例称号不仅是米素壁纸的品牌荣誉，更是对张默闻这厮全案策划实力的高度肯定。二十年如一日在营销策划领域不断奔跑前行的张默闻这厮一直不忘初心地对待每一家服务的企业。而米素壁纸和张默闻策划集团的全案合作，定会以更亮眼的策略和创意闪耀出品牌的光辉！

凭借张默闻这厮的绝妙策划和米素壁纸的完美执行，米素壁纸荣获 2017 中国广告长城奖·广告主奖·年度经典案例称号。

# 晾霸不怕坏
# 谁用谁喜爱

—— 中国晾霸高端智能晾衣机买点策划纪实

高端智能晾衣机专业家族

LBest 晾霸
高端智能晾衣机专业家族

## 买点策划

　　与基于挖掘产品功能的卖点不同，买点是通过匹配消费者的潜在需求，进而找到并且满足他们在购买产品时的想法和心理预期。消费者在购买智能晾衣机这个品类时，乍一看在为方便、智能埋单，但深挖消费者需求之后就会发现，他们担心的是智能晾衣机"容易坏"。张默闻这厮在消费者调研中洞察了这一买点，于是将广告语创意为"晾霸不怕坏，谁用谁喜爱"，只用简单的十个字就击中消费者内心对晾霸品牌情感与产品质量的期望。在此买点的基础上，张默闻这厮为晾霸量身定制了整合营销传播策略，使晾霸在行业中脱颖而出，也使合作商对晾霸的未来充满了信心。2017年4月，张默闻策划集团全程策划执行晾霸2017营销大会，在大会当天，新品预售额就比历史同期翻了5番，实现了品牌和销量的真正崛起。

2017年,张默闻这厮坐在自己的作品前,笑得像个孩子。

**【第一篇章】**

# 偶然相遇相见恨晚 一次见面就想合作

广东晾霸智能科技有限公司（简称晾霸）成立于 2008 年，至今已有十个年头。在这十年的岁月里，晾霸经历过坚守智能家居行业但不被理解的孤芳自赏，也见证了之后智能家居行业的突飞猛进。作为中国第一台自主研发智能晾衣机的发明者和智能晾衣机行业标准的起草者，晾霸秉承"科技驱动家居智能化"的创新理念，拥有 150 多项国家专利，致力于推动家居智能化进程，引导行业向标准化、良性化、规模化发展，在科技实力、产品质量等方面赢得了行业和市场的高度认可。

然而随着经济的迅速发展，居民收入水平不断提升，为了追求更高的生活质量，消费者对品牌和产品的要求也不断提高。这对于晾霸这样将产品研发和科技探索放在至关重要的位置、品牌发展仍是短板的企业而言，就是一场无形的灾难了。如何在短时间内提升品牌在大众心中的知名度和影响力，成为晾霸一直寻找的方向。

基于市场和品牌的战略变革，晾霸创始人陈凌云迫切需要找寻一家能够重新打造完整营销体系的专业营销策划公司。正是在如此背景下，当张默闻这厮与晾霸创始人陈凌云在一场大会上偶然相遇时，二人对晾霸品牌营销策划的观点不谋而合，彻底消除了陈凌云总裁久久困扰在内心的疑虑。

陈凌云总裁后来回忆道：选择张默闻策划集团或许是个偶然，但后来一系列的发展成绩证明，晾霸选择张默闻策划集团是一个非常正确的决定：短短的一年时间内，不仅晾霸的销量与日俱增，创造了一个又一个的行业发展奇迹，而且因为张默闻策划集团对晾霸的营销、品牌的全面升级，使其成为在创新大潮中屹立潮头的品牌巨匠。不得不说，找到张默闻这厮，就意味着找到了闻名中国而无法沉默的品牌主张。

**偶然相遇，观点不谋而合大呼相见恨晚**

"传统"往往有这样一层含义——它润物细无声，在潜移默化中对每个人的生活和行为产生深刻的影响。文化有传统，思想有传统，行为习惯也有传统。晾晒衣物，用阳光杀菌就是中国人民几千年来的习惯传统。于是，晾霸智能晾衣机遵循用阳光杀菌的传统习惯，融入更科学、创新的技术，形成了新的消费文化。

当然，在 2008 年，移动互联网的普及率还未像现在这般风生水起。晾霸选择联合传统渠道商经营产品，依靠优秀的经销商促进企业的发展。这对当年的晾霸企业而言，正是企业急速扩张的最好时机，随着市场人员的不断推广，一款款智能晾衣机逐渐在越来越多的城市站稳了脚跟。借助优秀经销商的努力和产品研发的前瞻性，集结全体晾霸人跨业务线、跨部门的力量，将智能晾衣机成功推向了市场，越来越多的人开始接受智能晾衣机产品。

但是，当传统商业时代逐渐过渡到互联网时代时，单纯凭借传统渠道商的主动推广已经不能实现晾霸企业的急速递增的目标了。广阔的市场前景，让越来越多的产品蜂拥而至，产品的同质化现象日趋严重。在很多生产者有意或无意地模仿之后，几年前能够领先行业20年的研发技术，如今也再难持续。

移动互联网时代的企业，任何事情必须快人一步，否则就会惨遭淘汰。这里的"快"是一种针对新商业逻辑和消费者心理提出的战略调整，更是策略迭代的必然要求。在过去，消费者通常是通过核心媒体的广泛报道、渠道经销商的卖力推广来了解和选择商品；而现在信息过剩导致了消费者对传播信息产生免疫，巧妙传播、精准定位品牌营销战略才是目前企业发展的根本。

以智能窗帘产品起家的陈凌云总裁对于市场的变化早已有了深刻的认识。于是，他试图找到一位国内的策划大咖，为晾霸铺就一条仅属于晾霸品牌的发展之路。

因此，在偶然遇到张默闻这厮时，陈凌云总裁感到异常兴奋，因为张默闻这厮对于市场的精准分析为他揭开了一直弥漫在他眼前的阴霾。张默闻这厮对于未来市场格局的预测与自己的观点不谋而合，而对晾霸的营销模式分析更是说出了他内心对于晾霸品牌营销的担心，脱口而出的方法更是拨云见日，满足了他内心对于晾霸品牌未来的全部想象。

或许，正是张默闻这厮对于品牌营销的专业、对市场趋势的高瞻远瞩打动了晾霸掌舵人陈凌云，也正是晾霸掌舵人陈凌云坚持只做智能晾衣机、引领整个社会发展的大爱之心打动了张默闻这厮。总之，二人一见如故，相谈甚欢。

**诚意相知，精准创意策略分享毫无保留**

若说晾霸总裁陈凌云和张默闻这厮的相遇是一次巧合，是冥冥之中的天意，那结缘就是一次必然，他们是命中注定的兄弟。在第一次偶然相遇后，晾霸陈凌云总裁与张默闻这厮相约广州晾霸企业总部，进行了一次营销战略的思路碰撞。

此前，怀揣着将智能晾衣机推向全国、推向世界梦想的晾霸掌门人陈凌云已经遍访国内众多策划公司和广告公司，但是没有一家公司能让陈凌云总裁满意，很多广告公司要么名不副实、策略与洞察能力严重不足；要么名气大架子大，没有思路交流，只有利益沟通，绝大部分策划公司都在这样的选择中被淘汰出局。

或许正是抱着这样的初心，当张默闻这厮带着经过精准创意和策划后的品牌核心思考方案来会面后，陈凌云总裁不由感慨："张默闻是大师，却没有大师的架子，没有签订合同，却将想法毫无保留地分享，最重要的是句句干货，这就是伟大的自信。"张默闻这厮也表示："晾霸企业一直坚持自主研发，助力中国制造的大爱之心，是张默闻策划集团非常敬仰的，我们也很希望能够帮助像你们这样产品质量和科技实力遥遥领先的民族企业，实现中国企业品牌和影响力的真正崛起。"

于是在这个温润的广州城，两个企业的掌门人像真正的江湖侠客一样把酒言欢，畅所欲言。面对着张默闻这厮，晾霸企业总裁陈凌云激动地讲起了晾霸的过去、现在和未来。

晾霸的过去，是坚守智能的过去。早在2000年年初，在那个没有多少人了解智能晾衣机的年代，众多消费者还在用手摇晾衣架，陈凌云总裁在一次偶然晾衣时发现，将手摇晾衣架升级为智能晾衣机能够为消费者省去不少晾衣的烦琐和时间。创新驱动变革，但亿万个家庭的变革并没有想象中的简单。于是，创业伊始，晾霸遇到了诸多困难：没有成熟的模型参考，没有成熟的材料供应，没有成熟的制作工艺，没有成熟的经营模式，没有成熟的市场需求，没有成熟的合作伙伴，攻关核心技术遭遇瓶颈，产品销售无门。但晾霸凭借着对梦想的执念，努力朝前走，开辟出了一条不一样的发展之路。

晾霸的现在，是品牌升级的现在。经历过市场的洗礼并逐渐得到消费者的信任后，今天的晾霸已经拥有科研实力最强的团队和最能打动消费者的产品，品牌影响力享誉全行业，但在品牌势力扩张的当下，晾霸急需一个强大智慧的外脑，为晾霸品牌急速成长保驾护航。

晾霸的未来，是品类整合的未来。晾霸绝不单单只有智能晾衣机产品，未来晾霸谋求的是智能家居大市场。智能家居行业正处于爆发的前夜，作为一直致力于以科技驱动家居智能化的晾霸，将会用尽全力研发更多极致的智能产品，为消费者提供更完整、更舒适的智能家居解决方案。

张默闻这厮彻底被晾霸总裁陈凌云过去的赤子之心所打动，更为他的魄力所动容。他坦言，晾霸当下的营销模式更偏向于渠道零售，传播模式局限于依靠线下专卖店活动吸引消费者。而如今的市场体量大大增加，人人都是待开发的市场，营销以生产为导向、传播仅局限于客户主动关注，明显已经无法快速占领市场。

就这样，广州城的夜幕初上也没有影响屋内两位畅谈的兄弟。所谓诚意相知，就是张默闻这厮将想法毫无保留地分享，更是陈凌云总裁开诚布公的坦然。随后，陈凌云总裁和张默闻这厮又约了下次见面的时间和地点，陈凌云总裁说："老弟，我要去看你！"

**肝胆相照，凝聚兄弟情赢得晾霸大未来**

2016年11月30日，初冬的寒冷吹黄了杭州满城的枫叶，晾霸总裁陈凌云先生怀揣

张默闻这厮左拥右抱,幸福得不得了。

着振兴晾霸品牌的雄心，跨越1000多公里的路程来到杭州和张默闻这厮会面。同晾霸总裁陈凌云先生一起前来的还有晾霸董事长汤智文先生、晾霸董事股东李爱群女士和晾霸品牌总监郑荣先生。

短短一上午的交谈，就让内心有些怀疑张默闻这厮是否如陈凌云所言的晾霸企业高层们统统折服于张默闻这厮的策划魅力。在与张默闻这厮的深度会谈中，晾霸集团高层与张默闻这厮就整个晾衣机行业发展、行业竞争格局、智能家居发展趋势等战略性问题达成了高度的统一，对张默闻这厮"策略准、创意狠、地位稳"的策划主张表示强烈认同。

了解得越深入，陈凌云总裁和张默闻这厮越感觉双方极为合拍，两个企业也有着相似的基因和特点。

首先，晾霸集团和张默闻策划集团都极为重视产品质量。对于晾霸来说，专注于生产智能晾衣机既是晾霸集团矢志不渝的梦想，更是晾霸的使命。从科研团队的组建到和国内各大高等院校建立产学研究和培养基地，从进口流水线引入到完成各项质量认证指标，晾霸一直将自主研发智能晾衣机、推动行业智能化进程当作坚定的信念；而对于张默闻策划集团来说，品牌整合营销传播全案就是产品。张默闻这厮具有在美国上市公司AOBO连续八年担任全球副总裁的管理经验，跨界于营销、传播、广告、品牌、文化领域，并贴身服务董事局主席，历练了战略咨询能力、产品规划能力、广告创意能力、媒体整合能力。张默闻这厮提出"客户没有成功，我们拒绝原谅"，始终坚持为客户殚精竭虑，通过品牌实效教育推动中国企业品牌和销量的真正崛起。

其次，晾霸集团和张默闻策划集团都有一颗誓将民族品牌崛起的心。晾霸一直坚信只有提高自主创新的能力，才能提高民族乃至国家的整体实力；张默闻策划集团也一直致力于为中国民族品牌提供高价值、实战级的企业整体战略解决方案，并特别设立张默闻中美联合商学院，为中国企业的发展传承提供核心方法，实现中国企业的伟大复兴。

然而营销的本质最终还是要落在产品上，优质的产品才是企业实现巨额盈利的基础。晾霸企业的产品质量和科技研发实力在行业内首屈一指。"我们只为最好的产品却是最差的营销做策划"是张默闻策划集团客户管理的核心标准，能够服务拥有如此强大的实力，却在品牌营销上处于短板的客户，是张默闻这厮作为策划人的荣幸，能够帮助如此有实力、有魄力、推动社会进步的企业，也是张默闻这厮的骄傲。

因为有相似的基因和特点，晾霸和张默闻策划集团的合作便有了先天的基础，陈凌云总裁和晾霸高层结束访问后不久，就传来了希望展开合作的声音。

**【第二篇章】**

# 不远千里深度调研 紧盯买点寻找药方

**品牌调研，如何用市场调研洞察品牌买点**

在企业经营中，合理、定期地组织市场调研对维持品牌与企业的生命力有着极强的保鲜作用。在张默闻这厮看来，只有了解足够多的信息，融会贯通，才能真正洞察市场，诞生出伟大的创意和想法。

对于家电品牌，张默闻这厮不是第一次合作，但行业瞬息万变的速度以及对客户负责的态度令他丝毫不敢懈怠——彻夜搜集资料、亲自深入市场，与晾霸精英们一次次谈话，与消费者一次次交流。因为，张默闻这厮相信唯有这样才能不负晾霸的期望，真正做到为品牌负责。

近年来，党和政府对智能家居行业的发展给予了高度的重视，国家"十二五"规划明确表示，智能家居将作为培育发展战略性新兴产业的方向之一。同时2016年《政府工作报告》中，李克强总理也指出要壮大智能家居消费。

此外，权威数据显示，2018年中国智能家居市场规模将达到近1400亿元，到2020年，中国智能家居产值将会达到2万亿元，行业马太效应越发明显，生产集中度向行业领导品牌进一步靠近。阿里研究院相关报告显示：到2020年，中国上层中产及富裕家庭将翻一番，达到1亿户，他们是智能家居市场的主力消费人群，可以预见，未来的智能家居行业即将迎来一个爆炸式的增长。同时，腾讯调研数据显示：95%以上的消费者对智能家居感兴趣，而在选购家电产品时，"智能操控""节能环保"等宣传点更多的变成他们购买的关注点，可以看出国人对于智能家居的需求正急剧增长。而这些正意味着智能家居迎来了政策支持、技术进步、市场扩大等众多利好，智能家居风口已至，高速发展已成定局。

作为智能家居中阳台电器行业的佼佼者，晾霸不仅提供专业的智能晾衣机产品，更与智能中控云技术无缝对接，实现了用手机APP即可远程遥控的智能化使用方式。可以说，晾霸完全拥有享受智能家居产业增长红利的机会。张默闻这厮认为，目前的晾霸正处于一个最好的时代，不少消费者的使用习惯还处于从手摇晾衣架到智能晾衣机的过渡时期，市场接受度与日俱增，市场容量急剧扩大。并且，晾霸自身产品质量突出，品牌建设颇有小成，势必会与智能家居市场迅速接轨，迎来一个晾霸品牌发展的繁荣期。

为准确了解晾霸市场一线情况，找出自身的优势、存在的问题及竞争对手的最新战况，张默闻策划集团特意把此次调研的地点选择在晾霸市场销量较好的华东区与销量较普通的华南区。张默闻这厮从产品品质、品牌战略、销售情况、产品线布局、培训状况、门店管理等方面，对市场的实际情况进行了深度访谈。这些来自于市场一线的真实的声音让张默闻这厮如获至宝，并对晾霸市场的活动动销、营销运作等方面都获得了全新的认识。

第一，关于购买人群，80%集中在中年范围，并且在性别上没有产生太大区分。

第二，关于购买需求，超过95%的顾客在选购智能晾衣机时，都认为智能晾衣机相较手摇晾衣架更容易坏。

第三，关于终端店面，相较而言，阳台电器行业的终端店面在场景化营销上不够专业，并且价格高低相差较大的产品在店面陈列上并无明显区别。

第四，关于终端服务，华东区域的代理商普遍反映，应该加大动销辅导、店员培训、终端话术等方面的培训，加强总部的沟通与协调，将晾霸一线的营销将士们打造为懂营销、会营销的晾霸军团。

通过统一梳理调研问题后，张默闻这厮指出，此次调研让他真正洞察到消费者购买智能晾衣机时内心的担心以及促使他们购买晾霸智能晾衣机的真正买点。第一手的资料、亟待解决的问题，一切信息逐渐为我们指明了晾霸品牌未来应该朝哪里走的方向，晾霸俨然已经到了品牌腾飞的风口。

**总部调研：千里南下深入晾霸一线市场，深度访谈誓为晾衣破局**

2016年12月，张默闻这厮亲自带领项目组前往广州晾霸总部，与晾霸董事长、总经理、市场总监、销售总监、区域经理进行了深入的访谈，对于企业的战略布局、品牌规划、企业文化、人才培训等方面进行了全方位地毯式的调查。

在访谈中，晾霸总裁陈凌云为我们讲述了晾霸的由来。1993~1995年，在湖南上大学的陈凌云自入学起便与电器结下了不解之缘，学习机电专业的他喜欢搞研究。有一次他在拉窗帘时发现那个窗帘很难拉动，便萌生了一个念头，如果这个窗帘是电动的会不会更方便？那时候是20世纪90年代，国内电动化思维还未普及。带着这个超前的想法，1997年陈凌云向朋友借了几万块钱，一路南下，来到广州，开启了自己的创业之路。看过《中国合伙人》的人一定知道，20世纪90年代出现了中国改革开放以来最大的创业潮，那时候诺基亚还是灰屏、肯德基刚刚进入中国、马云1999年创办了阿里巴巴，陈凌云因为超前的电动化理念赚到了第一桶金。随后，2001年，陈凌云开始研究电动晾衣机，到2007年晾霸晾衣机正式面向市场，晾霸成为国内第一个完成自主研发晾衣机的企业。

晾霸的企业优势在于它研发了中国第一台自主研发的智能晾衣机，在晾衣机智能化的道路上是领先者和发明者；晾霸只做电动晾衣机，荣获国家高新技术奖，拥有100多项国家专利；与此同时，晾霸在招商时严格控制代理商质量，与各个地方市场最优秀的代理商

2017年,广东晾霸智能科技有限公司霸气的大门向张默闻这厮敞开。

合作，实现市场规模的逐步突破与健康发展。

晾霸作为智能晾衣机行业技术的领导者，拥有着核心技术优势，在款式设计上常常成为其他品牌的模仿对象。在调研的过程中，张默闻这厮提出了"中国 90% 的晾衣机都在学习晾霸"的口号，明确了晾霸在智能晾衣行业里的领导地位，这个口号也得到了晾霸内部人员的一致支持。

张默闻这厮一贯主张"没有对产品的极度熟悉就不配拿笔写文案，没有对企业的极度熟悉就不配洞察做策划"。因此，张默闻策划集团把市场调研看作每一次品牌创意的基础。而此次张默闻这厮通过深度调研，不仅全方位系统化地了解了晾霸品牌的核心问题，而且就企业文化达成了共识，为下一步全案策划奠定了坚实的基础。

**广州调研：深挖市场抽丝剥茧，零距离对话重塑品牌路**

2016 年 12 月，在结束了总部调研以后，张默闻这厮带领张默闻策划集团晾霸项目组转战广州马会家居及欧亚达家居广场，对晾霸专卖店现状进行实地考察调研。

广州市场作为晾霸总部的主阵地，是晾霸最早一批的代理市场。在终端调研的过程中，张默闻策划集团晾霸项目组对代理商、导购员进行了深度采访，对晾霸广州市场的销售状况、同品类市场竞争情况、终端话术等情况进行了深入了解。调研中，张默闻这厮指出，今天商业模式最重要的建构方式就是场景化，场景化营销是影响消费者购买，最终形成销售的重要一环，把握有利机会，就能更大程度地实现品牌与销量的双提升。

如今，虽然智能家居的概念深入人心，但智能家居的使用率却很低。尤其在晾衣这个领域，许多人还停留在使用手摇晾衣架阶段，甚至是使用传统晾衣竿阶段，对于智能晾衣机这个品类了解甚少。而智能晾衣机相较于手摇晾衣架来说，最大的优势在于"更耐用、更方便"。

通过导购员的描述，智能晾衣机消费人群多集中在 30~60 岁。同时由于晾霸产品智能性高、用材优异，平均价格比行业内其他品牌贵 2000~3000 元，因此晾霸的目标人群集中在高收入和高消费的中高端人群。针对这一情况，在营销推广方面，晾霸以往的做法是与各大高端楼盘合作，在精装楼盘未交付期间装上晾霸智能晾衣机，同时在产品方面，抓住女性在哺乳期间拥有"晾得快、晾得多、晾得舒心"的晾衣需求，推出了"母婴机"。

张默闻这厮对这些做法表示肯定，但仍认为晾霸还有很大的提升空间，其中包括导购员的专业培训、终端话术调整、终端视觉调整、代言人使用方法等方面。调研中，张默闻这厮作为神秘顾客，与终端导购员亲切交谈，仔细聆听并分析了导购员在终端销售时的方法和技巧，继而发现问题、找到解决问题的突破口，干货十足的观点让晾霸导购员茅塞顿开。

除此之外,他将晾霸终端存在的问题也悉数记录下来,为后续全案工作做准备。

**杭州调研:亲密访谈大话营销,大战略使晾霸信心满满**

2017年1月,在总部和广州市场调研结束后,张默闻这厮对晾霸的核心买点进行了重新梳理。张默闻这厮认为手摇晾衣架和智能晾衣机最大的区别在于"耐用",这也是智能晾衣机的核心买点。为此,他提出"十万小时不变芯,六十年后照样用"的广告语,以质量优势打败竞争对手。为了能够更好地检测大家对于"不变芯"这个概念的反应以及接受程度,张默闻这厮于2017年1月在杭州市场展开了调研。

我们在杭州新时代建材城、佳好佳家居广场进行了走访。在杭州市场调研中,张默闻这厮与导购员亲切沟通,对晾霸杭州市场做了全方位的了解和分析,为晾霸的未来明确了方向。在交流中,杭州代理商表示一致认可"不变芯"的概念,他们认为这个概念既能满足消费者的情感需求,为广告应用提供更具影响力的机会,同时能很好地区别于手摇晾衣架,更好地说明晾霸智能晾衣机的耐用性。毕竟耐用是人心更深处的需求,谁都不希望家里的电器整天坏。

"广告的好坏要在市场中得以检验。"市场调研一向是张默闻策划集团项目策划前期重中之重的工作,张默闻这厮一直认为,调研是策划创意的根基,没有调研就没有发言权。夸夸其谈的大道理本质上不能对企业未来的发展起到任何指导性意见,而贴近市场、贴近消费者的企业个性化战略模式才能最终取得胜利。此次调研,代理商的肯定无疑是对后续全案工作强有力的支撑。

**宁波调研:深度调研精准洞察,真声音真态度如获至宝**

2017年4月,张默闻策划集团晾霸项目组随同晾霸市场部一席人来到宁波市场,针对样本市场进行调研。

不同于其他市场,宁波地属沿海,人均消费水平高,晾衣机产品进入较早,市场成熟,人们对晾衣机这个概念接受度高,市场竞争非常激烈。同时宁波市场年销售额在晾霸代理市场连续数年名列前茅,对于样板市场的研究有一定借鉴作用。在此次调研中,张默闻策划集团将调研核心放在了两个问题上。问题一:为何宁波市场能做得比其他市场好?问题二:将宁波市场作为样本运用到其他市场是否可行?

在调研沟通中,宁波代理商韩总表示张默闻这厮提出的观点在终端实操上很实用。"过去我们只知道一味地说产品好,现在有更多的话可以和消费者说了"。韩总作为晾霸最早的一批代理商,在门店的运营上颇有心得,他提出的大量终端升级建议获得了大家的一致

晾霸终端门店吸引眼球的促销活动。

张默闻这厮坚持"现场主义",到现场做调研写记录。

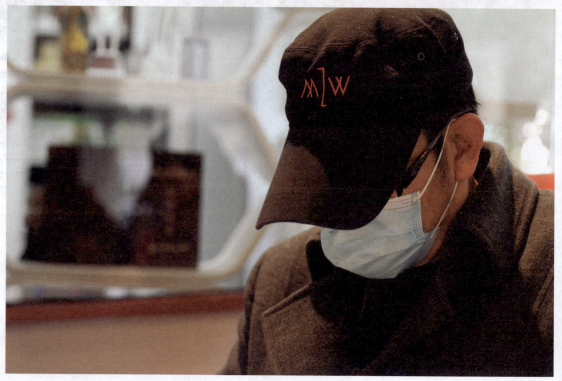

张默闻这厮忍着牙痛,坚持亲自调研。

认同。

"终端市场是品牌的门面，终端市场优化对品牌提升意义重大"。此次晾霸宁波市场调研是对全案工作的成果检测以及再升级的过程。强强联手打天下，张默闻策划集团忠于品牌、忠于客户的初心，势必会为晾霸提供更为丰沃的策略创意土壤，为实现晾霸的发展和腾飞提供强有力的保证。

**调研战报：深抓买点步步为"赢"，解锁晾霸营销全新升级**

调研结束后，张默闻策划集团晾霸项目组对长达10多个小时的调研录音进行了整理，在15天的时间里，张默闻这厮反复对调研结果进行分析和研究。依靠20年的品牌服务经验以及敏锐的市场洞察力，张默闻这厮为晾霸未来的发展方向提出了晾霸品牌未来的十大论断和六条必须坚持的道路。他认为只有坚持走晾霸特色的道路，才能让晾霸更好更快地发展。

在晾霸提案大会上，晾霸各路精英悉数到场：董事长汤智文、总裁曹俊煌、总经理刘海辉、品牌总监郑荣、内销事业部总监马俊炼、电商部总监沈阳等。在长达七个小时的提案与交流中，张默闻这厮亲自担任提案人，对晾霸品牌的发展现状及存在的问题进行深刻地剖析，以此为基础，提出晾霸品牌未来的十大论断，并将晾霸的未来要走什么样的道路清晰阐述。

"没有调查就没发言权，很多人搞调研只是把一堆数据放在客户面前，然后出一个分析报告就完事了。但我们是真真正正地走到终端一线去看过，去了解过的。"张默闻这厮在提案现场说道。他认为现阶段的晾霸必须坚持走品牌、品质、智能化、耐用化等晾霸专属的发展道路，树立品牌标杆，走出中国，走向世界。

作为智能晾衣机的领导者，张默闻这厮为晾霸的战略发展提出了明确的方向：坚定服务高端市场的发展战略，洞悉高端人群消费买点，品牌品质双管齐下主动占领高端市场份额，进一步稳固行业地位。中国智能家居行业尚且处于摸索发展阶段，互联智能的东风以及人们对生活品质要求的日益提高为晾霸带来了极大的市场机会。未来，以品牌为核心的行业竞争会加快智能晾衣机行业的良性发展。因此，谁先占据品牌先机，谁的机会就更大。

在张默闻这厮的激情提案下，大家纷纷对此次内容详尽、思绪缜密、创意出奇的全案表示赞赏。董事长汤智文表示："张老师的策略让我真正见识了什么叫'兵者，诡道也'，我非常赞同他的策略方案，可以说晾霸的未来充满希望！"张默闻这厮也表示："晾霸品牌的未来不仅是晾霸人不断追求的事业，也是张默闻策划必须担负的责任！"

张默闻这厮与晾霸终端店员深入交谈,收获一线真声音。

## 【第三篇章】

# 顶层设计全局把脉 自上而下窥探买点

**顶层设计,如何发起自上而下的系统谋划**

顶层设计一词最早来源于工程学,含义是统筹考虑项目各层次和各要素,追根溯源,统揽全局,在最高层次上寻求问题的解决之道。而在营销战略层面,顶层设计就是一个从上到下的营销战略总体规划。张默闻这厮一直认为顶层设计的重要性在于,让企业所走的每一步、每一个行动都具备战略意义和战略价值。

张默闻这厮通过对晾衣行业的整体观察,以抽丝剥茧地客观分析的方式得出了晾霸打造品牌顶层设计十步法。这是晾霸品牌制造过程不能偏离的主线,也是晾霸未来高端化发展的保证。

**第一步,要遵从晾霸核心主营业务**

晾霸全新的品牌打造要围绕晾霸的核心主营业务展开,即围绕晾霸的研发、生产、营销展开所有品牌的升级和打造。将品牌的信息和晾霸的主营业务进行完美捆绑,赋予品牌更加生动、更加直接、更加精准的品牌符号。主营业务在哪里,品牌打造的核心就在哪里。

**第二步,最高级别高管必须参与**

晾霸全新的品牌打造不是一个部门的事情,而是整个企业的事情;不是一个专业精英的事情,而是企业全员的事情。品牌打造要求企业的总裁必须亲自挂帅,率领企业最高级别的决策班底积极参与到品牌的规划和推行的工作中,只有这样才能使晾霸的品牌真正腾飞。

**第三步,品牌结构设计要务实**

晾霸全新的品牌打造的首要工作就是要将晾霸的品牌结构设计好,要求这个品牌结构要务实。企业家品牌、品类品牌、文化品牌、技术品牌、营销品牌等全面纳入晾霸品牌结构中,将品牌结构化、模块化、顶层化。建立晾霸品牌的金字塔结构,品牌打造才能做得痛快,做得扎实。

**第四步，对品牌愿景要全景式观察**

晾霸全新的品牌打造，要重点关注品牌的愿景。品牌的愿景非常重要，只有品牌愿景得到确认，品牌的其他元素才能得到应用和推进。对品牌愿景要全景性观察，全局性开发，全面性思考，要站在品牌愿景的高度去审视晾霸品牌的健康性与合理性，看看所有的品牌材料是否紧紧围绕在晾霸的品牌愿景周围，这很重要。

**第五步，一定要清晰表达品牌承诺**

承诺是你能为关注你的人做什么，怎么做，做到什么程度。品牌承诺是把软刀，不但要锋利，更要具有攻心的作用。

**第六步，商标要丰满并有知识产权**

晾霸全新的品牌打造要求晾霸必须有一个高识别度的商标并进行知识产权的保护。因为品牌打造在一定程度上就是打造一个丰满的、立体的、具有深刻企业信仰的商标，打造一个全世界都认识、都尊敬、都喜爱的超级商标符号。

**第七步，要由内而外进行品牌化打造**

晾霸全新的品牌打造要从晾霸企业内部动手，内部启航，必须坚持由内而外的打造战略。品牌打造首先解决的是内部问题、自身问题，品牌的魅力从内向外地散发才能让品牌更具有企业特性，更具有人文精神，是属于晾霸自己独有的品牌性格。内部的高效统一才能让外部的传播和展示充满魅力和吸引力。

**第八步，要关注品牌的公众性价值**

晾霸全新品牌打造的重点在于晾霸品牌公众性价值的呈现。品牌公众性价值越高，品牌被尊重的程度就越高，品牌的影响力和营销力就会越强。

**第九步，品牌信息要完整而且有用**

打造全新的晾霸品牌要注意品牌信息的完整性，保证品牌信息的每一次输出都是完整的、一致的，而且是有用的。品牌信息的核心卖点并不多，每次对它的报道和使用都要最大限度地保证品牌信息的完整，这是品牌打造的非常重要的一种能力，同时对品牌信息的有用性进行严格管理。

**第十步，品牌推广必须连续一致**

不要指望喊一嗓子就撤退的品牌传播会引发多大的效果。品牌的奥妙就是重复重复重复，连续连续连续，一致一致一致。

掌握顶层设计打造诀窍是晾霸品牌再造的第一步，关键是根据对手的进攻速度来设计品牌更具有落地性的打造计划，因为成功的品牌都是在竞争中逐渐成熟的。晾霸有一大堆的竞争对手，他们的进攻、他们的发展会倒逼晾霸在品牌上的发力和整合，这就是晾霸打造品牌的机会。张默闻这厮认为，晾霸品牌革新的机遇就始于 2017 年。

**顶层设计从心出发，品牌定位全面翻新**

产品的成功，一定是对消费者买点的深刻洞察，而品牌的成功，一定是对市场格局的深刻探究。通过与晾霸高层的深度研讨和深入一线的市场调研，张默闻这厮不仅对晾衣行业市场深有感悟，更对晾霸企业产品、品牌、技术、管理、文化等各个层面有了深刻清晰的认识。张默闻这厮敏锐地意识到，要通过对品牌的策划为晾霸品牌制定一系列能够在消费者心中占据独特地位的定位，为企业快速发展铺就最坚实的基石。

**晾霸品牌的愿景定位——掌握核心科技，领导晾衣文明**

明确品牌愿景就是明确晾霸未来的发展方向，更是晾霸企业未来生存和发展的根本所在。张默闻这厮经过深度调研和仔细思考后，将晾霸品牌愿景确立为：掌握核心科技，领导晾衣文明。以下是创意的两大理由：

1. 晾霸集团作为中国第一台自主研发智能晾衣机的发明者、智能晾衣机行业标准制定的起草者，成立晾霸智能研究中心，先后和国内多家高校合作，牢牢占据着全球高端智能晾衣机研发的前沿高地。

2. 在晾霸成立之初，晾霸集团创始人陈凌云就一直坚持只研发智能晾衣机的理念，并立志于创建民族品牌，推动中国家居智能化的进程。

**晾霸品牌的使命定位——为全球家庭提供高端智能晾衣机**

除了对品牌愿景的精益求精，张默闻这厮对品牌使命的重视程度也是无可比拟。因为张默闻这厮一直认为企业得以生存的根本就在于品牌使命，这是企业承担社会责任的态度，更是企业社会价值的确立。这个品牌使命需要让市场接受，让社会接受，让消费者接受。

经过深思熟虑后，张默闻这厮将晾霸品牌的使命定位为：为全球家庭提供高端智能晾衣机。这是晾霸智能晾衣机企业成立的初衷，更是晾霸智能晾衣机未来必须占据的科研高地。只有一直成为智能晾衣机行业当之无愧的科研龙头企业,并不断为大众提供所需的价值,才能让晾霸品牌永远基业长青。

**晾霸品牌的精神定位——做到第一,保持第一**

晾霸集团在创业之初,就将品牌精神确定为做到最好。因此,企业中文名选择了"晾霸",意为能够"霸占"全球阳台的智能晾衣机。同时,英文名字没有采取传统企业将中文拼音化的做法,选择了"L Best"作为企业的英文名。L Best,意为智能晾衣机中的最佳之选。

张默闻这厮在进行晾霸品牌精神定位创意时,就决定要延续这种从创立之初就不断顽强拼搏、积极上进的精神,将晾霸品牌的精神定位为:做到第一,保持第一,并展示了自己的两大不容置疑的理由:

1. 目前的晾霸智能晾衣机在科技创新、产品研发、生产水平等诸多方面都已成为当之无愧的智能晾衣机行业领导品牌。

2. 团队是企业经营中最核心的要素,要通过充满斗志的喊口号的方式快速激发团队的激情。

所以,将晾霸品牌精神定位为做到第一、保持第一,是晾霸创立之初对品牌的呼唤,更是对晾霸团队的呼唤。

**晾霸品牌的产品广告语定位——晾霸不怕坏,谁用谁喜爱**

晾霸品牌的产品广告语定位让张默闻这厮冥思苦想了15天,那段日子张默闻这厮不断翻阅晾霸集团数万字的企业资料,不断走到晾霸专卖店调研晾霸智能晾衣机产品的销售过程,不断将张默闻策划集团项目组成员召集在一起开头脑风暴会。终于,在一次偶然的谈话后,张默闻这厮脱口而出晾霸不怕坏这句话。真正的创意或许就来源于一时的灵感,而灵感却又来自于对产品信息的一次次整合和洞察。

张默闻这厮经过研究发现,90%以上的消费者在购买智能晾衣机时,担心智能晾衣机容易坏。绝大多数的中国消费者已经习惯了晾衣竿的晾衣模式,对于将晾衣竿换为智能晾衣机这件事,最担心的就是电动的如果坏了,修理比较麻烦的问题。于是,张默闻这厮将晾霸品牌的产品广告语直接定为"晾霸不怕坏,谁用谁喜爱",从消费者心中最担心的问题入手,抢占消费者心智,用一句话就击中了消费者内心最深处的买点需求。

**晾霸品牌的地位定位——全球高端智能晾衣机专业家族**

纵观整个市场,互联网时代和移动终端的飞速发展带来的是同质化的产品和品牌充斥其中。如何快速有效地推广品牌?张默闻这厮认为,品牌不是靠投入大量金钱和传播就能进入顾客心智的，而是要以准确定位为前提。进一步说，进入心智的最佳方法就是简化信息，最有力的战略定位就是聚焦在一个词上，例如黄老五的"好吃"、樱雪的"高精尖"。

对于晾霸智能晾衣机，张默闻这厮将这个极富战略定位的词锁定为高端，即将晾霸品牌的地位定位为全球高端智能晾衣机专业家族，以下为张默闻这厮定位的理由：

1. 晾霸一直坚持使用最有实力的研发团队、最专业的生产流水线、最高效的管理团队，坚持将产品质量做到最好。由此可见，晾霸能够提供给消费者最高端、最专业的产品。

2. 晾霸产品不仅牢牢占据中国市场，更是远销德国、法国、意大利等全球80多个国家和地区。所以晾霸不仅是民族品牌，更是全球品牌。

3. 晾霸拥有智能晾衣机数百个机型，包含风干、烘干、消毒、蓝牙等诸多功能，已然成为智能晾衣机的专业家族。

**晾霸品牌的产品买点定位——10万小时不变芯，60年后照样用**

除用品牌战略抢占消费者的眼球外，我们还需要打造产品买点定位，放大产品本身吸引消费者的特点，从而促进品牌和销量的双重崛起。于是，张默闻这厮在深度思考购买晾霸智能晾衣机的消费者更关注"容易坏"的这个问题后，将产品的买点创意定为：10万小时不变芯，60年后照样用。

用时间说话。购买电动产品，更多的消费者还是看重理性诉求，晾霸智能晾衣机的电机能够持续使用10万个小时，并且按照每天2个小时的收晾衣服时间计算，可以使用60年。这意味着这款智能晾衣机能够陪伴消费者近乎一生。

用数字说话。经过研究发现，数据是人类大脑潜意识中最容易记、最令人深信的买点。用真实的数据找到让消费者兴奋的买点，将品牌的优势传播给消费者，既好记、又令人信服。当然，所有的数据都出自官方证明。

**晾霸品牌的情感定位——晾霸，永不变芯**

脱离情感的品牌是没有朝气的品牌，更是没有生命力的品牌。有全球高端智能晾衣机专业家族之称的晾霸智能晾衣机，品牌定位除了需要有理性诉求准确传达产品的客观形象外，也需要辅助感性诉求以情感虏获消费者的内心。张默闻这厮结合晾霸智能晾衣机的产品特点，提出晾霸品牌的情感定位：晾霸，永不变芯。

永不变芯的芯是芯片的芯。芯片是智能晾衣机产品中最核心的零部件，永不变芯是指晾霸智能晾衣机的电机质量过硬、科技遥遥领先，永远不会损坏，可以使用一辈子。

永不变芯的芯是用心的芯。晾霸除了拥有专业化、标准化、人性化的服务体系外，还拥有一颗全心全意为客户服务的心。

所以，张默闻这厮将晾霸品牌情感定位为永不变芯，既是晾霸对产品质量的承诺，更是晾霸对消费者用心服务的承诺。

**晾霸品牌的态度定位——我们只做更高端的智能晾衣机**

一个没有态度的品牌更像是一个没有生命、没有特色、墨守成规的品牌。在这个竞争激烈、同质化严重的时代，塑造品牌态度更是给喜爱特立独行的消费者一个认同品牌最大的理由。张默闻这厮为晾霸品牌塑造的态度定位为：我们只做更高端的智能晾衣机。定位的理由如下：

1."我们只做"这四个字就是晾霸的态度，是一种相信智能时代即将到来的胸有成竹，更是一种推动智能化进程的骄傲坚持。这个态度是排他性的，也是晾霸从创始以来一直坚守的，更是在消费者内心引发动容的。

2.更高端的智能晾衣机是对晾霸品牌地位的定位，更是晾霸品牌需要向消费者传递的战略信息。同时，也是一种态度宣言，告诉世界，晾霸智能晾衣机一定是最高端的、最专业的、最具科技研发实力的产品。如果是不高端、不专业的产品，晾霸坚决不做。这是一种高度责任感的证明，这个态度直接将晾霸与其他品牌成功区分开来。

**晾霸品牌的精神图腾定位——晾霸雄狮**

品牌的精神图腾不仅是晾霸企业内部用以激励员工的形象，更是晾霸向消费者传递的寄托品牌精神的形象。因而塑造品牌精神图腾，也是塑造消费者心中对于品牌的第一印象。张默闻这厮在研究晾霸企业历史和现状时，猛然发现，晾霸的经历与中国的经历类似。

百年前的中国，被形容为一头沉睡的狮子，当这头睡狮醒来，世界都会为之发抖。而晾霸也面临相同的境遇，虽然产品质量和科技研发实力都在行业中首屈一指，但是却无法抢占消费者心智，而一旦爆发，就会对行业产生决定性的影响力。于是，张默闻这厮将晾霸品牌的精神图腾定为晾霸雄狮，今天的晾霸就是一头即将苏醒的雄狮，而市场正在等待它的怒吼。

**晾霸品牌的性格定位——忠于生活忠于家**

在信息化社会里，面对消费升级、产品扎堆的市场行情，如何让消费者关注品牌并最终转化成购买力，是许多企业共同面临的问题。张默闻这厮认为，打造品牌独特的性格，将品牌人格化是改变大量同质化品牌并存局面的关键。

基于晾霸智能晾衣机居家的行业属性，张默闻这厮将目标瞄准了家庭用品中有购买决定权的女性消费者最关心的买点：忠诚。并且，这也与晾霸智能晾衣机永不变芯的特性相符合，忠于生活忠于家的忠贞形象跃然纸上。

**顶层设计从忠出发，核心价值坚守承诺**

如何能够更好地让员工团结在企业周围呢？靠制度、靠钱财、靠赋予权力？但这其实只是表面上吸引员工的方式，而其中最核心的一点，是给全体员工的内心树立共同的价值观，让每个员工都能感受到品牌强大的凝聚力和感召力，全体员工像维护家一般维护品牌。

对于晾霸集团的品牌价值观，张默闻这厮在经过慎重思考后，提出了"忠于客户忠于家"。为什么会在如此强调"忠"呢，张默闻这厮为我们说明了其不容置疑的4大理由：

1. 忠于社会。忠，敬也，尽心曰忠。《忠经·天地神明章第一》中说："天下至德，莫大乎忠。"古时，忠孝两全是对一个人最高的评价，而如今，忠诚依旧是人们最为看重的美德之一。忠于党忠于人民，是共产党人的优秀品质，党的事业，人民的事业，是靠千千万万党员的忠诚奉献不断铸就的。晾霸如今的事业也成就于始终为晾霸智能晾衣机事业不断付出的晾霸人。因此，张默闻这厮将晾霸的品牌文化定位锁定为"忠于客户忠于家"，郑重宣布晾霸誓将忠诚于晾霸的专业技术、营销战术和至诚服务，永不懈怠。

2. 忠于客户。客户是一家企业存在的根本，晾霸以客户为中心，坚持科技研发，致力于为全球家庭提供高端智能晾衣机；坚持有力的营销战术，实现晾霸智能晾衣机霸占全球阳台的伟大愿景；坚持至诚的客户服务，不对消费者的需求说不，是晾霸的服务宗旨。

3. 忠于家。晾霸人既要忠于晾霸的大家庭，又要忠于顾客的小家庭。只有全体晾霸人始终团结在晾霸大家庭的周围，用每个人的实际行动实现晾霸智能晾衣机的宏伟事业，才能造就一个富有激情和活力的晾霸企业；只有晾霸企业重视每一位顾客的需求，将产品研发、生产的方向与消费者需求相契合，企业才有更美好的未来。

4. 忠字从字面意思解释，是中和心的组合，中心既是指员工要以公司为中心，把公司放在心中，也是指员工也应该把公司当成事业的中心。

此外，晾霸的忠文化还包括十大忠于：忠于祖国、忠于人民、忠于企业、忠于全局、忠于品牌、忠于客户、忠于品质、忠于制度、忠于良心、忠于执行。相信晾霸在"忠于客户忠于家"的忠字文化传承下，必将团结一切能团结的力量，实现智能晾衣机事业的新跨越。

**顶层设计从全出发，组织架构全新升级**

从创立到崛起，晾霸智能晾衣机已经发展了10年。这10年，中国的各行各业发生了翻天覆地的改变，智能家居行业也不例外。随着人工智能时代的到来，智能马桶等一系列智能家电产品逐渐普及，智能家居已经在国内掀起了一股不容忽视的浪潮。作为中国第一家自主研发智能晾衣机的企业，晾霸对于智能家居趋势的洞察和坚守在行业内众所周知，它坚持只做智能晾衣机的执念引领阳台电器迅速走向智能。

不过，世界始终在变化，即便是当年科研实力超越行业平均水平20年的晾霸，也需要根据新趋势做出调整。为了保证晾霸智能晾衣机继续基业长青，张默闻这厮为晾霸集团重新梳理了组织架构，成立了智能研究中心、投资与管理中心、营销管理中心、商学院管理中心四大中心，优化组织结构，提高管理效率，促进专业化进程。

今天的晾霸需要更先进的智能研究中心。为了保证晾霸智能晾衣机拥有行业内最先进的研发技术和产品研发实力，张默闻这厮特在晾霸集团总部设立晾霸晾衣机智能研究中心，根据市场需求研发智能产品，领先行业、领先对手、领先市场。

今天的晾霸需要更专业的投资与管理中心。资本市场的进入，让市场一片利好。因此，张默闻这厮认为除了持续做强做优现有主营业务外，也应该将企业内部资源整合，根据市场需要和企业发展需要，引进资本，促进上市，推动大代理商股份化、中心制，实现整体布局。

今天的晾霸需要更高效的营销管理中心。营销在移动互联网时代与以往有了很大的不同，传统品牌营销一味大幅度进行广告投入的时代已然过去。在现代信息对称的时代，成立营销管理中心，打破部门之间的隔阂，以中心制融合团队，提升团队沟通，整合团队效率。

今天的晾霸需要更奋进的商学院管理中心。晾霸商学院是晾霸凝聚精英、汇聚人才的最重要的平台。因此，张默闻这厮认为一定要将晾霸商学院从晾霸集团总部独立出来，成立独立的晾霸商学院管理中心，根据企业营销发展确定商学院培训课程、人物等，保证为晾霸企业的发展提供源源不断的人才输送，为晾霸打造更专业、更有冲劲的人才队伍。

**顶层设计从学出发，商学教育打造精英**

"千秋邈矣独留我，百战归来再读书"，这是百余年前晚清名臣曾国藩送别曾国荃时的一句诗。曾国藩，本为一介书生，历经炮火纷飞磨砺为一名20万湘军的统帅，封侯登阁，左右东南大局，心中却仍然保有"归来再读书"的恬静追求，也是曾国藩告诫自己的兄弟：在烽火连天的岁月里，不忘保持一颗淡然的心去读书的诗句。

反观今天，不少人被社会的浮躁所侵蚀，碎片化的知识战胜了系统的理论体系，思维也逐渐变得狭隘，难以形成成熟完整的知识结构。在市场竞争如此激烈、产品同质化如此严重的今天，企业与企业之间的较量再也不是单纯地对商业技巧的较量，而是对精英人才的抢夺。如今，晾霸品牌快速发展之际急需一批有理想、好学习、懂管理的能人将士来共同完成为全球家庭提供智能晾衣机的企业愿景。因而，升级晾霸商学院就显得极为迫切。

张默闻这厮通过深度调研分析并结合企业实际后表示，升级晾霸商学院一定要完成四大目标：

1. 成为集晾霸的管理学院、国学学院和营销学院于一身的实战性企业商学院。从领导、管理、执行三个方面进行人才结构升级。对于领导层而言，除了需要具备掌控全局的能力之外，更需要拥有针对公司重大运营事项，包括对财务、经营、业务、人事等方面的决策能力。对于管理层而言，除了需要有效避免公司人员流动之外，更需要拥有协调领导层和执行层，包括任务传达、维持公司有效执行的能力。对于执行层而言，专业地执行领导层、管理层下达的任务和最大化创造效益是首要工作。

2. 成为晾霸军校级别的高管培训基地，没有经过商学院洗礼的人不予提拔。晾霸商学院不仅在系统性梳理知识体系、实战性销售演习方面有丰富的教学经验，而且秉承国学宗旨，通过设立国学课程，传承中国优秀传统文化，帮助高管们站在宏观角度看待问题，提升高管们对于晾霸事业的忠贞感。一个超级榜样超越所有的管理效果，晾霸商学院就是要打造这样一群晾霸超级榜样，促进晾霸集团的飞速成长。

3. 成为代理商、二级商、导购员、区域经理、未来分公司等营销系统的教育基地。晾霸商学院秉承着"百战归来再读书"的理念，为晾霸人提供一个让梦想起飞、让知识遨游的机会。在这里，学员可以掌握市场营销的顶级战法，可以成为大师，可以提升决胜终端、谋求顾客成交的卓越的营销能力，可以让自己接受更加专业的商业洗礼。相信，这个由晾霸集团联合张默闻策划集团对一级商、二级商、导购员、集团营销团队、集团总部各系统服务团队进行综合教育和培训，实现百战归来再读书的教育平台，定能成功为晾霸成为中国高端晾衣机专业家族奠定人才基础。

4. 成为智能晾衣机行业内最有影响的商学院。晾霸商学院并不是仅为晾霸人开设的商学院，也是为中国智能晾衣机行业发展壮大开设的商学院。晾霸作为中国第一家自主研发智能晾衣机的品牌，将智能晾衣机推向市场，给现代人晾衣更好的体验是晾霸一直以来的期望。通过打造一批懂营销、会营销、懂管理、会管理的营销战士，为中国智能晾衣机行业崛起而读书，为推动中国智能家居发展而不懈奋斗。

最后，张默闻这厮表示，这四个目标不是口号而是一种激励晾霸不断前行的命令，需要晾霸人去完善、去思考、去执行，把每一个晾霸人教育成为一个思想上的强者，执行上的强者，切实地实现晾霸品牌和销量的双重升级。

**【第四篇章】**

# 洞察人性搜索买点 超级创意重磅出炉

**超级创意，如何让消费者看到就想买**

我们生活在一个广告横行的时代，乘电梯有电梯广告，看电视有电视广告，看手机新闻有信息流广告，就连出门倒个垃圾都会被贴片小广告包围。如何在如此庞大的广告海洋中实现信息突围？又如何让消费者看到它就有购买的冲动？好的广告创意不只是简单的好玩，首先要洞察消费者最根本的需求，先观察后谈创意。

创意不是一蹴而就的，它离不开对生活的观察以及对产品的了解，而广告的本质其实是一个购买的理由。我们习惯于去向消费者夸赞"产品好"，而忘记了消费者要的是"对我好"。创意的核心应当是对消费者的买点进行判断，然后再做创意。

关于如何做广告创意，张默闻这厮认为以下六点非常重要。

**关键点一：需求。**

在这个商品泛滥的时代，我们更愿意相信每一个消费者都是很忙碌而且很自私的。他们不情愿多花一秒钟的时间在与自己无关的事情上，也很难被企业宏远的品牌理念和精美的广告词打动，他们只关心信息对自己有没有利。这迫使我们去思考，什么样的广告信息才是对消费者有用的。显然，一味思考产品卖点并不是正解，洞察消费者买点才有指导意义。所以说，做广告就是告诉消费者一个购买理由。广告必须抓住消费者最根本的消费需求，一天发现不了他们的需求，广告就一天不能成功。翻阅中国广告成功案例可以发现，没有一个广告不是满足了消费者的需求，所以了解消费者需求是中国广告创意必须做到的第一步。

**关键点二：引诱。**

张默闻这厮特别主张在广告中应用"引诱"这一词。引是吸引，诱是诱导。广告必须含有特别的诱导因子。广告的引诱性就是要更故事化、更情节化、更幽默化。

**关键点三：喜欢。**

广告一定要让消费者喜欢。消费者有时很冲动，喜欢一个品牌就疯狂地想拥有它，直到完全占有。喜欢就是喜欢，没有理由，因为喜欢所以消费。

**关键点四：感动。**

在中国做广告就要懂得制造感动的氛围，感动是广告最大的竞争力之一。中国深厚的文化底蕴告诉我们情感共鸣能赢取最大的成功，广告也应该用感动来提升销售力。让人感动的广告是富有生命力的，有生命力的品牌更容易获得消费者的信赖。

**关键点五：美丽。**

广告一定要像电影，美到令人昏厥。有人说广告就是广告，不要太美丽，那这个人一定不太懂广告。广告必须拍得美，美丽会极大地刺激人们的尝试冲动。很多产品就是用美征服了人，特别是食品广告，越美越精彩。

**关键点六：利益。**

消费者经常是睁大眼睛，看广告中你的承诺，直到找到符合自己的利益。利益越丰厚，说法越直接，他采取行动的可能性就越大。能让消费者享受好处，是让广告更具销售力的核心要点。用简洁的语言直戳消费者的内心，打开他们的心底防线，从而降低传播成本。

## 戳到心坎的买点创意是不怕坏的洞察

从晾霸与张默闻策划集团签约以来，张默闻这厮就一直在思考一个问题：老百姓在购买晾衣机时最关心的是什么？通过对企业内部和终端市场地调研，张默闻这厮对晾霸和晾衣行业的消费者的购买心理有了充分的了解。张默闻这厮认为，在所有品牌都在打品质牌的时候，我们要用更大的声音告诉消费者，"晾霸不怕坏"，在晾衣行业站稳脚跟。

据有关报告指出，消费者在购买家电时最关心的是"价格"，其次是"维修"。不少消费者在采访的时候表示，他们在使用手摇晾衣机的时候经常会遇到杆子上去下不来的情况，总是要找人修理，很麻烦。如何解决这个问题？面对消费者的担忧，张默闻这厮与晾霸产品部负责人进行了长时间交流。负责人表示，晾霸在技术上拥有众多专利，电机采用行星齿轮减速技术，体积小，传动效率高，减速范围广，精度高；安全系数极高的两面刹车制动技术获得了专利认证，快速可靠，无论是正转还是反转均可快速响应危机刹车；电机拥有过电流、过电压、过热等自我断电保护能力，有效地保护了电机，延长了电机的使用寿命。众多高新专利集于一身，既能有效消除消费者对"怕坏"的担忧，又能保障晾霸的品质。

一个品牌要成功首先要占领消费者的心智。通常任何一类产品，能让消费者记住的只有一两个。智能晾衣机作为新兴的智能科技类产品，市场辨识度和认知度还不高，需要我们反复去强调"晾霸高端智能晾衣机"和"晾霸不怕坏，谁用谁喜爱"两个概念，将智能晾衣机这个品类与晾霸紧紧地关联在一起。告诉消费者智能晾衣机不是晾衣架，而是晾衣架的升级版。"晾衣机"是一个全新的概念，是紧随智能家居、智能生活的产物。强调智能晾衣机"不用手摇""比手摇更耐用"的特点，能让消费者更直观地了解智能晾衣机到底是什么，智能晾衣机能给生活带来什么变化。就像第一辆汽车问世时，我们称其为"不用马拉的车"，这样的名称让大众更容易参考当时已有的交通工具，为汽车建立了一个全新的品类。

作为全国第一家智能晾衣机生产商，晾霸一直以超前的技术引领着行业的发展，获得国家专利120余项，取得了领先行业内10年的先进科研技术，是智能晾衣机行业的标准制定者。自然而然，技术优势就成了晾霸最核心的买点。

晾霸是第一家超薄型晾衣机研发者，主机厚度仅6厘米，适合各种阳台环境；

晾霸是第一家实现无线遥控技术，无须直对晾衣机，30米以内皆可遥控晾衣的企业；

晾霸是第一家采用超静音交流管状电机的企业，减少磨损，使用寿命长达100000小时；

晾霸是第一家设置光波杀菌定时关闭系统的企业，确保充分消毒杀菌且节能环保；

晾霸是第一家采用移动卷线技术的企业，一根钢丝一个槽，大幅度降低卷线磨损率；

晾霸是第一家实现自动保护技术的企业，过载、遇阻自动刹车，全面保护晾衣机安全运行；

晾霸是第一家运用手机APP来控制晾衣机和灯光的企业，与智能家居系统零距离衔接；

晾霸是第一家创新应用风、雨、光感自动回收技术的企业，再次引领智能晾衣行业发展。

如果说先进的科研技术是晾霸的制胜法宝，那么强大的电机就是晾霸的秘密武器，像人类的心脏一样支持着智能晾衣机的长期稳定运作。正是因为这一特点，"晾霸不变芯"的创意应运而生。晾霸"不变芯"技术囊括了电机、卷线器、快速风干、杀菌消毒等方方面面。

**交流管状电机——奔腾"芯"**

使用交流管状电机，通过多国安全认证，技术过硬；

高寿命，经过实际的检验，使用寿命长达100000小时；

采用行星齿轮减速技术，体积小，传动效率高，减速范围广，精度高；

全密封设计防止粉尘杂质等进入电机影响电机的正常运行；

安全系数极高的两面刹车制动技术获得了专利认证，快速可靠，无论是正转还是反转均可快速响应危机刹车；

电机拥有过电流、过电压、过热等自我断电保护能力，有效地保护了电机，延长使用寿命。

**节能技术平台——节能"芯"**

机器的消毒、风干、烘干功能采用人性化的定时自动关闭方式，在保证能有效作用于衣物的同时又能消除忘记关闭机器造成危险的隐患；

机器仅在电机转动的过程中耗电，其他时候均处于低电量待机状态，即使长期通电也不会造成浪费；

使用过程中不小心过载时，机器会自动停止直至过载行为消除，有效保护电机的正常工作。

**移动卷线技术——协同"芯"**

两条钢丝绳收放于同一卷线器，由交流电机统一制动，确保机器工作时钢丝绳同位收放；

卷线器采用精确的螺纹移动卷线技术，在工作中卷线器会随电机的转动而同步移动，因此始终保持卷线槽和滑轮出线口方向一致，消除了钢丝绳在出入卷线器时不能保持水平移动和角度偏差而导致钢丝绳错位等隐患；

卷线器压轮压簧的加入，使卷线器在同一固定位置始终有一个可跟随转动的压簧与卷线器同步转动，既可以减少摩擦损伤，又可以保证钢丝绳与卷线槽在工作时排列紧致严丝合缝永不错乱，从根源上解决了后期使用中的线路紊乱所带来的诸多不便、维修困难等问题；

所有转动位置均采用同步协同转动方式，减少了因为长时间的摩擦而产生的零件磨损，从而提高了工作效率和使用寿命。

**安全保护系统——安全"芯"**

机器使用过程中过载和遇阻时会自动停机保护，直到危机解除，全面保护晾衣机的安全运行，为使用者提供最贴心的保护；

电机拥有过电压、过电流、过热自动断电保护的能力，能够有效地延长使用寿命；

控制系统拥有多项安全专利技术，快速灵敏。

**无线控制系统——智慧"芯"**

遥控器采用超外差无线遥控技术，可远距离、全方位遥控，抗干扰能力强，反应灵敏；

CPU工作温度为-40~85℃，无论是地处极地严寒还是赤道之上都可轻松驾驭；

控制器内置控制电机自动延时的程序，可有效保护电机和主板，从而拥有更长的使用寿命。

### 中控技术——兼容"芯"

与智能中控云技术的无缝对接，实现了用手机APP即可远程遥控的智能化使用方式。不论你在这个地球的哪个位置，都可以通过手机轻松自如地遥控机器和其上的所有功能。

### 风感装置——感动"芯"

采用先进的风感遥控装置，当遇恶劣天气时，机器会根据风力和风向迅速感应并发出指令，控制晾杆自动上升至相对好的环境避免风吹落衣物和雨打湿衣物。

### 光波杀菌系统——健康"芯"

采用光波臭氧消毒杀菌，且双管齐下，增加威力的同时又经济环保；

消毒杀菌装置主机上的制高点，保证消毒杀菌的高效性且不影响人体健康；

30分钟定时关闭技术确保充分消毒杀菌且不损伤衣物。

### 平衡技术平台——平衡"芯"

左右剪刀架、主机和晾杆组成规则立体形状，有效地抗击风摆；

35千克的超强承重，即使衣物再多也不怕。

### 快速风干系统——高效"芯"

采用强风低碳风干理念，对流式设计快速风干；

双核15瓦贯流风机的环保设计，快速自然风干，不伤衣物；

3小时定时关闭的人性化设计，省电省心。

在拥有新消费形势的市场环境下，各个行业都正以迅猛之势极速发展，市场上的商品琳琅满目。消费者为什么会选择买晾霸智能晾衣机，除了能提升生活品质以外，还因为它比手摇晾衣架更耐用，比传统的晾衣竿更便捷。强大的机芯技术为产品的品质装上了一道牢固的安全门。在这个时代，产品的品质始终是品牌良性发展的根本保障。有些企业一味地把钱砸在营销上，砸在渠道铺货上，而不注重产品品质的提升，这就注定会使品牌昙花一现，难以长久健康地发展下去。

自品牌成立以来，晾霸始终深谙"产品为本"的经营理念，不断地用技术创新解决老百姓实实在在关心的问题，为改善人们晾晒体验这一目标而努力，这些都为品牌的持续发展奠定了坚实的基础。

**戳到心坎的买点创意是最动人的命名**

消费者主要是根据产品在消费者心目中的印象来决定购买与否，而产品印象的核心组成部分就是产品命名。在信息如此繁杂的时代，不要给消费者再增加负担去思考你是做什么的、能为消费者提供什么价值，产品同质化的情况下，一个失败的产品名会增加消费者流失的概率。从消费需求出发，简单直接地告诉消费者产品的价值点，是成功命名的最大法则。

一个产品如果是第一次出现在世界上，是消费者所不熟悉的，那么给产品取名字就非常重要了。张默闻这厮认为，一个合适的产品名能够更好地降低和消费者沟通的成本。只有准确把握产品特性和消费心理的命名才能在万千成品中脱颖而出。在广告铺天盖地的时代，消费者如果不能看一眼名字就知道你这个产品是做什么的就是对传播成本的浪费。

"不怕坏"、"不变芯"、"不出轨"是晾霸第一代产品命名。

不出轨的灵感来自于晾霸的消费者画像。晾霸的主要目标客户以女性为主，她们常年在家洗衣晾衣，迫切希望有更智能化的产品以解放她们的双手。晾霸智能晾衣机能够一键升降的功能，减少了晾衣的难度，而不出轨的设计则给消费者带来了更多的安全感。消费者通过认知体验和情感体验对晾霸品牌产生共鸣，进而产生购买倾向。深入了解品牌特性，说让消费者听得懂的话是创意的根本。

不怕坏的想法来自于消费者需求。总有消费者在购买晾衣机的时候发出这样一个疑问："晾霸智能晾衣机是电器，电的是不是比手摇的更容易坏？"为了打消这个顾虑，大部分晾霸终端门店都会有一个小型的试验区。在导购员的讲解中，消费者可以亲手感受压簧与卷线器同步转动的画面。通过实打实的操作能够更直观地了解和体验晾霸的核心技术，而不是一味靠讲解和宣传让消费者自行想象。同时晾霸大胆承诺，购买晾霸智能晾衣机享整机 5 年、电机 20 年保修，让消费者买得更放心、用得更舒心。

而不变芯更是对消费者的承诺，晾霸十大不变芯技术用过硬的品质打消消费者的顾虑。作为一家以产品为导向的企业，晾霸致力于用最好的产品来回馈市场。"不变芯"，用产品来获得消费者的认可。

产品命名并非无逻辑可循。比如张默闻这厮在晾霸第二代产品命名上，将 M01 命名为"好先生"，这款产品外形硬朗，新增 4 根调节横杆，满足更大的晾晒空间。好先生的形象生动而有趣,与产品的买点很好地结合在一起,让产品不再是一个冰冷的机器,增加了产品与消费者之间的亲切感。

再比如"摆风王",这款晾衣机采用循环摆风设计,以大风力区别于传统晾衣机,这种命名方法就是抓住了消费者最关心的买点。同时这款产品定位为高端机型,价格偏高,目标消费人群消费水平较高,以改善房与高端房拥有者为主。这类消费者对价格敏感度较低,更关注产品性能、产品外形、产品调性,一个能彰显身份地位的命名更容易获得他们的认可。

还有的命名以使用人群进行划分,M07 命名为"母婴机"。在对消费者的观察中发现,刚生完宝宝的妈妈对晾衣的需求更高。因为宝宝的皮肤比较敏感,为了避免成年人将某些疾病传染给宝宝,无论是洗衣还是晾衣都应该将宝宝和大人的衣服分开,以避免不必要的交叉感染。而且宝宝的衣服特别容易沾上污渍,尿布、衣物都需要及时更换、清洁,对于晾衣空间和效率都有更高的要求,为此母婴机应运而生。M07 在传统晾晒空间上增加了母婴夹,可晾晒小件衣服,使宝宝的尿布、袜子、围兜等有单独的晾晒区域,满足妈妈们的晾晒需求。

无论是注重功能的"实力派"还是注重颜值的"大当家",产品命名都不能脱离消费者最根本的需求。以产品定位为核心,在命名前问自己三个问题:这个产品针对的消费者是谁?这个产品的核心价值点在哪?你希望消费者回忆时记住什么?

**戳到心坎的买点创意是不变芯的誓言**

企业歌曲不仅是企业精神的凝聚,更是一张有声的企业名片,是一种无形的企业资产。在全案构想之初,张默闻这厮就决定为晾霸亲自创作一首歌曲,用歌曲凝结精神气,迎接晾霸的全新出发。

作为智能晾衣机行业的标杆,晾霸企业歌曲《永不变芯》于2017年4月9日的晾霸营销大会上首次亮相。大会间隙,歌曲演唱者陈文浩温暖且富有磁性的嗓音一遍遍在会场回荡。歌曲开始前清脆而童真的旁白"你家大阳台,晾霸装起来。晾霸不怕坏,谁用谁喜爱。",将听者拉入一家人和乐融融的画面中。

据了解,这是张默闻这厮第二次跨界创作流行歌曲,第一首原创歌曲《闻名》上线两天便斩获佳绩,高居酷狗新歌榜前三位置。在此次创作中,张默闻这厮结合上次创作的经验,对每一句歌词都反复斟酌,在每一个细节上都苛求完美,誓将晾霸的企业精神完整地展现出来。"只要你满意,我愿十万小时转不停"讲述了晾霸对自己产品品质的保证;"我们生活在美丽的家园,和幸福心连着心"更是传达了晾霸企业让全球家庭拥有更好的晾衣

晾霸智能晾衣机不怕坏，张默闻这厮的创意更不怕坏。

# 不怕坏 L9
### 系列晾衣机

有一种爱情坚不可摧叫真爱
有一种婚姻温暖人心叫关怀
只要真爱 哪怕只有一句表白
晾霸不怕坏L9系列
是真爱 不怕坏

晾霸给消费者带来更多的安全感。

张默闻这厮对晾霸品牌的爱不变"芯"。

生活的伟大愿景。

张默闻这厮认为，企业歌曲对内不仅可以增强正能量，鼓舞士气，提升全体员工的团队意识，找到企业归属感；而且企业歌曲对外还是企业树立形象的良好载体，是打造企业品牌不可或缺的有效宣传方式，其带来的价值远远不可估量。

**【广东晾霸智能科技有限公司司歌《永不变芯》歌词欣赏】**

童声旁白：
你家大阳台，晾霸装起来，晾霸不怕坏，谁用谁喜爱。

我们生活在美丽的家园，和幸福心连着心；
我们拥有着漂亮的阳台，和阳光心连着心。
不管是阴天还是下雨，不管是夜晚还是清晨，
我为你烘干爱情的衣，让你满心欢喜，
只要你满意，我愿十万小时转不停。
永不变芯，晾霸晾衣机，忠于客户忠于你；
永不变芯，晾霸晾衣机，
感谢一生永远有你。

我们生活在世界的家园，和全球心连着心；
我们拥有着全球的阳台，和世界心连着心。
不管是阴天还是下雨，不管是夜晚还是清晨，
我为你烘干亲情的衣，让你自由穿起，
只要你开心，我愿六十年后还陪你。
永不变芯，晾霸晾衣机，忠于客户忠于你；
永不变芯，晾霸晾衣机，
感谢一生永远有你。

**戳到心坎的买点创意是大单品的策略**

企业创建品牌，首先要进行品类的创新，通过聚焦、聚焦、再聚焦的集中力量抢占消费者心智。然后再切入旧品类，依靠大规模广告投入、促销、口碑传播等多种方式潜移默

化地影响消费者认知，站稳市场领导者脚跟，推动品牌发展。正是因为对市场前瞻性的把握，晾霸自主研发了国内第一台智能晾衣机，开辟了全新的产品品类，重新占领了消费者心智，"智能晾衣机等于晾霸""第一台智能晾衣机源自晾霸"，通过持续不断的广告宣传让市场认同晾霸的首创地位和领导地位。然后再通过"不怕坏"的创意挑战手摇晾衣架的市场地位，告诉消费者智能电动晾衣机比手摇晾衣架更耐用，将品类升级，由智能晾衣机品类扩散至晾衣品类，让消费者谈到晾霸就能想到智能晾衣机，是我们制定战略的初衷。

随着商业的发展，市面上同类产品数量激增。消费者面对万千新产品该如何选择？在大量信息干扰下，明星单品成了进入消费者心智的竞争关键。明星单品不仅是单品战略中最重要的一步，更是巩固品类地位的重要武器，通过整合产品与品牌资源打开市场缺口，满足消费需求，迅速地与竞争对手拉开了差距，获得了巨额的市场收益。明星单品的出现是产品不断迭代创新的表现。晾霸以技术创新、消费需求为导向，对产品性能为追求目标必然能获得市场认可。

张默闻这厮为晾霸选择的三款大明星单品无一不以独特的买点引发消费者关注。其中M07"母婴机"创新母婴夹，可晾晒小件衣服，伸缩杆＋中杆挂孔设计＋组合式母婴衣夹的组合将晾晒空间升级，满足了技术创新迭代与极具产品买点这两个明星单品需具备的基本要素。第二款M03"易晾机"创新子杆晾衣模块，无须挂孔也可轻松晾衣，吸睛的讴歌红配色打破了以往晾衣机白、金、银的单调感，更具时尚感。第三款X55"摆风机"首创了摆叶式出风口，全方位增强风干、烘干效果，是智能晾衣机技术的重大升级。

以单品战略占领市场高地，以明星单品抢占市场，不仅是晾霸能够占领市场的重要原因，也是张默闻策划集团一直奉行的战略主张。许多人在生产产品的时候追求"大而全"的产品系列，因此产品线拉得很长，广告资源分散，最终消费者一个也记不住。而很多专注于某个品类的产品却大获成功，比如戴尔是直销电脑的开创者，格力是当之无愧的空调专家等。

通过集中传播某一品类的产品，能够在消费者心中建立单一、清晰的品牌形象。张默闻这厮始终坚信，一个好的单品创意能够在消费者心中形成一种深刻的印象，先从命名抢占消费者大脑，触动消费者的兴奋神经，引起关注。因此，他在为晾霸明星单品进行产品命名创意时，始终遵循既能在消费者的心中产生许多产品记忆点，又巧妙地将关联性植入其中的原则，让人不由大赞：妙！

晾霸企业歌曲《永不变芯》MV赏析 词：张默闻 曲：陈伟 演唱：陈文浩。

【第五篇章】

# 走心设计紧抓眼球 呼唤买点拒绝痒点

**设计策略，如何能够快速抓住消费者眼球**

随着现代社会的发展，平面设计的发展前景越来越广阔，在生活中的作用也越来越重要，甚至可以说是不可或缺的。并且，时至今日，平面设计也已经变为一种塑造企业品牌、视觉形象的传播工具，人们通过一幅幅的平面作品了解品牌、了解产品。我们可以从一些世界知名企业的营销案例中看到，平面设计是企业营销策略中非常关键的一个环节。从报纸到杂志、从电视到网络、从品牌到包装、从广告到形象设计，平面设计成为品牌塑造形象最简单也是最有必要的一个环节。那么，如何能够利用平面设计，快速抓住消费者的眼球呢？

1. 做设计就是要有简单醒目的设计风格。对于今天的平面设计而言，简单醒目的设计风格十分重要。平面广告本就只是作为传递信息的载体，信息的传达本身比设计美感更重要，因此繁杂的设计风格逐渐被商业设计所舍弃，取而代之的是极为简约醒目的设计风格。

2. 做设计就是要有视觉冲击力。面对充斥大街小巷的平面设计，消费者大约只有0.01秒的时间停留在你的设计上，如何能够短时间内快速抓住消费者的眼球？如何能够在琳琅满目的平面设计中脱颖而出？这就要求平面设计有极大的视觉冲击力。平面设计的构成元素包括文字、色彩、图形等，可使用平面设计中任何一个视觉元素，在创意策略指导下增加设计的视觉冲击力。对于晾霸平面设计而言，张默闻策划集团选择用红色增加视觉冲击力，抢占消费者眼球。

3. 做设计就是要注重创意。平面设计的实质大抵就是为了解决问题。随着科学的发展，世界发生巨大改变，人们的审美观也在不断发生变化，所谓设计，就是通过创造与交流来认识我们生活在其中的世界，对于商业设计来说，就是通过创意和表现来让消费者在平面设计层出不穷的市场中看到品牌，记住品牌。张默闻这厮一直认为，平面设计更像是一个塑造过程，在受众的脑海中塑造一种虚拟的形象（此形象为顶层设计中为企业制定的品牌形象），并不断地使这种形象更加清晰、更加牢固。在这个过程中设计师所设计的作品就是企业主在市场中立足和发展的媒介。所以平面设计的关键就在于创意，创意的本质就是能够迅速吸引消费者。

4. 做设计就是要注重情感。平面设计是指在平面上的文字、图形、色彩、版式安排，具有艺术性、功能性、相应的科学技术含量和时代特性。平面设计所表现的立体空间感，是图形对人的视觉引导作用形成的幻觉空间。做平面设计时，不仅需要从产品本身、画面美感等方面考虑，更重要的是做出的设计要有情感，只有这样才能打动人。张默闻策划集团认为，情感化的设计可在两处着力：从产品本身赋予的情感元素着力，例如晾霸M07款智能晾衣机母婴机的定位，让这款产品有着浓浓的情感诉求，在设计上也采用了诸多卡通婴儿衣物的元素，使整个画面充满温情；其次是善用经典生活场景或节日元素，晾霸品牌在端午节前夕，将高铁站的广告改为"端午佳节装晾霸，阴天下雨不用怕"，这个结合节日元素和买点创意的广告，在设计上也运用了不少端午的龙舟、粽子等元素，将晾霸的人文色彩展露无遗。

5. 做设计也要注重参与感。抓住消费者的眼球是商业广告中最关键的目的，而抓住消费者眼球除了需要显眼的色彩和简约的风格外，还需要让消费者有参与感。国画中讲究"守黑留白"，即设计要留白，设计语言别太满，意思是要留有想象空间，要有期待感。留白是一种设计上的选择、精粹、顿挫与控制，呈现的是关键的核心元素，以隐喻的方式或表达情怀，或展现质感，给消费者留有足够意味的想象与期待。留白运用最好的品牌当是无印良品，将"虚无"这一个设计的原理意识化，以象征着虚无的容器为核心的广告元素，给受众提供了各种想象的空间，信息传导得以完成。

6. 做设计还要考虑场景化。设计来源于生活，并应用于生活。所以除了设计表现形式需加以注意以外，还需要考虑场景化。有不少没有考虑到场景化的设计在最终呈现在终端时闹了笑话，张默闻策划集团对呈现在高铁、高炮或者公交车站的设计都有相对应的策略加以调整。考虑终端的呈现效果，才是检验设计成功与否的唯一标准。

**用视觉吸引消费者，就要坚持一红走天下**

"赤橙黄绿青蓝紫，谁持彩练当空舞？"毫无疑问，在消费者对审美的需求越来越强烈时，色彩发挥着越来越重要的先声夺人的作用，尤其在设计领域内更是举足轻重。色彩设计作为一种大众视觉语言，是表达个人喜好的审美艺术，可以说在设计中实用性与艺术性是可以并存的。色彩与公众的心理反应密切相关，它能从直观上给人艳丽、典雅、灰暗等的情感感受，在广告设计中有着特殊的诉求力。设计者要调动所有的色彩元素，使之与整体视觉氛围相吻合，推动商品信息的传达。可以说它是影响商品促销、品牌塑造的直接因素，是刺激消费购买、吸引消费者目光的有效手段。

设计是创造性解决问题的过程，晾霸需要解决的问题首先是智能晾衣机的品类知名度过低的问题。对此，张默闻策划集团认为，在平面设计过程中，要将视觉冲击力极度放大，

# 晾霸不怕坏
# 谁用谁喜爱

晾霸品牌形象代言人
**景甜**

才能有助于将品牌成功推向市场。于是，张默闻这厮选择了代表着热情的红色。

每一种颜色有其独特的作用，它能通过它的冷暖色调、明度纯度、色彩调和与对比、大小面积、位置等把设计者想传达的信息传达给受众，令人产生不同的情感，它也能反映某种文化，能传递喜怒哀乐，能表达人情冷暖。而红色作为三原色中的一种，更是生命、活力、健康、热情、朝气、欢乐的象征。由于红色在可见光谱中光波最长，所以最为醒目，在视觉上给人一种迫近感和扩张感，容易引发兴奋、激动、紧张的情绪。红色的性格强烈、外露，饱含着一种力量和冲动，并且其内涵是积极的、前进向上的，被不少人们所喜爱。

色彩是一种无声的语言，将红色作为晾霸户外广告宣传的主色调，潜移默化中扩大了晾霸品牌主画面对于受众的吸引力，在受众数量相同的情况下，扩大吸引力，无疑提高了晾霸品牌主画面的到达率；宣传中选择红色为主色调也是为了彰显晾霸的企业精神，红色是自信的表现，这与晾霸做到第一、保持第一的企业精神不谋而合。可想而知，不管是在高铁、机场或是高速路上，周围都是近乎浅色调的装修或风景时，以浅色调为主的平面广告绝不可能比红色这种鲜艳色彩显眼，而张默闻策划集团一直都坚信要以最低的成本获得最大的广告效益。因而，在此情况下，红色作为品牌的外部宣传主色调当之无愧。

为了现场检验红色广告的效果，张默闻策划集团晾霸项目团队来到了宁波红星美凯龙，就在这家商场里，晾霸在一条长长的走廊尽头张贴了一张红色的晾霸广告页，在周围一片浅色调的平面广告地衬托下，这张红色海报甚为明显，吸引了所有路过那里的消费者的目光。现场是检验设计的最佳标准，而为晾霸设计的红色广告页显然非常成功。

**用视觉挑逗消费者，就要聚焦诉求赢未来**

我们生活在这样一个日新月异、经济突飞猛进的社会，如何在这种快节奏的生活中，利用较短的时间去高效率、高质量、高速度地完成任务，是我们适应这个社会的一个必不可少的条件。同样，在设计领域，简约主义的设计理念拥有最广大的群众基础和传播能力。在我们的生活中，平面设计无处不在，小到我们的生活起居，大到社会的各个领域。我们可以感觉到，平面设计呈现出了一种简约化的发展趋势，这种简约，不仅带给人视觉上的享受，而且有利于将信息快速准确地传递。

简约主义一词最初出现在20世纪60年代的美国，又称为"极简主义"，是一种现代的艺术风格和艺术追求，在绘画、设计、雕塑、影视、文学等多个艺术领域都产生了重要的影响。对平面设计中的简约主义来说，设计不再是设计者的主观表现，而是为了更加明确地传达设计信息，因此要在设计要素上做各种简化，使设计的主旨更加鲜明。同时，简约并不意味着简单，形式上的简约，并没有让主题的表达受到影响，反而还起到了一种突出的效果和以少胜多的功效。就其特征而言，可以归纳为形式简单和主题明朗。

晾霸品牌主画面就极其符合平面设计中的简约理念。首先是形式简单，晾霸品牌主画面采用单一的红色为主色调，图形采用晾霸代言人景甜的形象，广告语简明扼要，构成了晾霸品牌主画面的全部，设计要素十分简洁。其次，是主题明朗，之所以要简化设计要素，就是为了突出主题，防止因为设计要素的纷杂，使欣赏者的注意力受到影响。晾霸品牌主画面就是聚焦"晾霸不怕坏，谁用谁喜爱"这句广告语，开门见山地表现主题，满足视觉图像时代下人们的欣赏和审美习惯，达到一目了然的目的。

张默闻这厮认为，无论是策略提出还是平面设计，都有两个要求：

1. 要直接，让用户一看就明白你在表达什么。不少广告喜欢用高端酷炫的画面搭配文绉绉的广告语，却不知道很多高端酷炫的画面不仅无法突出广告要表达的重点，还缺乏特点，画面可以不受限制地运用于任何一个品牌，而文绉绉的广告语看似高端，却没有说清楚想要表达的内容。

2. 要切中要害，打动用户。广告说到底还是以消费者为主地传播品牌，产品广告聚焦产品、品牌广告聚焦品牌才是王道。

从烦琐复杂到简约聚焦，一种艺术风格和理念的兴起，并不是凭空而至，而是和社会、时代的发展紧密联系在一起的。当代平面设计，已然进入了一个视觉图像时代，各种纷杂的视觉信息扑面而至，使人们感觉到麻木厌烦，而简约主义因其简洁明了和直奔主题的风格，反而受到了人们的青睐。张默闻策划集团一直坚信户外设计要选择极简主义风格，得到了市场和企业主的双重认可。

**用视觉吸引消费者，就要用明星吸睛**

这是一个最好的时代，同时，这也是一个最坏的时代。21世纪是一个品牌大竞争的时代，是一个富媒体时代，名人明星在媒体的精心打造下，如同流水线上的产品一样正源源不断地涌现出来，造就了一个巨大的品牌代言人市场。大到品牌造势，小至居家用品促销，诸类代言人各事其主、尽显其能。商界精英们和广告创意者们不可否认地接受了这一现实：品牌与代言人的联姻已经成了商战克敌制胜必不可少的一把利器。

对此，张默闻策划集团认为选择明星代言人最重要的是：

1. 明星代言人与品牌形象个性是否契合。每一个品牌都有自己专属的品牌个性，例如晾霸智能晾衣机的个性是高端、高品质。同样，代言人也有不同的个性，有的成熟稳健、有的青春靓丽，而只有当品牌代言人与品牌个性相一致时，才能将双方的优势发挥到极致，若是二者相悖，只会稀释或损坏品牌形象。

2. 明星代言人背后的粉丝是否与品牌营销目标人群相契合。品牌目标消费人群各有不同，明星代言人背后的粉丝团队也有着不同的消费观念，所以在选择时，企业方一定要首先明确品牌消费人群，再选择明星代言人。

3. 明星代言人是否有潜质且处于成长期。品牌的成长周期包括导入期、成长期、成熟期和衰退期，代言人也相似，急功近利的选择一位人气处于鼎盛阶段的代言人，不如选择一位能够跟品牌共同成长的代言人。

在晾霸高端智能晾衣机的品牌晋升之路上，也邀请了著名国际影星景甜作为晾霸品牌的代言人。看似从众地邀请品牌代言人的背后，晾霸也经过精心思量。景甜作为一名当红小花，2014年成为欧莱雅代言人，2016年代言了晾霸智能晾衣机。问起当初为什么会选择景甜做代言人，晾霸的品牌总监笑言"景甜非常努力、积极，她的个性与我们晾霸的企业精神很相似。"巨蟹座的她喜欢舒适的居家生活，而晾霸智能晾衣机集照明、紫外线杀菌消毒、定时风干、智能烘干为一体，为中国家庭提供更舒适的晾衣体验，与景甜的选择不谋而合。

对于拥有这样一位当红小花做代言人的晾霸品牌而言，品牌视觉借助代言人的力量无疑是锦上添花。于是，景甜的红衣形象跟随着晾霸品牌主画面的脚步跨过大江南北，走到每一位消费者的心中。张默闻策划集团发现，在景甜的贴吧中，有粉丝将品牌主画面拍摄下来，在网上自发发起第二次传播，可以说，这样的强强联合为晾霸高端智能晾衣机品牌的扩张奠定了坚实的基础。

## 【第六篇章】

# 线上线下联动传播　放大买点攻心营销

**传播矩阵，如何整合和打造品牌传播闭环**

"线下洞察人性，线上矩阵传播"是张默闻这厮在品牌传播时采用的重要法则。对智能晾衣机产品来说，行业竞争激烈，单一的线上传播或单一的线下传播难以超越对手形成品牌优势。通过有效的资源整合，把"晾霸不怕坏，谁用谁喜爱"的品牌形象以及"晾霸高端智能晾衣机"的品牌定位强有力地传递给消费者是现阶段的晾霸必须要做的事。

互联网的蓬勃发展促使新媒体成了品牌传播时不可或缺的一环，合理地利用好新媒体对树立品牌口碑有强大的推动力，而传统的线下传播模式则保证了广告效果的精准到达。根据品牌目标客群梳理出一套系统的、完善的线上线下联合传播方案，从线上有效延伸至终端，也就是消费者身边，将每一个环节紧密联合起来，从而实现产品和品牌的统一输出，确立适合自身的市场地位和口碑。

无论是家电行业的龙头老大，还是快消行业的蝇头小兵，在这个信息爆炸的时代，一心扎进产品研发中是远远不够的。要让消费者认识你、爱上你，你才能深深扎进消费者的心里。如何在众多信息中脱颖而出，精准到达目标人群，成为晾霸品牌传播面临的重要问题。

张默闻策划团队在调研中发现，晾霸的年轻消费者较少，消费人群多集中在30~60岁，并且具有高收入和高消费的特性。为了实现高密度、高精准的品牌曝光，张默闻策划团队为其策划了新一轮大传播战略。

作为晾霸智能晾衣机全案策划者，张默闻这厮认为，晾霸虽然已经拥有了很强的渠道和技术支持，但品牌仍然不够强大，需要借助传播的力量影响更多的人。为此，在2017年伊始，晾霸开启了从高空到地面"全方位、多点面"的品牌传播模式，在全国多个城市的高铁站、机场、高炮（广告术语，一种广告牌）进行大规模的户外广告投放，深度覆盖目标消费者的主要认知渠道，从地面上抢占消费者心智。

在线下渠道传播全面铺开的同时，晾霸的线上宣传也在同步进行。一方面是家居类垂直媒体的大规模报道，精准影响有待装需求的消费者。另一方面，晾霸官方微博、微信两个平台启动专人化管理。除了鼓励代理商的关注以外，晾霸也会在两个平台上分享晾衣的小知识等更生活化的资讯，吸引目标消费者的关注，软性输出晾霸的品牌。

此次晾霸的宣传选择了高铁、机场、高炮、垂直媒体、自媒体五大传播载体进行全媒体的大传播覆盖,为晾霸品牌"爆破"做了充分的准备。

品牌传播必定要找准方向,深度挖掘消费者买点,线上线下哪一个环节都不能少,线上引流到线下为营销沉淀,也将线下活动中的一系列看点引入线上,让品牌有料可以传播。以此打通了线上与线下营销互通的屏障,成功扩大了晾霸智能晾衣机的品牌影响力,为晾霸赢得了好口碑。

**聚焦人群,纵横全国高铁动脉**

中国高速铁路建设已经进入高速发展期,随着几大客运专线的全线贯通,区域经济发展将迎来"高铁时代"。据资料显示,京沪高铁客流量5年翻番,到2016年上半年,上海虹桥站平均日旅客发送量近14万人次,单日最高纪录超过25万人次,这一数据还在飞快地增长。

据有关报道显示,家居类产品与高铁媒体有着极强的关联性和契合度。高铁乘客中,家居消费者与潜在消费者都具有很强的购买力与消费力,而且高铁乘客在家居消费中处于决策者的地位,很大程度上决定了消费行动的最终实施;同时,通过调查分析,在未来,高铁乘客中的装修人群对家居产品将保持旺盛的消费欲望,一个巨大的潜在市场正在显现。

高铁舒适的环境,快速、准时、搭乘方便等良好的乘坐体验,以商旅人群为主的高质量乘客资源,精准的传播环境等优势,都凸显了高铁广告的价值。凭借这些优越的媒体属性,高铁广告行业广告年收入高达39亿元,并且屡创新高。高铁的高速发展也带来与高铁关联度密切的家居行业的发展。

另外,相关分析报告指出,乘坐高铁出行的人群的平均年龄在35岁左右,本科以上学历的人占了近60%,其中企事业单位中高管占总人群的33.5%。可以看出,高铁动车乘客具有"三高"即高学历、高收入和高消费的特点。这群人可支配收入多,重视品牌更重视品质,注重生活质量,是晾霸产品要争取的首要目标。

观察晾霸在高铁上投放的广告画面,很难不被它吸引。红色的广告页在纷杂的环境中让人一眼就能看见。"晾霸不怕坏,谁用谁喜爱"的广告语生动地表明了晾霸智能晾衣机的受欢迎程度以及让人放心的品质保证。巨幅画面中超大的景甜人像拉近了与消费者之间的距离。随着2017年《大唐荣耀》的热播,景甜的影响力飙升,关注景甜的人逐渐增多。高铁站作为一个较为封闭的环境,人们的候车时间通常超过半小时。在如此疲惫的等待中,晾霸高铁画面中景甜的甜甜的笑容就像冬日的阳光抚慰着候车人疲惫的心,令消费者产生对品牌的好感,让"专业"与"情感"两大要素深入消费者心中。

除此之外,整幅广告构图简单明了,白色字体在红色底色的衬托下醒目突出,用"晾霸高端智能晾衣机"与"晾霸不怕坏，谁用谁喜爱"两句话紧紧抓住消费者的心智，潜移默化地影响消费者对于智能晾衣机品牌的认知。

高密度的人流量、高精准的人群是高铁传媒不可比拟的优势，晾霸此次借力"高铁高速经济"，全范围投放 LED 大屏广告，覆盖全国 90% 的高铁站点。一夜间，"晾霸不怕坏，谁用谁喜爱"的口号传遍全国大江南北，深入人心。

**聚焦目光，高端机场精准聚焦**

机场作为一座城市的重要交通枢纽，广告资源具有受众优质、影响力大等特点。

中国传媒大学媒介形象与推广研究所所长张洪生表示，有数据证明，在机场，人们的关注度和注意力更集中，在长时间的候机中，机场广告牌也会被不少的旅客长时间注视，大大提高了广告牌传播效果。在众多传播载体中，机场具备着其他传播载体所不具备的三大优势：

**1. 受众群层次高，精准覆盖目标客户**

目前，航空乘客的主体为商界高手、政府官员、公司高管及白领阶层等高端、商务群体，这个群体对很多高级商品都具有较高的消费水平，是高收入、高品位、高传达的优异受众群体。这类群体具有一定的社会地位和经济实力，他们的做法具有一定的代表性，在一定程度上加大了广告的传达作用。

**2. 传播速度快，能快速向社会各个阶层浸透**

机场媒体广告通常设置在比较夺目的位置，媒体覆盖率相对较高，在人流量巨大的机场，经过受众的传达，能够快速向社会各个阶层浸透。这一优势在实质上将机场媒体广告与其他传统媒体广告区别开来。

**3. 广告准入门槛高，符合品牌形象**

机场的广告位大气、庄重、用材讲究，使广告媒体变成了一道美丽的景色，航空旅客需提前一个半小时或更长的时间到达机场，办理登机手续。富余的时间可以使旅客在候机厅充分了解广告所传递的商品、品牌信息，给受众留下深刻的印象。

通过精准投放向高端客群输出晾霸智能晾衣机的品牌，目的是实现品牌与用户的精准聚焦。晾霸红色的广告画面能让人们视觉停留，对称性的广告语"晾霸不怕坏，谁用谁喜爱"简单易懂，读起来朗朗上口。通常人们看广告的时间非常短，匆匆一瞥，具备吸睛的广告设计＋通俗易懂的广告语，能够快速地抓住眼球，在人们心中留下一定的印象。

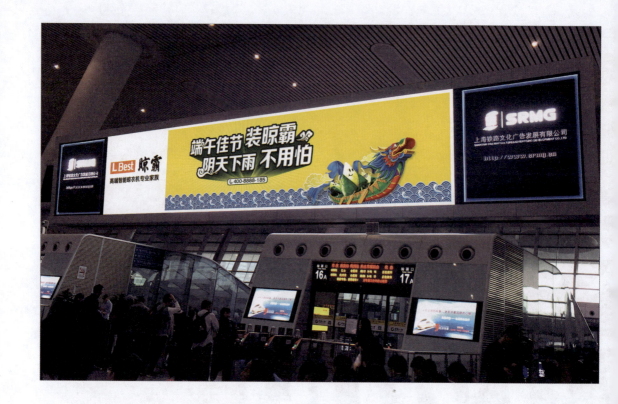

**聚焦区域，高速高炮全面覆盖**

高速公路的发展促使高炮广告媒体的数量激增，合理利用高炮广告能为品牌的塑造和宣传起到良好的推动作用。而且高炮广告因其大型、高空的特点使广告更醒目，延续性更好，能够吸引更多的人注意。因此，以高铁、机场为中心，张默闻策划集团为晾霸品牌传播选择的第三种方式就是在高速沿线设置高炮广告。此种方式能够实现品牌多维度展示，高效而精准地锁定区域性目标受众，让品牌传播不再有"漏网之鱼"！

根据统计，户外广告已经在广告传播媒体中仅次于电视广告位居第二，而高炮广告在户外广告中占据半壁江山。高炮广告是一种典型的户外广告形式，它竖立在高速公路两边，占据着重要的位置，成为户外广告信息中最为有效的广告形式之一。尤其在旅游资源相对丰富的城市、高速交通比较发达的城市，高炮广告的到达率与传播率更为强大。同时高炮广告相对于其他广告的优势，主要表现为：

**1. 目标受众更集中、更明确**

高炮广告相对于其他广告有一定的特殊性，它竖立在城市的马路、立交桥、高速公路边缘，广告信息接受者大都是来往车辆的驾驶者和乘坐者。而这些拥有车辆或乘坐车辆的人大多具备一定的消费能力，具有更多的改善生活品质的需求。他们在物质消费中处于中坚力量，属于晾霸的目标消费客户。

**2. 信息传达率高**

根据统计调查显示，户外广告的媒体信息到达率仅次于电视广告媒体。著名公司 Asia Poster 的 CEO 曾经说过：真正的大众媒体是户外广告。因为不是所有的人都看电视、读报纸。只要离开家，各种户外广告就会映入我们每个人的眼中，这就说明作为户外广告的高炮广告也具有同样的大众性。由于投放地点是行人的必经之路，时间投放不受限制，使得广告中的信息不由自主地就飞进了行人的眼中。再加上高炮广告牌巨大的面积和简洁的图文，强烈的视觉冲击力自然会吸引每一位过往行人的目光，创造出理想的信息到达率和频次。晾霸的高炮广告画面简洁、内容清晰，最大限度地保证了信息的及时传递与到达。

**3. 诉求具有强制性**

高炮广告因其位置的固定性可以实现全天候发布广告信息，使受众的防御机制无法充分发挥作用。当我们看电视广告时，不想看时可以选择关掉或者转台，对于报纸杂志，也可以放置一边不予理睬。但是过往匆匆的路中人则会在不经意中扫过一眼，对高炮广告中简洁的形象或文案留下印象。

毋庸置疑，高炮广告在传播上贴合了晾霸现阶段传播的基本诉求，在重点城市投放高炮广告，增加广告对人群的覆盖率，为晾霸收获了更多的潜在消费者。

**聚焦趋势，垂直媒体刷新高度**

在消费升级的市场背景下，人们越来越愿意提高自己的生活品质，满足自己的爱好。据调查，美国人消费在自己爱好上的资金比例高达年收入的 20%~30%。即除了衣食住行以外，他们还会花钱去满足自己的喜好。例如喜欢 NBA 的人群会收藏球鞋、球星卡，并会经常去现场看球赛；而喜欢老爷车的人会花大价钱收藏车子；喜欢品酒的人会建酒窖收藏昂贵的红酒。而如今，中国也在朝着这个趋势发展。

在家居建材领域也是如此，大批有家装需求的人在家居类垂直媒体上寻找装修方案，诸如"装修时应该使用什么地砖？""89 平方米的居住空间应该这样打造"等一系列帖子被大量点击。在这里，媒体以专业化、第三者的视角给予待装用户合理建议，比起商家的自卖自夸更容易获得消费者信任。在垂直媒体中，大量的访客是装修业主、同行和媒体从业者。这些访客无一不是晾霸的潜在客户或者传播渠道。相较于其他媒体，垂直媒体具有专业性、精准性的优势，能够更贴近消费者。

晾霸一贯重视品牌在垂直媒体上的传播，一直与新浪家居、太平洋家居网、网易家居、凤凰网家居频道、新华网等各大垂直媒体保持合作关系，并通过科学有效的媒体发布，提高晾霸的搜索指数和曝光度。同时，晾霸着力打造自身官网，入驻京东商城、苏宁易购等大型电商平台，开设了天猫旗舰店，在促进销售的同时进行品牌的宣传。

为了更好地运用垂直媒体传播，张默闻这厮助力晾霸集团与北京怡生乐居网络科技有限公司、新浪家居等互联网传播平台签署战略合作协议，并为晾霸规划了数轮有节奏、有重点的网络媒体投放。例如在此次晾霸大会上，会前，有别出心裁的倒计时海报及相应软文为其造势；会中，则采取了张默闻策划集团的建议，用现场直播的形式，取得了轰动性的效果；会后，数百篇软文在各大门户网站及行业网站集中发布。铺天盖地的新闻报道对晾霸品牌的知名度有极大的提升。让晾霸品牌在瞬息万变的互联网浪潮中，不断刷新着品牌传播高度，向着中国晾衣机霸主地位迈进。

**聚焦终端，微信矩阵引流传播**

随着新媒体时代的来临，微信公众号成了一个企业的必备武器。我们每个人都离不开网络、离不开手机，如果一个企业跟不上时代，与消费者脱离，那么在网络时代中默默无闻的企业，最终只能走向死亡。

企业建立公众平台前，必须建立一个观念，即互动产生价值。其实企业和个人一样，冷冰冰的传播广告很难让人萌发点开或者转发的冲动。小米的"参与感"就是很好的例子，小米希望用户参与整个产品的设计，并以用户需求和体验为主。小米开设官方论坛，无论是由用户作为开发者提供各类BUG⊖，还是由用户组成开发组进行开发，都极大地提高了用户的参与度。通过粉丝的力量带动舆论环境，在各种新媒体喷涌而出的时候，小米就顺势而为地利用了微博、微信、QQ空间进行营销。互联网媒体的出现使得传播成本极大地降低，渠道的透明度也越来越高。

小米的成功暗示着企业自媒体建设的重要性。那晾霸又如何利用自媒体工具给自身创造价值呢？

1.给企业赋予人物形象。很多企业会把公众号当作一个通告板，什么公司的通知、广告都往上发布，没有任何温度和情怀。晾霸在运营公众号时，会把自己放置在一个朋友的位置，亲切地告诉读者"雨天应该如何预防衣服发霉""宝宝的衣物应该如何护理"，把

---

⊖ 即缺陷、瑕疵。

官方的客套话转换为更加接地气的话语，赋予文章更多的实用性和人情味，拉近与消费者之间的距离，增加粉丝的黏性。

2. 增加粉丝之间的互动。在信息量如此庞大的时代，简单的传递信息是远远不够的，和粉丝互动是自媒体运营必备的。运营自媒体的目的就是更好地服务用户，所以了解用户非常重要，互动是了解的过程，以解决用户的问题为目的。晾霸经常会在节假日或者某一个特定的时间与粉丝进行互动。免费赠送晾衣机为粉丝提供福利，鼓励粉丝积极参与活动。

3. 多平台"刷脸"。"刷脸"就是刷存在感，长时间的"刷脸"就会被其他人慢慢熟知，这就是品牌积累的过程。除了微信公众号以外，晾霸还开设了官方微博等多个自媒体渠道，活跃于各个平台之间，为企业自身的传播打开了多个通路。

有人问，企业自媒体为何如此重要？在信息爆炸和产品丰富的经济社会中，最重要的资源既不是传统意义上的货币资本，也不是信息本身，而是大众的注意力。谁吸引了大众的注意力，谁就获得了财富。大众的消费习惯发生了巨大的变化，我们每个人同时生活在现实空间和意识空间中，而意识空间对人们消费决策的影响力越来越大，未来谁掌握了人们的意识空间，谁就掌握了人们的消费方向，而自媒体就是企业打通人们现实空间和意识空间的法宝。可以先尝试左右人们的意识，在意识空间胜出，这往往可以用非常低的成本达到。如果企业可以让一个人在互联网上坚信你的产品是好的，那在现实空间里他必然会购买你的产品。

此外，当每家公司、每个人都有了发言权的时候，声音就开始变得嘈杂，这个时候如果创业公司，尤其是互联网公司不能主动跳出来，勇敢去发声，你的投资人和用户是发现不了你的，各种资源也会逐渐离你而去。发声的目的就是通过自媒体平台，用最低的成本告诉这个世界，你是谁，你的用户是谁，你可以为他创造什么价值。

自媒体就是一个巨大的宝藏，它可以为企业做的事情很多很多。如果做好企业自媒体，就可以帮助创业企业快速推广品牌，快速获取用户，和消费者建立一个有效的沟通和服务通道。

## 【第七篇章】

# 超级工具层层出击 品牌买点娓娓道来

**超级工具,如何利用好工具实现品牌升级**

在信息化社会里,面对消费升级、产品扎堆的市场行情,如何让用户关注产品并最终转化为消费,是许多企业家和广告人一直思考的问题。当下消费者对于广告普遍呈现这样一种特征:

1. 熟视无睹。越来越多的广告信息充斥在消费者的生活中,在享受信息便利的同时,也不得不承受信息过载之痛,无孔不入的广告让消费者看到广告信息就会在大脑中自动过滤,很多斥巨资的广告投入无法起到应有的作用。

2. 心存顾虑。信息过载使消费者对于营销推广信息产生了诸多怀疑。互联网时代的发展扩大了消费者了解信息的范围,因而,消费者更多相信口碑推广。

3. 阅后即忘。由于缺乏独特的创意力,大多数品牌的营销手段极其相似,宣传信息也大同小异。大量的同质化内容让消费者难以区分,广告信息没有进入记忆阶段就惨遭遗忘。

这是消费者的现状,同时也是品牌传播最难突破的现状。而面对这样的现状,张默闻这厮提出,只有采用消费者行为心理学去改变用户对于广告的免疫机制。

如何让消费者不再漠视广告?张默闻这厮认为应该全方位覆盖媒介,让晾霸智能晾衣机的广告伴随不同的媒介来到消费者身边,并配合相应的落地活动,形成"高空广告火力覆盖,地面活动一呼百应"的推广格局。因此,张默闻这厮认为除了霸占高铁、机场、电视等媒体外,更需要构建妙趣横生的双微平台和视频平台,打造符合新一代消费者获取品牌、产品的讯息。

如何让消费者对广告不再心存顾虑?张默闻这厮认为只有让广告更加真实,才能获得消费者的信任。对于晾霸智能晾衣机而言,虽然产品的质量和科技研发的实力在行业内有目共睹,但是却始终无法传达到消费者的内心。消费者会认为比广告更胜一筹的品牌更具信服力。对于这个问题,张默闻这厮认为出版智能晾衣机权威白皮书的方式能够巧妙地让消费者了解和坚信晾霸智能晾衣机当之无愧的行业领军地位;与之相似的还有《晾视界》——一本真正的行业杂志的出版发行,让消费者信任晾霸智能晾衣机的产品质量和与之相配的企业实力,加深品牌买点。

如何让消费者克服阅后即忘?张默闻这厮认为只有增加场景式的广告宣传,让场景成为加深消费者印象的一种诱因。考虑到端午节过后就是南方绵长的梅雨季，因此张默闻策划集团针对晾霸智能晾衣机特意推出了"端午佳节装晾霸，阴天下雨不用怕"的高铁宣传画面，不仅将晾霸智能晾衣机能够烘干衣物、适合下雨季的特色提出，而且将下雨这一场景与晾霸智能晾衣机的产品有效捆绑，让消费者只要碰到下雨天就能想到晾霸智能晾衣机。同时，张默闻这厮为晾霸专卖店设计了诸多体验式的道具，消费者在感受过这些道具后，就能自然而然地加深对于晾霸智能晾衣机不怕坏这句广告语的理解。

**做大品牌，就需要一系列妙趣横生的网络平台**

互联网时代发展日新月异，更新迭代速率更是前所未有。在互联网成为社会基础设备，成为配置社会资源、重构社会传播的基本方式的今天，无论是生活方式还是用户媒体使用习惯都在被重构。在这样的时代里，如何将传统品牌通过互联网时代传播？这是每个广告主和媒体人都迫切关注的焦点。

张默闻这厮认为：当下消费者所面临的是移动互联网环境，消费者的很多行为和过去相比都发生了剧烈变化。过去人们接触品牌信息更多是依赖于电视媒体及户外媒体，现在人们更多是依靠互联网搜索或是口碑介绍等。同样，过去人们购买产品更多是去专卖店购买，现在只要一部手机就可以完成。因此，广告人需要做的就是不能错过任何一种互联网时代传播品牌的方式。

晾霸智能晾衣机做互联网营销有三个核心渠道：微博、微信、天猫。

关于互联网营销的传播属性，张默闻这厮认为：微博和视频网站的传播是一对多，拥有很强的媒体属性，适合做事件传播；微信是基于朋友关系，传播是一对一，很适合维系老用户；而天猫作为电商平台，更多是展示品牌实力和产品质量的窗口，适合做活动宣传。

做社交媒体最重要的就是保持用户黏性，晾霸品牌官方微信通过有趣的节日 H5 积累粉丝，如三八女神节的创意 H5"你离女神还差几步""3·15 的小晾的承诺书"等，并不间断地分享晾衣小趣事，借助当下最热门的时事吸引点击等为晾霸品牌积累了一批忠实的线上粉丝；与此同时，晾霸品牌官方微博推出"晒出最美阳台"活动，吸引粉丝在线上分享自己家中的最美阳台，转发并留言就有机会获得晾霸精选智能晾衣机一台，吸引众多微博用户参与；天猫作为电商平台最重要的一环，凝聚品牌精华，着重宣传品牌代言人、品牌调性、品牌故事，聚焦产品特性，与微博微信等其他线上宣传融合，形成线上销售闭环。

在张默闻策划集团的全力扶持下，晾霸智能晾衣机已建立起天猫、微信、微博等一体化的妙趣横生的网络宣传平台，它们将会为晾霸品牌积累更多的铁杆粉丝，最终形成线上线下双轮驱动的商业模式，让企业形象在互联新时代大放光彩。

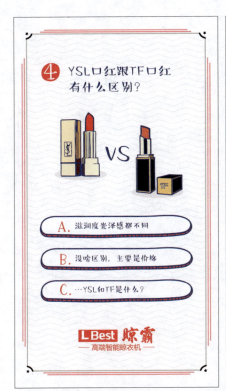

晾霸不怕坏 谁用谁喜爱 | 257

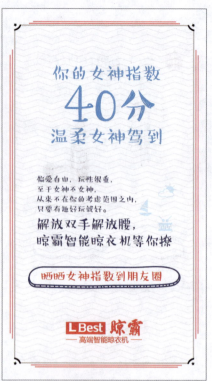

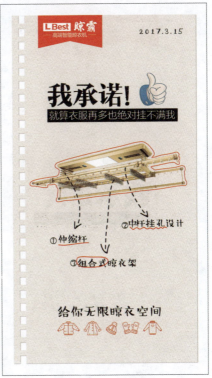

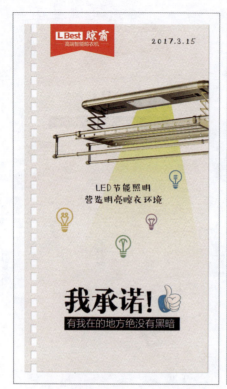
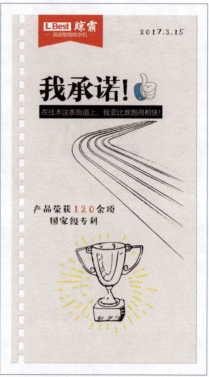
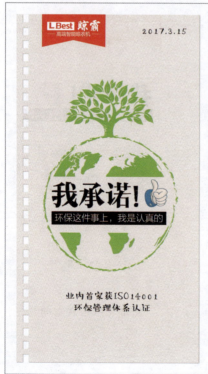

**做大品牌，需要一个难以忘怀的企业宣传片**

从国内层出不穷的短视频分享平台的诞生到直播的逐渐兴起，不难看出视频形式早已取代图片形式，成为当代人们接受新鲜事物最方便的形式。相比于文字信息，人们更易接受图像化的信息。因而，制作精良的视频越来越被大多数人所接受。一部好的宣传片就是一张企业的视听名片，通过声音、影像等元素，不断向用户和世界传达自己独特的品牌主张、品牌文化和价值观的同时，还能够让企业的品牌影响力显著地提升，增加用户对企业实力的信任度和认同度。

晾霸需要通过企业宣传片向世界传达什么？这是张默闻策划集团和晾霸团队一直思索的问题。传统的企业宣传片更倾向于将企业实力、品牌主张等信息一一展现在人们面前，但是冗杂的信息罗列、极快的播放速度，不得不让人怀疑观看完整个宣传片究竟能够记住什么？针对这一问题，张默闻这厮认为：一定要将重点放在传达品牌理念、品牌态度上。基于此，晾霸企业宣传片选择了晾霸董事长、产品总监、品牌总监、市场总监及一线服务人员5个真实的晾霸人为企业背书，从不同角度阐述品牌的理念。此外，为了展示晾霸强大的企业实力，在每一位晾霸人讲述后，列举了若干企业多年取得的成绩。至此，在最短的时间内用最精华的内容作为支撑，将一个有责任、有内涵、有实力、有未来的晾霸企业以一种朴实却又震撼的视觉形象展现给了所有用户。

晾霸企业宣传片就是它的影像名片，几分钟的时间里最快速地与观众形成共情的秘诀是什么？张默闻这厮认为，除了品牌理念的传达，还需要震撼的视听效果，晾霸此次企业宣传片正是在张默闻策划集团的策略支持下，运用宏伟的画面、有力的语言、气势磅礴的音效，第一时间打动消费者的心灵，为企业塑造了良好的形象。

同时，作为晾霸企业宣传片，不仅要在有限的时间内在理念上打动观众，在视听上吸引观众，而且宣传片的文案也至关重要，决定着能否恰到好处地呈现品牌价值观和品牌态度，这些经过精准提炼的字眼往往会成为击中受众内心的"第一枪"。以下为晾霸企业宣传片文案：

我们说生活，而不是活着，

我们说创造，而不是制造，

生活来源于每个被忽视的日常，

创造致力于重塑更好的日常，

我们一直在思考，

如何才让全球家庭拥有更好的晾衣生活？

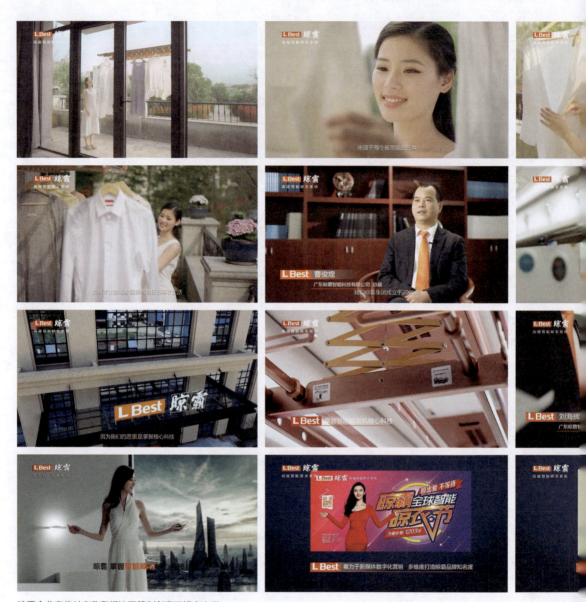

晾霸企业宣传片在张默闻这厮策划创意下横空出世。

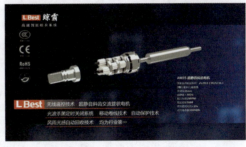

**晾霸总裁：**"我们晾霸集团成立于2008年，研制的第一台晾衣机也诞生在2008年，这是真正意义上的全国第一台自主研发的智能晾衣机，我们在不断推进智能晾衣机的发展，因为我们的愿景是掌握核心科技，领导晾衣文明！"

智能晾衣机行业标准起草单位；掌握智能晾衣机核心科技；国家级高新技术企业权威认证；120余项国家专利；行业中率先通过ISO 9001质量认证、欧盟CE认证、ISO 14001环境质量体系认证的阳台电器企业；拥有多款国家高新技术产品；产品连续两年蝉联工业设计最高奖红棉至尊奖。

**晾霸产品总监：**"很多人问我这个时代究竟需要什么样的晾衣机？其实我也不知道，但是我们晾霸集团一直关注的是，希望人们在使用智能晾衣机时能够获得什么样的感受和体验？这正是我们晾霸智能晾衣机研发中不断追求的方向！因为我们是全球高端智能晾衣机专业家族。"

成立了晾霸晾衣机智能研究中心；与华南理工大学、华南农业大学、广州大学松田学院等国内多家高校合作；无线遥控技术、超静音交流管状电机、光波杀菌定时关闭系统、移动卷线技术、自动保护技术、风雨光感自动回收技术均为行业第一；采用进口流水生产线；确保产品10万小时不变芯，60年后照样用；全球第一个研发智能中控云技术的高端智能电动晾衣机品牌。

**晾霸品牌总监：**"在阳台电器行业品牌发展之路上，我们算是后来者，但是通过我们的奋力前行，后来者居上，未尝不可。以爱之名定义智能晾衣，做到第一，保持第一，这是晾霸的品牌精神。"

联合中国著名实战派营销策划集团——张默闻策划集团，全面布局精准营销，助力品牌再度升级；携手影星景甜，使品牌知名度与日俱增；斥巨资进驻中央电视台、高铁传媒、全国重点机场等高端大屏；着力于新媒体数字化营销、多维度打造晾霸品牌知名度；创办《晾视界》专业晾衣杂志，联动亿万消费者，为品牌文化建设及文化输出保驾护航。

**晾霸市场总监：**"晾霸市场的疆土辽阔，销售终端遍布法国、德国、意大利等60多个国家和地区，包括北上广深在内的600多个城市，3000多个营销服务终端，8000多个网点专卖店……年销量连续8年以平均50%以上的速度飞速递增！这来自全体晾霸人的不懈努力，更来自全体合作伙伴们的共同支持。"

坚定推进"8341"营销模式，打破单品竞争，建立全新产品线；聚合全国市场，大兵团作战，立体式推广；高度重视互联网+，建立国际化专业网站、庞大的自媒体系统、强大的网络销售帝国。

深化营销改革，成立晾霸代理商联合营销委员会，汇集公司高管、策划智囊、顶级代理商，让每一个市场决策都来自企业总部高管和王牌代理商的联合智慧；把权力交给代理商，让渠道加速，让终端动销。

全面升级晾霸商学院，对一级商、二级商、导购员进行综合教育和培训。智慧大会战，毕业就会干！将每一位有志与晾霸一起成长和发展的合作伙伴打造为有理想、精专业、高技能、会管理、通营销、高素质的晾霸军团中的一员！

**晾霸一线服务人员**："从用户到一家人的距离，在我们晾霸不过就是一通电话的距离，因为不对用户的要求说不，是我们服务的宗旨。"

全面升级营销服务网络，提供一体化服务解决方案；6000多家特约服务网点遍布全球，24小时统一服务热线绝不间断。

从售前、售中、售后到回访服务全程无忧！

从第一台晾霸晾衣机问世开始，晾霸一直以创新科技带动整个阳台电器行业前进。未来，晾霸将永不变芯，继续专注于在智能晾衣机领域开拓创新，不断推动家居智能化进程，为全球家庭提供更高端的智能晾衣机。未来，晾霸势必会"霸占"全球阳台，引领晾衣文明！

晾霸集团 为全球家庭提供高端智能晾衣机。

## 做大品牌，就需要一部笑傲行业的权威白皮书

在张默闻策划集团的精心策划下，晾霸集团在智能晾衣行业发布了《晾霸高端智能晾衣机全产业链白皮书》，引起行业的强烈反响，与会的行业专家和晾霸集团合作伙伴表示，《晾霸高端智能晾衣机全产业链白皮书》（白皮书）专业性之强、透明度之高，实属国内智能晾衣行业的经典之作！

张默闻这厮认为，晾霸集团作为智能晾衣机行业标准起草单位，编撰并发布白皮书是为行业造福、为自己正名的关键所在。当前，智能晾衣机行业发展势头迅猛，但总体规模较小，品牌发展参差不齐，缺乏行业规范，同质化竞争严重。作为高端智能晾衣机行业的领导者，晾霸毅然扛起建立行业标准的大旗，向行业发出权威的声音。并且，发布白皮书也是晾霸智能晾衣机打响品牌升级战役的重要环节。经张默闻策划集团与晾霸集团相关人员反复地研讨与修缮，白皮书终于在晾霸2017年营销大会上正式发布。

《晾霸高端智能晾衣机全产业链白皮书》的内容从通用要求、外观到核心技术、国家专利，再到生产、品质、售后服务，向全行业展示了晾霸高端智能晾衣机颇具权威的全产业链标准。同时，它拥有目前智能晾衣行业中标准最高、控制最严的流程控制体系，凭借最真实的数据、最可靠的凭证、最严谨的文字向合作伙伴、向消费者全面呈现智能晾衣机的生产科研全过程，一经发布就引起行业领导、业内专家的高度关注，引发强烈反响。

《晾霸高端智能晾衣机全产业链白皮书》作为智能晾衣机行业首屈一指的行业标准规范，对于智能晾衣行业的发展有极大的推进作用，它不仅是晾霸集团高度社会责任感的体现，也是张默闻策划集团对行业发展趋势的精确把控。张默闻这厮认为，随着智能家居行业的飞速发展和成熟，智能晾衣行业的标准化、智能化迫在眉睫，由晾霸主导起草的白皮书向全行业宣告了智能晾衣机标准时代的到来。

与会嘉宾对此评价道，《晾霸高端智能晾衣机全产业链白皮书》的发布对于缺乏一套完整规范的智能晾衣行业是一次伟大的创新，会成为行业焦点；与会的合作伙伴评价道，白皮书的发布将为晾霸智能晾衣机产品的销售起到巨大的推进作用。

真正好的超级工具，能让所有接触到它的人们瞬间领悟到信息。正如白皮书这样的工具，就能够让行业、消费者在接触到白皮书的瞬间就能了解到晾霸集团在科技研发方面的实力和对产品质量的保证。可以说，《晾霸高端智能晾衣机全产业链白皮书》的发布为晾霸智能晾衣机品牌升级和产品推广奠定了稳固的基石。

**做大品牌，就需要一本能霸占财富的招商宝典**

作为智能晾衣机行业的开创者，晾霸在营销层面选择的是传统的代理分销模式。所以，与现有的互联网自建渠道的品牌不同，晾霸真正在战场上奋力拼搏的是晾霸集团的合作伙伴们，而能够凝聚这些对智能家居市场有宏大梦想的晾霸集团的合作伙伴的敲门砖，就是能够吸引财富的招商宝典。对于将销售网络覆盖全国的晾霸集团来说，招商是企业发展壮大的必由之路。

目前而言，中国人的消费水平不断升级，家电排浪式消费，需求之大犹如井喷。但由于消费者对智能晾衣机产品的市场认知度有限，所以仍需向其不断传达智能晾衣机的优点。因此，张默闻策划集团认为唯有快速扩充晾霸集团专卖店在全国的数量，方能线上线下相结合，形成购买闭环。因此招商宝典是向各大合作伙伴传递晾霸集团信息的一个核心背书，重要性显而易见。晾霸集团的招商宝典究竟要传递什么信息，是张默闻策划集团项目组思索了很久的问题。

在经过对市场的仔细勘探后，张默闻策划集团决定用大量的事实数据为晾霸背书，用诚恳的企业愿景感动合作伙伴，用晾霸强大的科技研发实力触动合作伙伴，用超凡脱俗的晾霸智能晾衣机产品打动合作伙伴，用面面俱到的资源支持影响合作伙伴，最终实现合作，成就晾霸集团为全球家庭提供高端智能晾衣机的辉煌事业。因此，结合了晾霸的企业名称，也凝聚了晾霸集团霸占全球阳台的雄心壮志，张默闻这厮特意将招商宝典命名为：霸占财富。

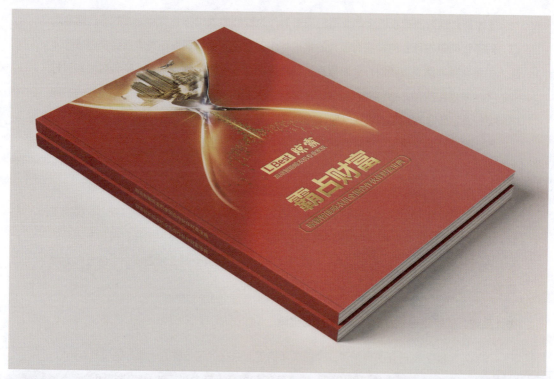

《霸占财富——晾霸智能晾衣机全国合作伙伴财富宝典》的发布，再一次证明了张默闻策划集团极富战略性的策略的正确性，触动了意向合作商的心弦，从而达成了合作。相信有了合作伙伴的鼎力帮助，晾霸集团的未来指日可待。

**做大品牌，就需要一期声名远扬的《晾视界》期刊**

杂志根据一定的编辑方针，将众多作者的作品汇集成册出版，定期出版，其本意为有固定刊名，以期、卷、号或年、月为序，定期或不定期连续出版的印刷读物，又称期刊。目前，市场上聚集着各种各样的杂志，但因为智能晾衣机的品类知名度不高，专业度较精，所以没有为智能晾衣机量身打造的一本杂志，即一本面向消费者的智能晾衣机百科全书。为此，晾霸特意潜心打造了一本声名远扬的《晾视界》期刊。

针对这本期刊发行的目的，我们特意采访了晾霸集团的负责人，他指出：第一，在一定程度上来说，晾霸代表了中国智能晾衣机行业科研水平的高度，所以我们并不只是做品牌，而是要全方位打造品类知名度，将智能晾衣机的使用说明传达到家家户户；第二，出版这本杂志也是为了晾霸品牌的传播，为消费者营造一种高端智能晾衣机行业老大就是晾霸的品牌氛围；第三，这本杂志更是晾霸企业科研实力和品牌实力最好的证明。

据悉，《晾视界》是一本面向晾霸集团消费者、合作伙伴及智能晾衣机领域的生产商、工程商、房地产商、装饰装修公司的行业刊物。刊物重点报道晾霸集团品牌建设、市场拓展及产品研究的最新动向；深入介绍智能晾衣机行业发展动向和最新产品资讯；并提供家居百科等消费者喜爱的家装小窍门，着力为阳台电器的智能化发展搭建权威的信息交流平台。

《晾视界》由企业聚焦、品牌视界、产品天地、行业风向、心情港湾、家居百科、晾眼世界七大部分组成。"企业聚焦"从企业角度讲述晾霸企业最近动向、企业观点等；"品牌视界"展示了晾霸企业在品牌发展的战略布局及取得的成就；"产品天地"聚焦晾霸最新研发的大单品，从技术、消费者买点多个层次解读新品，这也代表了中国智能晾衣机制造水平的新高度；"行业风向"洞察智能晾衣机行业的最新动向，邀请知名专家学者共同解读传统企业的智能家居之路；"家居百科"罗列了阳台装修中需要注意的要点及小妙招；最后，"心情港湾"和"晾眼世界"以散文、电影等为读者营造了轻松的氛围。

《晾视界》的发布，再次证明了品牌打造不仅要高举高打，吸引消费者的眼球，更要润物细无声，渗透到消费者的生活周围，以无招胜有招。

**【第八篇章】**

# 一场漂亮的大会胜过所有的传播

晾霸全国营销大会作为一年一度的盛会,发挥着传播品牌、输出企业文化价值、实现团队融合和实现销量上升等多种作用,对晾霸集团的发展具有重要的影响。一方面,这场大会是晾霸联系代理商及新品预订的重要会议。晾霸品牌总监郑荣曾在采访中表示晾霸核心竞争力就是选择到了优秀的代理商,足以见得晾霸集团对代理商的重视。在这次会议上,晾霸将对上一年的优秀代理商进行了表彰和奖励,同时发布了四大新品。会议的效果将直接影响晾霸与代理商之间的情感沟通及新品预购的环节,进而影响到晾霸新品在整个终端的发展。另一方面,这场大会是晾霸品牌全面升级的开始。四大新品震撼亮相、全新品牌宣传视频正式上线、大传播战略宣告开启,这些动作都意味着晾霸集团将在品牌整合营销传播方面全面动作,提升晾霸品牌影响力,实现品牌升级。这次会议作为晾霸品牌升级的开端,必须举全员之力办好,才能打响晾霸在品牌升级过程中的第一枪。

因此,张默闻这厮对此次大会高度重视,亲自带领张默闻策划集团晾霸项目组,从会议流程、会议内容到会议物料等事无巨细一一沟通确认,对策划、创意的每个细节都反复琢磨,历时两个月精心准备和筹划,最终使晾霸势不可挡·共享霸业的盛会圆满成功。

**一场霸气的会议就是最好的营销动员令**

### 这场会议就是要营造氛围

"势不可挡·共享霸业"晾霸2017年营销大会是晾霸品牌全新出发的头等大事。张默闻这厮强调,晾霸集团内部首先要提高认识,增强做好晾霸营销大会工作的责任感、紧迫感。要加强组织领导,确定大会工作重点,注重会场布置,积极引导代理商参与本次大会,为此次大会的圆满完成营造良好的舆论氛围。

会议氛围的营造,对晾霸品牌营销盛会的成败有着至关重要的作用。良好的氛围能够感染参会人员,使他们对晾霸品牌印象深刻,并且更加积极地参与到大会各项内容中来。氛围就像是一种连锁反应,营造得越热烈,氛围的传播力度就会越大,传播速度就会越快,对参会人员的影响就越大。积极的会议氛围极大地提高了现场代理商对晾霸集团和晾霸产品的信任度,增强了他们的销售积极性。

为了营造一个良好的盛会氛围,张默闻策划集团为晾霸大会做了以下准备:首先,确

晾霸董事长汤智文在大会现场畅谈对品牌的规划与期待。

定营销大会宣传主色调为红色，红色作为一种穿透力很强的颜色，能够瞬间抓住人的眼球，在宣传上使用再合适不过。因此从晾霸营销大会主画面到晾霸新品海报的设计，红色均占据了大部分面积；其次，充分强调仪式感，在会议举办地，从入口到会场一路铺设红地毯，晾霸员工列队欢迎每一位参会嘉宾并送上围巾，让他们感受到晾霸对代理商家人们的重视；再次，对会议的每一项内容和流程都要求充分准备，会场环境做到足够舒适、美观，每个座位都配有新品手册以供了解，所有演讲人员能够在演讲时加强和参会人员的互动，确保做到贴心、用心、细心，争取营造出一个积极向上、充满激情和信心的营销会议氛围。

张默闻这厮认为，做好会议氛围的营造，就是对晾霸品牌形象的打造。此次大会通过品牌画面设计、会场物料布置、人员贴心服务共同营造了良好的晾霸品牌形象，这对实现后期营销传播起到了决定性作用。

**这场会议就是要统一声音**

在信息爆炸的互联网时代，品牌发出的声音不仅要够大够持久，还要统一反复，这样才能让人记住。在此次营销大会的传播过程中，信息传递分为前、中、后三个阶段。这三个阶段，虽然内容侧重有所不同，但传播的声音保持了高度的统一，并通过有效的途径传递出了晾霸品牌全新出发、四大新品面世等多种品牌讯息。会议声音能够保持统一，主要通过两个方面来实现。

第一个方面是传播内容保持统一。晾霸营销大会包含的内容很多，比如晾霸品牌未来发展战略的公布、晾霸新品订购会等诸多事项，但大会的主题早就已经确定，就是"晾霸不怕坏，谁用谁喜爱"。不论是会议的现场布置还是整个大会期间的宣传，这句话都以极大的篇幅出现在了人们的视线中，在"品质"和"情感"两个阵营上成功占位。在这个主题框架下，张默闻这厮为晾霸集团创意的各种 PPT 演讲内容、新闻通稿等都围绕这句话展开，这次会议的传播内容也必须在这个主题框架下进行编辑。

第二个方面是传播时间保持统一。张默闻这厮为了大会声音能被更多人听见记住，特意为晾霸集团制订了长达一个月的传播计划，在不同阶段保持步调一致进行传播。前期主要任务是造势，我们通过微信 H5 邀请函、大会倒计时海报等形式实现了晾霸营销盛会信息的全面传达，在代理商之间形成小范围的传播，让他们对大会有所期待；在中期，我们为晾霸集团全新打造的四大视频宣传工具在大会正式亮相，同时，我们以直播的形式将会议的重点内容及现场盛况进行了同步传播；在传播的后期，我们准备了数百篇软文在各大门户网站及行业网站集中发布，铺天盖地的新闻报道再次延续了会议的热度。

张默闻这厮陷入了晾霸代言人景甜的美貌之中。

| 晾霸不怕坏 谁用谁喜爱 | 273 |

张默闻这厮策划的晾霸 2017 年营销大会让人频频鼓掌,根本停不下来。

通过这次统一的发声，晾霸品牌的知名度得到了极大的提升，"晾霸不怕坏，谁用谁喜爱"这句广告语，也牢牢地钉入消费者的认知当中。

**这场会议就是要锁定高端**

张默闻这厮将晾霸的品牌定位为"高端智能晾衣机专业家族"，因为晾霸始终牢记"为全球家庭提供高端智能晾衣机"的品牌使命，牢牢占据全球高端智能晾衣机的前沿高地，拥有120余项国家专利，产品连续两年蝉联工业设计最高奖红棉至尊奖。晾霸的高端科研水平成就高端品质，高端定位当之无愧。

此次大会，张默闻这厮决定依然要锁定高端，要体现出晾霸高端、专业、权威的行业地位。因此，张默闻策划集团做了以下规划：

第一，宣传物料显示高端定位。张默闻策划集团将"高端智能晾衣机专业家族"这一品牌定位语设计在晾霸标识的下方，出现在每一个大会的宣传物料上，多次强调晾霸品牌的高端定位，潜移默化中占据消费者心智。

第二，演讲内容强调高端品牌。晾霸集团总经理刘海辉在大会上做了题为《我们只做高端智能晾衣机》的演讲，演讲中强调了晾霸的专业品质和研发实力，向世人宣告晾霸将以高端品牌取胜终端，打造品质产品，打造行业标杆，树立行业规范！

第三，传播形式锁定高端交通网。晾霸智能晾衣机作为近些年来智能家居行业的一颗新星，因其高端品质和多重智慧功能，价格并不便宜，因此晾霸的目标人群应集中在具有高收入和高消费的中高端人群中。为了实现高密度、高精准的品牌曝光，大会期间的品牌信息传播也都集中于高铁和机场。这群人可支配收入多，重视品牌更重视品质，尤其注重生活质量，是晾霸产品消费的首要目标。

正是因为晾霸对于产品研发和科技创新的坚持、对产品品质的恪守，让张默闻策划集团更加坚信了锁定高端是晾霸最正确的选择。

**这场会议就是要提升品牌**

品牌是企业的灵魂，品牌的成功决定着企业的成功。晾霸历经九年的长足发展，已经成长为掌握智能晾衣机核心科技的全球化企业。为了更近一步将晾霸打造成超级品牌，张默闻这厮仅会议流程就与晾霸团队进行了多次沟通。另外，从前期的各种产品手册、企业宣传片等宣传物料到后期大会的新闻报道，张默闻这厮亲自把关，不放过一个可以优化的细节。

从晾霸集团的战略层面来看，这次会议的举办意味着晾霸品牌的全新出发，终极目的

晾霸智能晾衣机的九重优势震撼来袭。

张默闻这厮与晾霸董事李爱群、董事长汤智文对本次大会的成功举办竖起了大拇指。

是提升品牌价值。张默闻这厮要求,会议的每一项内容都必须对晾霸品牌提升有益。因此,品牌广告语和定位语始终贯穿在会场的各类物料上,无一不体现着晾霸品牌晋升的重要内容。同时,不论是在晾霸集团董事长汤智文致辞中"为全球家庭提供高端智能晾衣体验"的愿景,还是总经理刘海辉一再强调"我们只做高端智能晾衣机"的态度,或是张默闻这厮在其宣讲中公布的晾霸整合营销战略,都可以看出晾霸品牌正在全面出击,大步迈向全球智能晾衣机第一品牌这一目标。

晾霸作为智能晾衣机领导者,在这场会议中强烈发声,说明晾霸品牌正在开始全面崛起。晾霸必将承担起为全球家庭提供高端智能晾衣体验的责任,引领高端智能晾衣机进入不怕坏时代。

**这场会议就是要提升销量**

对于还在发展中的企业来说,大多数动作都是为了提升销量而做的,会议更是实现销量突破的关键。在会议中,企业全方位输出企业形象和产品知识,让企业的产品和品牌深入消费者心坎里,让消费者认识品牌、了解品牌、信任品牌到最后依赖品牌,解决了用户信任度的问题。因此会议中的营销往往能达到事半功倍的效果,实现销售与渠道、销售与市场、销售与各方利益关系的客观综合效能的最大化。 晾霸集团也想借助此次营销盛会取得销量上的突破。在此之前，晾霸集团已经开展了多次区域性的营销会议，并且每年都会举办一次全国营销大会。往年的会议，晾霸的服务手段比较单一，基本以演讲、晚宴、颁奖这几种固定模式进行，每年的激励政策的变化也不大，无法提起合作伙伴的兴趣。营销大会作为晾霸集团总部组织的年度最大型会议，需要采用更多的方法来实现销量的提升。

为了晾霸品牌营销大会获得销量上的增长，张默闻这厮力求做出一场不一样的大会。他要求，此次会议上除了老一套演讲颁奖谈感情外，更要谈智能晾衣机行业的远大前景和晾霸集团未来的发展规划，让代理商家人们对整个大市场环境有更清楚的认识，对晾霸抱有更大的信心。此外，给合作伙伴的优惠政策不能再和以往一样，应该要传达出一种更具激励性、更能激发销售欲望的营销政策。只有做到这些，晾霸品牌营销大会才能真正满足代理商们的需求，击中他们的买点，获得更多的产品签单。

**这场会议就是要凝聚力量**

个人的力量是有限的，团队的力量是无穷的。企业只有充分发挥团队的力量，才能把企业做大。团队的建立，关键在于凝聚力。凝聚力的强弱如同木桶的缝合度，只有具有强凝聚力的团队才能"装满水"。因此在整个会议的过程中，要凝聚多方面的力量，共同实现晾霸品牌的新辉煌。

首先是凝聚晾霸集团全体员工的力量。对于晾霸集团内部员工来说，一年一度的全国营销大会属于企业的大事件，全体上下必须齐心协力，举晾霸集团全体力量办好这次大会是他们的第一目标。一个团队要有个共同的发展目标，有没有共同的目标、共同目标的好坏，直接影响团队的风气、精神和凝聚力。所以在整个大会的筹备过程中，整个团队的凝聚力比一般的时候要强很多，合作的默契感比平时要体现得更清晰。

再者是凝聚代理商与晾霸之间的力量。对于代理商来说，他们都希望自己能代理具有广阔前景的、知名度和销量不断提升的产品。此次大会，晾霸集团公布了最新的优惠政策，将更多的利润让给代理商，并确立了以贡献论奖励的公平原则，激励代理商实现晾霸智能晾衣机销量的提升以拿到更多的优惠和支持。同时，大会也让代理商们看到了智能晾衣机行业的广阔前景和晾霸品牌的上升空间，让大家对晾霸更有信心。

最后是凝聚全国晾霸代理商的力量。大会上，晾霸成立了晾霸四大运营中心，旨在增强晾霸集团代理商团队的能力和活力，以利于集中指导战略和快速解决问题。代理商们作为战斗在前线的将士，针对市场情况制定相关的营销战术，为晾霸营销的市场化、成熟化、专业化提供具体的执行策略。运营中心的建立，使晾霸代理商之间紧密联系，从而能够更好地联动全国，推动晾霸品牌的迭代升级。

这场会议，凝聚了多方力量，大会取得了圆满成功。这股力量也将在今后推动晾霸走向新的辉煌。

**一场精彩的大会就是最好的霸业召集令**

**领袖规划，大谋略打造晾霸企业百亿市场**

广东晾霸智能科技有限公司自2008年成立以来，始终坚持"做到第一 保持第一"的品牌精神和"为全球家庭提供高端智能晾衣机"的品牌使命。晾霸是中国第一台自主研发智能晾衣机的发明者，是智能晾衣机行业标准制定单位，牢牢占据全球高端智能晾衣机的前沿高地。

在此次盛会上，晾霸集团总经理刘海辉做了题为《我们只做高端智能晾衣机》的演讲，通过"晾霸数年不忘的初心"和"晾霸的未来会是什么样"两个篇章讲述了这九年来晾霸集团的坚守以及对未来的展望。

作为中国第一批自主智能晾衣机的研发者和中国家居建材行业的十年老兵，刘海辉用创业初期的故事讲述了这一路陪伴晾霸走来的艰辛。他说："即使面对重重困难，我们依旧选择坚持，因为我们的初心就是让全球家庭拥有高端智能晾衣机。"正是这份对初心的执念，晾霸集团攻克了核心技术难题，建立起了成熟的经营销售模式。

如今，经过近十年的品牌建设和市场深耕，晾霸已经拥有行业内科研实力超强的团队、领先行业的高端产品、广阔的品牌疆域以及非常有实力的合作伙伴们，已然成长为中国阳台电器行业发展速度最快、研发实力最强、最具发展潜力的阳台电器集团之一。

关于晾霸的未来，刘海辉表示，2017年晾霸联合国内顶尖策略集团张默闻策划集团，重新规划品牌发展战略，梳理产品线，以"霸"和"忠"两个关键词打造全新晾霸！"霸"是对外定鼎江山的霸气，包括产品霸气、渠道霸气、品牌霸气、培训霸气、地位霸气；"忠"则是对内全心全意的忠诚，要求全体晾霸人忠于事业、忠于执行、忠于顾客、忠于服务、忠于色彩。

为了实现这"五大霸气 + 五大忠诚"，在战略层面，公司通过差异化策略，打造了属于晾霸自己的超级符号。将"晾霸不怕坏,谁用谁喜爱"的广告语，深深印入消费者的脑海中，以高端品牌取胜终端，打造行业标杆。在产品层面，晾霸集团会增加研发投入、加大研发力度，与国内外顶尖团队合作，研发出更加高端的智能晾衣机，打造品质产品，推动智能晾衣机智能化发展。在营销和传播层面，晾霸集团则将针对消费者买点，跟随市场潮流，加大力度投入，以实现销量的突破性跨越。

晾霸作为智能晾衣机行业的领导者，以锐利的目光审时度势，抢占先机，目前更是朝

张默闻这厮出场时的招牌动作叫"我服了"。

张默闻这厮绝对是被策划耽误的一代演讲大师。

想成为首富的企业都应该赶紧抱走张默闻这厮。

张默闻这厮在现场讲解创意：10万小时不变芯，60年后照样用。

06 小时不变芯 60年后照样用

张默闻这厮精彩的演讲总是让现场掌声不断。

张默闻这厮幽默的演讲可以让人笑出大牙。

张默闻这厮演讲的干货每一张都要拍进手机里,记进脑袋里。

中国智能家居行业全面吹响了号角。在张默闻这厮及其团队的助力下，晾霸品牌将全面出击，在品牌、营销、传播、培训等多个方面强势升级，提高行业买点，大步迈向全球智能晾衣机第一品牌的目标，成长为世界百亿企业。

**策划推动，张默闻这厮震撼亮相信心倍增**

2017年，为了实现品牌的进一步腾飞，晾霸集团联合中国著名策划大师、百亿品牌操盘手张默闻这厮，打造晾霸超级品牌。作为晾霸品牌的总策划方，张默闻这厮数次南下深入晾霸市场进行访谈，又多次到市场终端门店进行考察，从品牌前期调研、品牌重新定位，到品牌全案策略的创作，再到如今一次次落地活动，不遗余力地推动晾霸品牌全新出击。

如此深入的调查，使得张默闻这厮在全案中所提出的品牌整合营销传播方案与企业发展现状十分吻合。在提案中，他对晾霸品牌的发展现状及存在的问题进行深刻的剖析，为晾霸品牌提出了一系列卓有成效的战略手段。除了顶层设计的战略规划引人入胜外，张默闻这厮还创意性地提出了晾霸明星单品的买点与情感定位，重塑了晾霸的营销模式和具体战术，为晾霸品牌未来的发展做好了全面规划。这一份详细而完整的策划案得到了董事长及多位企业高管的高度认可。

此次大会上，张默闻这厮惊喜登场，作了主题为《请用最高规格致敬代理商》的演讲，向与会嘉宾阐释了他站在战略高度上，以全局眼光为晾霸品牌量身定制的整合营销传播策略，并首次公开了晾霸品牌的十大定位。他提出，晾霸想要谋求更高的发展，必须坚持晾霸精神，晾霸代理商也应制定统一的行为标准和形象打造标准。更重要的是，张默闻这厮已为晾霸全面定制"8341"营销模式。通过该模式，晾霸集团将全面整合营销传播资源，建立健全管理、市场、销售、传播、培训、服务等各种机制，构建起全新的晾霸营销服务体系。

精准的战略布局、切实可行的营销方针让在场的晾霸合作代理商对晾霸的未来充满了信心，现场气氛高涨，掌声不断。相信在张默闻策划集团的支持下，晾霸集团将会实现品牌的全面升级！

**媒体签约，大传播战略现场签署让人热血沸腾**

品牌传播是企业满足消费者需要、培养消费者忠诚度的有效手段，是品牌建设至关重要的一个步骤，能够有效地提升品牌知名度、美誉度，为后期的营销落地活动奠定了人气基础。在张默闻这厮的战略部署下，此次大会上，晾霸集团正式与中国高铁广告的巨擘永

晾霸品牌总监郑荣在大会上发表品牌传播规划。

达传媒、南京路铁广告有限公司、江苏弘润广告传媒有限公司、上海迪案文化传播有限公司以及互联网家居超级平台北京怡生乐居网络科技有限公司签署战略合作协议。

晾霸品牌总监郑荣表示，前几年晾霸一直在打技术牌，专心研发好产品，已经将产品和渠道铺开。2017年，晾霸将斥巨资启动大传播战略，大大推动产品销量和品牌价值提升。

据了解，由张默闻这厮倾力策划的晾霸大传播战略囊括了以下几种渠道：

1. 携手高铁传媒造就神话。重点布局京沪线、京广线两大高铁主线路，同时联动华东、华南、华中、华北、西南、东北区域，覆盖全国20余条线路、360余组高铁车、1000余个车次，贯穿中国核心经济圈与城市群。全范围投放LED大屏广告，封闭空间全程相伴，广告到达率极高，深度围合具有竞争和抢夺机会的区域，树立晾霸高铁形象。

2. 高端机场大屏精准聚焦。聚焦北京、广州、上海等全国人流最多的重点机场大屏，精准聚焦目标人群，提高传播效力，品牌知名度得到有效提升。

3. 权威互联门户齐齐助阵。晾霸拥抱互联网，结合大数据，与权威互联门户网站签署了战略合作协议，在多个互联网渠道进行全方位广告投放。同时，在权威的互联网门户网站进行软文、新闻组合式轰炸投放，晾霸业内领军地位坚不可摧。

4. 区域高端媒体全面覆盖。除了上述渠道锁定交通网之外，此次大传播战略也力求全面覆盖商场广告牌、户外大屏、墙体广告。上千块户外广告牌，100个城市无盲点媒体广告发布；近万平方米广告投放面积，覆盖全国300多个城市，牢牢把握市场终端，始终锁定目标用户。广告投放力度之大、范围之广，成就了晾霸在行业内媒体投放的王者地位。

大传播战略一举囊括高铁传媒、全国重点机场、权威互联网门户网站，搭配区域地面终端的推广支持，360°无遗漏围截用户，实现高空与地面广告立体式传播，将焕然一新的品牌形象推向全国。

**唱响歌曲，动人旋律《永不变芯》首发获盛赞**

作为晾霸品牌全案策划人，张默闻这厮表示一开始就有为晾霸创作一首企业歌曲的打算。他认为，企业歌曲是企业文化的一部分，音乐旋律是企业有效的识别手段。一首好的企业歌曲能让人想到企业的核心价值和理念，一首好的企业歌曲更能将企业自身形象和精神完美地融合进歌词里。晾霸品牌的全新出发，少不了一首昂扬的企业歌曲为其吹响号角。

因此在此次歌曲创作中，张默闻这厮亲自操刀填词，结合创作流行金曲《闻名》的经验，反复琢磨每一句歌词，力求将晾霸的企业文化、企业精神通过歌曲完整地展现出来。"不管是阴天还是下雨，不管是夜晚还是清晨。我为你烘干亲情的衣，让你自由穿起。"讲述了晾霸智能晾衣机强劲的风干烘干功能，让消费者在阴雨天不用担心衣服不干的问题；"只张默闻这厮作词的晾霸企业歌曲《永不变芯》在大会上正式发布。

要你满意,我愿十万小时转不停"则讲述了晾霸交流管状电机使用寿命长达 10 万小时的核心技术,表达了晾霸对自己产品品质的信心;"永不变芯,晾霸晾衣机,忠于客户忠于你"更是做出了晾霸让产品陪伴客户一生、忠于客户家庭的伟大承诺。

除了在歌词上的字字斟酌,张默闻这厮还特别邀请了华语乐坛人气男歌手陈文浩演唱这首歌。作为"华语音乐流行榜"最佳人气男歌手奖的得主,陈文浩温暖且富有磁性的嗓音恰到好处地将这首激动人心又充满温情的歌曲完美演绎。歌曲还巧妙地运用了童声独白开头,让人们一下子就置身于幸福的家庭环境中。

这首将企业文化内容完美融合的晾霸企业歌《永不变芯》在此次大会上惊艳亮相,受到了与会人员的一致好评。"歌词很简单朴实,讲出了晾霸一直以来不变的企业精神。"与会人员纷纷赞许道。不少代理商家人在会后表示在听了几遍后,他们都已经能跟着哼唱了。

行业龙头腾飞起,奏响营销新乐章。借本次全国年度经销商大会,晾霸全新企业歌曲《永不变芯》从此唱响。张默闻这厮用其文案刀锋的力量,完美书写了晾霸的企业精神。"永不变芯",重新定义企业文化的高度,把晾霸的价值观、信念、精神等做了一次全面而系统的表达。"永不变芯,忠于客户忠于你"的歌词,用朴实无华的语言讲述了一颗真挚、诚恳的心。《永不变芯》必将随着晾霸企业的发展而传唱到大江南北。

**一次权威的认证就是最好的地位证明**

晾霸成立于 2008 年,研制的第一台晾衣机也诞生在 2008 年,这是真正意义上全国第一台真正无线遥控电动晾衣机。晾霸的几位创始人克服重重困难,攻关核心技术,打开销售市场,开辟出了一条不一样的发展道路。

9 年来,晾霸集团坚持创新,不仅是多项技术的行业首创者,更是智能晾衣行业标准的起草者。晾霸,从孤独的创业者,到今天有越来越多的同行者,一路以科技创新带动整个阳台电器行业前进。

**高峰论坛,尖端人物论坛谈话共商智能家居未来**

随着智能科技日新月异的发展,技术应用的逐步提高,在当下的中国,智能家居已经成为泛家居行业未来发展的趋势。在行业上游,科技公司、IT 巨头、创新公司所主导的智能家居平台逐步形成基础格局;在行业里,无数家电、家居企业在智能应用方面竭力探索;在市场上,消费者对智能家居往往是只闻其名,未见其实。

在整个智能家居领域,各种力量正在酝酿、激荡、整合,充满各种不确定性,不同角

张默闻这厮在高端论坛上表达观点。

色和定位的企业纷纷在尝试不同的路径。未来,智能家居平台、应用、市场将逐步完善,身处其中者究竟如何提炼并升级自身优势,为整个行业创造更多的消费者买点?此次晾霸大会特意召开晾霸智能家居论坛,邀请智能家居各领域代表,由新浪家居华南主编蒙辉主持,晾霸总经理刘海辉、华南理工大学教授王华斌、中国智能家居产业联盟秘书长周军、张默闻策划集团董事长张默闻这厮、美的智慧家居销售总监薛国栋、欧派集团大家居部总监程光阳6位嘉宾,共同对智能家居行业的现状和发展做了分析,并对未来的发展和探索发表了独家见解!

对于智能家居未来的路在何方,中国智能家居产业联盟秘书长周军表示,在整个智能家居领域,相关科技日新月异地发展,技术应用逐步被普及,各种力量正在酝酿、激荡、整合,充满各种不确定性。华南理工大学王华斌教授根据大多数泛家居企业都在竭力尝试并推出五花八门的智能应用这一现状,建议在智能家居行业处于下游的企业通过平台、应用、市场进行有效整合,使智能化的技术产品在智能家居整体系统集成领域中不断组合创新。

作为晾霸品牌的操盘手,策划大师张默闻这厮从品牌营销角度阐述了晾霸未来如何通过品牌化运作在智能家居市场中占有一席之地的观点。他认为,晾霸作为智能晾衣机领域的领导者,应该快速行动,引导消费市场正确认识智能晾衣机这一新兴智能家居产品。而晾霸总经理刘海辉则充满信心地表示,根据著名市场研究机构 Juniper Research 此前预测,2018年中国智能家居市场规模将达到近1400亿元,到2020年,中国智能家居产值将会达到2万亿元。因此晾霸具有广阔的发展前景,晾霸将与在场的伙伴一起合作共赢,共享霸业。

晾霸智能家居论坛,聚集智能家居各领域代表探讨智能家居未来。思想碰撞出火花,新观点层出不穷,台下观众也在激烈的讨论中对智能家居有了更清晰的了解,纷纷对亮点之言报以热烈掌声。

**产业链白皮书权威发布发布,领导地位实至名归**

当前,晾衣机行业发展迅速,但是总体规模较小,企业发展参差不齐,缺乏行业规范,同质化竞争严重。张默闻这厮认为,随着智能家居行业的飞速发展和成熟,智能晾衣行业的标准化、智能化迫在眉睫。而作为智能晾衣机行业领导者的晾霸,应该扛起建立行业标准的大旗,向行业发出权威声音。

为此,在本次营销大会上,晾霸创始股东董事李爱群、总经理刘海辉、张默闻集团董事长张默闻上台共同公布了由张默闻策划集团创意的《晾霸高端智能晾衣机全产业链白皮书》，向全行业宣告了智能晾衣机"标准时代"的到来。

据了解，《晾霸高端智能晾衣机全产业链白皮书》由张默闻这厮亲自操刀，结合晾霸提供的行业权威数据和最新内容，最终完成了白皮书的策划。白皮书的内容包含通用要求、外观、消毒、核心技术、生产、品质，售后服务标准等诸多内容，深刻体现了张默闻策划集团对市场研究的深入以及对行业发展趋势的精确把控。业内人士称，它是目前阳台电器行业中标准最高、控制最严的质量标准体系与流程控制体系，是国内阳台电器首家专业性著作，更是行业内的经典之作。

行业标准的树立，有利于打造健康、有序、利民的智能晾衣机产业，有利于倡导公平竞争，引领良性消费，对于晾衣机产品的行业影响力、行业品牌竞争力都有深远的影响。此次白皮书的发布标志着晾霸由智能晾衣机缔造者升级为行业领导者，晾霸集团业界首定智能晾衣机行业标准，也再次证明了晾霸在智能家居行业的话语权。相信在未来的发展中，晾霸集团将担负起行业使命与品牌使命，为国内智能阳台行业发展贡献"晾霸智慧"。

**技术公证，十万小时不变芯，品质高端受追捧**

晾霸集团秉承"掌握核心科技，领导晾衣文明"的品牌愿景，高度重视产品研发和科技创新，拥有一支由国内外 100 多位行业优秀的工业、工程科学设计师组成的科研团队，成立了晾霸晾衣机智能研究中心，研发出的无线遥控技术、超静音交流管状电机、光波杀菌定时关闭系统、移动卷线技术、自动保护技术、风雨光感自动回收技术获得行业可。同时，晾霸集团采用进口流水生产线，并与华南理工大学、华南农业大学、广州大学松田学院等国内多家高校合作，旗下多款产品获得广东省高新技术认证，并连续两年蝉联工业设计最高奖红棉至尊奖，是全球第一个研发智能中控云技术的高端智能电动晾衣机品牌。

当天大会上，行业公证人员现场做了"十万小时不变芯 晾霸智能晾衣机耐用"实验（L Best 晾霸智能晾衣机内超静音斜齿交流管状电机使用时限达 10 万小时），确保产品10 万小时不变芯，60 年后照样用，并为晾霸颁发了公证书，与所有与会者一起见证了这个荣誉的时刻，现场氛围达到高潮。

值得一提的是，华南理工大学设计学院工业设计系主任王华斌教授也来到了现场，他指出，企业靠设计赢得先机，赢得市场的机会，赢得消费者的信心。工业设计非常重要，是企业转型升级的重要推手，企业要高度重视工业设计。晾霸始终坚持用产品品质说话，靠技术取胜是正确的战略。也正是晾霸"不怕坏"的品质，才支撑起了晾霸事业的长青大厦。

产品的品质是消费者购买的核心需求。晾霸在竞争大潮中逆势而上，不断迎合市场买点，升级产品质量，并通过了技术的公证、专家的认证，极大程度地增加了消费者和代理

张默闻这厮与晾霸高层共同发布《晾霸高端智能晾衣机全产业链白皮书》。

"十万小时不变芯 晾霸智能晾衣机耐用"实验在大会上获得成功!

商家人的信心。业界人士评价，与其说这是一场企业的营销年会，不如说这是一场智能晾衣机在技术实力与创新思维上的综合大比拼。

**两段温情的告白就是最好的品质见证者**

### 一段纪实视频，记录了消费者对晾霸的浓浓信任

企业的发展必定存在市场竞争，市场的竞争归根到底是对客户的竞争，最终客户的满意度才是检验营销工作成败的标准。作为最有发言权的消费者，晾霸专门采访了晾霸智能晾衣机的使用者，他们用其朴实而真挚的语言，表达了长期以来使用晾霸智能晾衣机的体会和感受。在张默闻这厮的领衔创意下，《晾霸消费者使用体验专题片》在此次大会上正式问世。

来自湖北的消费者陈婷说，晾霸这个品牌是主做智能晾衣机的，不管是知名度还是售后都比较可靠，这是她选择晾霸的原因。在使用了一段时间以后，她更是对晾霸智能晾衣机爱不释手，她说："以前梅雨季的时候我不怎么敢洗衣服，会攒到晴天一起洗，现在想什么时候洗就什么时候洗。"

来自温州的消费者黄澄峰本身从事电子行业，因此对产品的质量和做工都有着很高的要求。但是对晾霸智能晾衣机，他表示非常满意，因为晾霸智能晾衣机不论是电机品质还是产品工艺都非常符合他的需求。除了产品本身，晾霸的服务安装工作也让他赞不绝口，他承诺，今后会长期使用晾霸智能晾衣机。

来自杭州的消费者王芳讲述了与晾霸的邂逅："晾霸这个产品很多人都买，我就跟着买了。用了以后感觉真的很方便，不仅有消毒功能，还能放音乐。后来我的小姐妹到我家来做客时看到我的晾衣机，都问我是从哪里买的，因为她们都觉得晾霸晾衣机的款式很好看。"

来自江西的消费者林盼对晾霸智能晾衣机一见钟情，他在视频里说，因为家里有小孩，所以对冬天衣服多不容易晾干的情况很头疼。而晾霸智能晾衣机不仅有烘干风干的功能，还有消毒杀菌的功能，这让他一下子就拍板买了下来。"现在用了一年多，各方面还是和新的一样。"林先生说道。

一段纪实视频，让我们看到了消费者对晾霸的信赖和好评，也看到了晾霸的高端品质。用消费者的真声音为品牌站台，无疑是晾霸为智能晾衣行业提供的又一全新买点。晾霸集团也会继续以消费者为中心，牢记"为全球家庭提供高端智能晾衣机"的使命，为广大家庭服务。

**一次暖心征集，征集来自全球代理商的浓浓祝福**

经过多年的发展，晾霸集团除了拥有巨大的国内市场以外，还出口到了 60 多个国家和地区，拥有世界范围的合作伙伴。这次晾霸大会，在张默闻这厮的策划推动下，晾霸集团面向全球代理商开启了征集活动，征集他们想对晾霸说的话。令人意外的是，活动一经发布就获得了全球代理商的积极响应，大家纷纷为晾霸献上了最真诚的寄语。

从寄语视频里，我们除了看到国外代理商们对晾霸的深深祝福外，还了解了晾霸之所以那么受到国内外代理商喜爱的原因——

原因一，晾霸的品质非常好。不少海外代理商都纷纷表示，在代理晾霸期间，他们很少接到关于商品品质的投诉电话，也很少出现商品坏损的情况。这说明，晾霸的产品品质经受住了国内外广大消费者的考验。意大利代理商认为晾霸代表了中国制造的品质，因此代理晾霸，他很放心。

原因二，晾霸是畅销品牌。晾霸在阿尔及利亚的代理商兴奋地在视频中说道："和晾霸合作以来，我们的销量每年都在高速增长，去年更是有了很大突破，取得了阿尔及利亚地区的销售第一的成绩。"数据显示，晾霸自成立以来，年销量连续 8 年以平均 50% 以上的速度飞速递增，这也再次证实了晾霸是个畅销国际的知名品牌。

原因三，晾霸的代理政策和服务非常好。据晾霸伊朗德黑兰的代理商说，晾霸的政策优惠力度非常大，是真正让利给合作伙伴。同时服务也很到位，特别是产品维修反馈的速度很快。每次产品出了小问题，晾霸总部给他们配备的服务人员总能第一时间解决问题。

这三点也是晾霸这几年来能快速发展出 3000 多个营销服务终端、8000 多个网点专卖店的重要原因。这次征集到的不仅是来自世界各地的暖心祝福，更是对晾霸产品品质的再一次见证。

**一次订货额翻五番，就是最好的营销战果**

**新品发布，四大新品惊艳亮相获超高人气**

在智能晾衣机被大众逐渐接受的今天，仍然有很多消费者认为电动晾衣机比手摇晾衣机更容易坏。此次大会发布的四大新品创意，正是张默闻这厮基于"电动容易坏"这个观点，对晾霸集团现有产品线进行重新梳理和精确定位的成果。

从产品的命名看，"不怕坏 L9""不变芯 L7""不出轨 L6"三个系列均是对产品品质的承诺，三个系列的命名运用生动且带有多重含义的词语，非常有识别度和记忆点。在产品买点创意上，"10 万小时不变芯，60 年后照样用"用具体的数字让消费者清晰地认识到晾霸产品不易坏的品质，打消消费者的顾虑。在广告语定位上，"晾霸不怕坏，谁用谁喜爱"高度概括和总结了晾霸智能晾衣机最本质的特点，并加入了情感诉求。

大会现场特意设置了新品体验区，由张默闻团队创意并制作的晾霸四大主打新品平面海报在这里惊艳亮相，一抹亮丽的红色成为会场最美的风景。同时配合用以展览的新品样品，现场嘉宾可以亲身近距离观察新品精致简约的外形设计，切身感受到晾霸的完美品质。

此次晾霸新品涵盖了八大核心科技和六大创新思维，仅制作就经过了五道特殊工艺，设计之处人性化细节尽显。晾霸新品拥有超过 13 项的买点，创建了智能晾衣 APP，从此开启智能晾衣新时代。

晾霸集团四大新品的推出，势必提升晾霸品牌的影响力，为晾霸品牌的繁荣增添巨大力量。相信在未来，晾霸集团营销团队一定能够再创销量传奇。

**策划出奇，广告创意别出心裁**

一个品牌的成功和崛起，除了依靠过硬的产品外，更需要通过品牌的创意传播在消费者心中留下烙印。此次大会上，由张默闻团队为晾霸集团精心策划的四大视频宣传工具和全新企业歌曲正式揭幕，接受现场数十家媒体和 500 多位业内人士的检验。

张默闻策划集团基于晾霸想要打造全新品牌形象的需求，为晾霸设计了全新的企业宣传片。张默闻这厮用其文案刀锋的力量，完美书写了晾霸的企业精神，片中传达出了"让全球家庭拥有更好晾衣生活"的美好理念，令人动容。同时，张默闻这厮首次公布了全新电商广告片的文案，不少人被"晾霸不怕坏，谁用谁喜爱"的品牌广告语打动，现场爆发出强烈的掌声。会后，这句广告语更是在朋友圈广泛流传，营造了未播先火的传播氛围。

**火爆签单，销量勇攀高峰，半小时连翻五番**

代理商是晾霸集团的重要伙伴，一直受到晾霸集团总部的高度重视。此次大会，晾霸集团隆重举行了 2016 年代理商颁奖盛典，对过去一年成绩出色的代理商进行了表彰，并现场成立了晾霸四大运营中心，更好地联动全国，服务各地代理商。

晾霸销售总监马俊炼先生表示：在商界，平等是最大的不公平，对此他指出：晾霸集团将立足全局，开展大客户战略，重新规划各项政策，拉升帮扶力度，对一直跟随晾霸的代理商给予从市场销售、市场服务、订货政策、促销活动、专业管理、到培训操作等方面的全方位的支持。全新改革的政策服务和超高让利引发了现场热议，也让在场的全体代理商对晾霸新品充满了信心。这次晾霸集团的全新出击，战略格局大，策略清晰，在政策一片利好的情况下，晾霸品牌一定能实现质的突破。

新品订货环节太火爆,砸金蛋都变成了抢金蛋。

订货现场人头攒动,订货额半小时就比历史同期翻了五番。

晾霸娘子军巾帼不让须眉,大会上的庄严宣誓让人热血沸腾。

张默闻这厮誓与晾霸并肩作战共享霸业。

晾霸不怕坏 谁用谁喜爱

"晾霸不怕坏,谁用谁喜爱"晾霸2017年营销大会圆满结束!

张默闻这厮与张默闻策划集团晾霸项目组因为2017年营销大会的成功举办,为自己竖起了大拇指!

广阔的发展前景、看得见的政策优惠击中了代理商的心，在最后的新品订货环节，代理商们纷纷签单，新品预售量半小时便高达6180万元，比历史最高纪录翻了五番！火爆的现场也再次印证了晾霸品牌强大的向心力。

**大家的真声音就是最好的会议反响**

**晾霸总部：感谢张老师精准策划**

作为晾霸品牌的全案策划者，张默闻这厮就晾霸的代理商大会与晾霸高层进行了详细讨论，提出了诸多创新性想法，获得晾霸高层的一致认可，当即确定了大会的基调。在之后的交谈中，张默闻这厮还为晾霸品牌的发展提出了一系列卓有成效的战略手段，这些具有前瞻性的建议让总经理刘海辉感慨道："张老师的创意非常有亮点，品牌的力量真是无可限量。"

长达两天的大会结束后，创历史纪录的新品预售量和一片好评的反馈声让晾霸总部兴奋异常，大家纷纷对此次大会的丰富内容、缜密流程、出奇创意表示认同。董事长汤智文表示："感谢张老师对此次晾霸年度大会的倾力策划，让我真正见证了服务中国500强企业的策划大师的水平，有张老师的助力，晾霸的未来充满希望！"张默闻这厮也随即表示："晾霸品牌的未来不仅是晾霸人不断追求的事业，也是张默闻策划必须担负的责任！"

**代理商：晾霸品牌升级指日可待**

晾霸大会结束后，不少代理商表示晾霸此次大会亮点频出，在品牌形象上让人耳目一新，在广告语上让人印象深刻，品牌战略更是将品牌提升到了新高度，使他们对晾霸的未来信心爆棚。

一位已经与晾霸合作五年的代理商激动地告诉记者，此次晾霸传达出的品牌信息让他对晾霸的未来很有信心，特别是有张默闻老师的加入，让他觉得非常安心。晾霸浙江地区的代理商王总表示，他在之前就接受过张默闻老师的市场调研，张默闻老师严谨的策划态度和高超的策划能力让他非常佩服，晾霸能够得到张默闻老师的护航，一定能实现高端智能晾衣机领先品牌的目标。这些话也是诸多代理商的心声，大会当天新品预售量连翻五番就是最好的证明。

**国内媒体聚焦晾霸全国营销大会**

新浪、搜狐、太平洋家居网、凤凰网、网易新闻、千家网、今日头条、中华网、中国经济网、光明网、中国网、消费日报网等30余家国内著名媒体对晾霸2017年营销大会进行了集中报道。

网易以《能杀菌会说话可烘干，晾衣机的智慧要逆天》为题，讲述了智能产品的普及。对于晾霸此次发布的新品，报道中评价"要技术有技术，晾霸智能晾衣机十万小时不变芯"，并称此次大会"与其说这是一场企业的营销年会，不如说是一场智能晾衣机在技术实力与创新思维上的综合大比拼。"

新浪在题为《晾霸不怕坏 谁用谁喜爱——"势不可挡·共享霸业"2017晾霸崭新启程》的报道中表示："共享"二字，宣告了晾霸品牌的实力，光芒之下，我愿与你共享。晾霸集团，作为全球高端智能晾衣机专业家族代表，凭借强大的研发能力，行业领先的产品，高瞻远瞩的品牌战略规划，正推动着智能晾衣行业的前进。

凤凰网对大会中晾霸集团总经理的演讲《我们只做高端智能晾衣机》做了深刻解读，指出作为高端晾衣机行业的领导者，恪守精工品质是晾霸一贯的标准，用心服务用户是晾霸一向的作风！晾霸"不怕坏"的品质和服务体系，支撑起了晾霸事业的长青大厦，累积起了终端良好的品牌口碑！

太平洋家居网在对晾霸营销大会的报道中写道：为什么晾霸会受到广大消费者的喜爱呢？现场播放了"消费者耐用体验"专题视频，同在场所有人一起感受产品的品质和高标准。注重终端消费者的使用体验，是晾霸在"体验为王"时代下的又一追求！

国内著名媒体纷纷关注晾霸2017年营销大会，不仅是对晾霸集团带给行业贡献的肯定和赞美，更是对晾霸集团引领智能晾衣机行业未来的重大期许。此次大会使"晾霸不怕坏，谁用谁喜爱"的口号传遍全国，未来，晾霸集团将带着承诺和使命全新出发，成长为造福民众的全球化企业。

【第九篇章】

# 中国晾·霸世界
# 晾霸晾衣机十周年整合营销策划纪实

**新闻回顾：**

2018年4月3日，"中国晾·霸世界"晾霸十周年盛典暨2018全球新品发布会于广州香格里拉酒店隆重举行。晾霸董事长汤智文，晾霸品牌代言人景甜，晾霸品牌创始人、产品总设计师陈凌云，晾霸董事李爱群，总裁曹俊煌，总经理刘海辉以及晾霸品牌操盘人、张默闻策划集团张默闻这厮等重量级嘉宾，与400位经销商及新浪、搜狐、腾讯、爱奇艺等三十余家知名媒体一起见证了这值得纪念的时刻。

## 【宣传预热】

众所周知，对于专注智能科技十年的企业而言，十周年盛典是一次十年营销成就的总结，更是一次品牌新十年发力的宣誓。对此张默闻这厮表示：一定要重视这次品牌的十周年盛典，不仅要在大会内容呈现上保证质量，也要在传播预热中全力以赴，在形式中创新，在细节中完善。

因此，张默闻这厮亲自带领团队，历时两个多月的筹划，与晾霸集团品牌中心、景甜团队多次沟通协调，在策划、创意、设计等方面对每个细节进行把控，以期在前期宣传预热中就将"中国晾·霸世界"晾霸十周年盛典暨2018全球新品发布会牢牢根植于智能产品行业从业者、晾霸集团经销商及潜在经销商乃至消费者的心中。

**视觉传播：统一视觉、统一氛围吹响十周年号角**

张默闻这厮认为，统一的视觉传播将会对晾霸十周年盛典的成败有着非同寻常的作用。不仅能将前期预热传播与大会活动现场有效融合，良好的会议氛围也会促使参会人员自发主动地传播，并且具有独特符号性的大会标志物将会随着400位经销商的返程回到全国上千家晾霸专卖店，接受消费者的目光洗礼，再次扩大传播范围。

因此，在接到晾霸集团十周年盛典策划之初，张默闻这厮就提出了以红色为标准色调，以景甜拍摄的最新形象为标准形象设计一款大会主画面的想法。值得注意的是，为了传播晾霸十周年的视觉形象，张默闻策划集团特意设计了象征十周年的大会徽标，一个大大的

晾霸企业创始人陈凌云先生站在台上,壮美怀古,阐述因爱出发的背后故事。

"10"，张默闻这厮也赋予了其"十周年 爱相连"的感人文案。在盛典前期预热传播和活动现场中，这个象征十周年的徽标如影随形，出现在了每一个能看到的角落。这就是此次盛典最独特且令人印象深刻的视觉符号。

一次完美的传播执行才是对主画面最佳的褒奖。张默闻这厮不仅在盛典现场进行了一番视觉改造，也将视觉统一到了晾霸集团总部现场，不仅将晾霸集团总部的大型海报画面全面更新，更是在到达总部的路上插满了彰显士气的道旗，为光临晾霸集团总部的经销商们勾勒出了一幅霸气的晾霸品牌形象画面。此外，在盛典现场视觉打造上，张默闻这厮也将"红色"和"十年"这两个独特的符号用到了极致。打造了晾霸十周年品牌时空隧道、晾霸十周年拱门以及由晾霸主画面延展而成的合影留念墙，在会议举办地入口一路延展到会场，形成强烈的震撼力。

除此以外，张默闻这厮也观察到晾霸集团的吉祥物小狮子形象没有与十周年盛典有效融合的问题。统一视觉和统一氛围当然要融合所有资源，将十周年盛典这一信息传达出去。而且吉祥物本身就是更贴近消费者、更贴近终端卖场的视觉符号，将其有效利用起来也会增加晾霸十周年盛典在消费者心中的分量。因此，张默闻这厮联合晾霸集团品牌中心设计出了一款十周年版的晾霸卡通形象，并将其制作成徽章，送给了每位参会的嘉宾。

统一的视觉传播、统一的氛围塑造成功为所有参与晾霸集团十周年盛典的嘉宾们提供了良好的视觉感受、舒适的会议环境，也营造出了一个温馨感动、充满激情和信心的晾霸集团十周年盛典的氛围。

**微信传播：深度互动创意传播，晾霸刷屏朋友圈**

相信对晾霸有所关注的朋友都在晾霸集团十周年期间感受了一次微信刷屏风暴。不论是机场高铁的广告大屏，还是移动互联网端的社交平台，都被晾霸的创意画面牢牢占据。其中，微信朋友圈是晾霸发起总攻的阵地。在这里，晾霸既运用官方公众号发布借势软文来吸引注意，又通过创意百出的悬疑海报、互动游戏等丰富形式积攒起大众的好奇心，最终在大会期间达到了关注度爆表的效果。

选择微信作为宣传的主战场，张默闻这厮有自己的考量。近年来各大品牌广告主缩减传统渠道广告预算占比，将更多精力和预算投入于移动营销，垂直群体的创意互动式营销备受青睐。从各种刷屏事件中我们不得不承认，社交媒体蕴含了无穷尽的免费流量，是占领重要用户的前沿阵地。

为了达到集中爆破的关注效果，张默闻这厮亲自把关此次微信传播创意的每一次的内容输出，并对项目组成员指导道："只要人性不变，对消费者的洞察就不会变。"他认为，尽管这是一个信息爆炸、注意力稀缺的时代，市场永远不缺乏内容，但永远对有价值的内容如饥似渴。而传统媒体和新媒体只是在媒介形式上有了一些变化，只要抓住消费者真正的买点，就能找到创意的撒手锏。在此基础上，张默闻这厮又提出了以下三点创意原则——

**1. 传播性。**微信是随着网络时代到来而进化出的社交方式，对于社交圈转移到网上的众人来说，朋友圈是别人对你产生第一印象的地方。当你在朋友圈分享内容时，就是在向他人展示你是一个怎样的人，你的观点、态度是什么。因此一个优秀的朋友圈创意内容，应该要引发用户的炫耀、认同、窥探等心理，最终达到传播目的。

**2. 互动性。**越来越多的企业都在高呼让用户参与到产品的生产和营销中来的口号，有用户互动就意味参与感的提升。我们可以肯定的是，当出现一个高质量的内容时，互动可以将传播效果放大。因为互动使用户更个性化地参与，通过帮助用户在品牌经营中看到自己，增强其潜在的、深化的参与感外，还提升了其满意度。

**3. 产品调性。**这是最重要却最容易被忽视的一点。营销策划人很容易就陷入社交刷屏的误区，一味追求内容的天马行空，而没有考虑与品牌的承接问题。真正优秀的创意内容，不仅要解决传播的问题，还要解决用户对品牌的认知问题，真正实现点击率到用户购买的转化。

在张默闻这厮为晾霸量身定制的传播策略下，张默闻策划集团晾霸项目组成员开启了微信传播三大招。

**第一招：以情动人引共鸣。**此次大会与以往的不同之处就在于这次不仅是一年一度的经销商大会，更是晾霸的十周岁生日。这种时候单纯宣扬晾霸十年来获得的成就，自然比不上用恰当的情感唤起经销商们内心深处的认同和共鸣。因此在大会前期宣传上，张默闻这厮以情攻心，用一封家书形式的邀请函勾起经销商与晾霸十年来携手共进历程的回忆，打通了他们情感的任督二脉，将品牌精神具象化地与经销商进行情感沟通。

**第二招：亮点频出惹惊叹。**整个大会期间，张默闻这厮火力全开，先以几篇公众号软文为晾霸在智能晾衣行业的地位和贡献做铺垫，再用代言人景甜的视频邀请宣告了她将出席晾霸十周年盛典这一巨大惊喜，最后将新品悬疑海报顺势推出，用铺天盖地的亮点呈现为晾霸吊足了众人的好奇心和期待值。

**第三招：深度互动更刷屏。**大会当天，晾霸朋友圈广告强势来袭，以景甜为亮点，为中国智造代言。消费者可以通过链接进入大会现场的直播，并参与互动讨论。同时上线的晾霸风神挑战小游戏，不仅让此次大会新品风神 K3 的买点一览无遗，更是引起了众人的胜负欲，纷纷转发到朋友圈与朋友们一较高下。值得一提的是，此次大会倒计时文案是张默闻策划集团晾霸项目组集体智慧的升级，他们用科技互联网行业的语言风格，以互动提

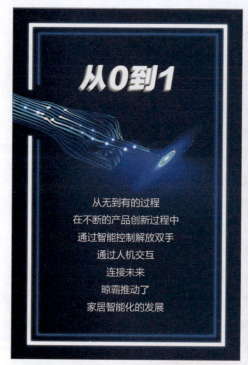
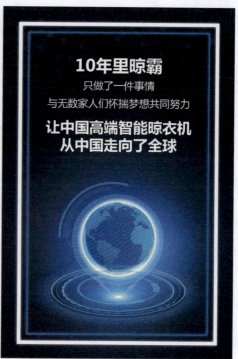

问的形式展现出了晾霸品牌与产品的买点。

以下为倒计时海报内容——

——1——

为什么创办10年的晾霸如今发展依旧迅猛？

距离4月3日晾霸十周年盛典暨2018全球新品发布会还有10天

——2——

为什么晾霸能连续9年以平均50%以上的速度快速递增？

距离4月3日晾霸十周年盛典暨2018全球新品发布会还有9天

——3——

为什么晾霸能遍布全国8千个终端网点？

距离4月3日晾霸十周年盛典暨2018全球新品发布会还有8天

——4——

7×7股不锈钢钢丝绳的背后代表的是怎样的责任和力量？

距离4月3日晾霸十周年盛典暨2018全球新品发布会还有7天

——5——

能获得60多个国家和地区的人们的热爱的品牌究竟有什么绝招？

距离4月3日晾霸十周年盛典暨2018全球新品发布会还有6天

—6—

在智能晾衣小品类里怎样才能获得150多项国家专利？

距离4月3日晾霸十周年盛典暨2018全球新品发布会还有5天

—7—

在工业4.0时代，如何做出符合当代人需求的智能产品？

距离4月3日晾霸十周年盛典暨2018全球新品发布会还有4天

—8—

能让晾衣速度加快3倍的秘诀是什么？

距离4月3日晾霸十周年盛典暨2018全球新品发布会还有3天

—9—

连续2年获得工业设计里的诺贝尔奖是什么体验？

距离4月3日晾霸十周年盛典暨2018全球新品发布会还有2天

—10—

为什么国际1线明星景甜空降现场给晾霸送祝福？

距离4月3日晾霸十周年盛典暨2018全球新品发布会还有1天

**微博传播：借明星人气巧妙传播赢得数万粉丝**

不论在哪个时代，明星都会成为当时舆论、话题的焦点。而随着移动互联网的蓬勃发展，随时随地获知明星的各种消息并参与话题讨论，已然成为社交网络中很重要的一个部分。对于谋求品牌营销增强曝光的各大企业来说，邀请明星助阵，聘请他们成为品牌代言人是时下的主流做法。

晾霸品牌于2016年正式签约景甜作为其形象代言人，携手打开智能晾衣新篇章。很多人对此都会有这样的疑虑，为什么一个智能居家型产品，会请一位甜美、阳光的女孩做代言人呢？她能不能使晾霸建立在消费者心中的高大形象呢？

对此，晾霸总经理助理兼品牌总监郑荣表示："景甜不仅具有优雅的外形和国际范儿的特质，而且在影、视、歌等多领域都有不俗的表现，是一位综合素质较全面的艺人。我们认为景甜的气质修养以及她的艺术成就，与我们晾霸品牌高度非常契合，因此晾霸品牌由景甜代言是毋庸置疑的。"

其实从市场趋势中我们也可以看出，不仅是新兴品牌，越来越多一线大牌的合作对象都从原来名望甚高的大花旦们，转变为热度人气高涨的小花们。明星作为"注意力经济"的产物，万众瞩目，一呼百应，粉丝越多人气就越高，为代言的品牌聚合的关注度和影响力就更多。因此，年轻、高热度的明星受到企业的青睐，晾霸选择景甜，显然不是老板一拍脑袋的决定。

从2008年以"北电校花"身份登上杂志封面至今，景甜鲜少因绯闻炒作等出现在大众视野。她总是出现在条件艰苦的拍摄现场，为每一部电影闭关学习语言、苦练武术、提升演技。正是这种专注的力量，让她受到了越来越多粉丝的喜爱。2017年，景甜主演的《大唐荣耀》成为当年首部热搜剧，《高能少年团》《奔跑吧兄弟》等热门综艺里常常能看见她的身影。2018年的开年电影中，景甜加盟的好莱坞电影《环太平洋：雷霆再起》更是登上北美票房的冠军。

景甜的一路高歌猛进带来的是晾霸品牌曝光度的陡然提升。

此次大会宣传，张默闻这厮为晾霸筹划了一系列的微博借势传播方案。早在大会开始前，晾霸官方微博就放出了景甜将出席大会并带来她参与设计的新品的消息，引起粉丝的关注和好奇；大会当天，通过晾霸官方微博的直播二维码，不少粉丝进入直播页面观看了他们的偶像景甜的闪亮登场，也在潜移默化中接受了晾霸品牌的信息。#景甜跨界设计#的微博话题顺势上线，引起粉丝们的激烈讨论。

大会后，景甜的微博发布了"昨天有幸参加了晾霸的新品发布会，很高兴在现场与大家一起分享我参与设计的新品风神K3，大家多多支持哦@晾霸官方微博"的内容，瞬间

创始人陈凌云与张默闻这厮因为大会圆满成功而感动掉泪。

三人行。

2018年再度拥抱晾霸。

逗你一乐：谁的烈焰红唇让张默闻这厮乱了分寸。

"中国晾·霸世界"晾霸十周年盛典暨2018全球新品发布会现场星光熠熠。

晾霸不怕坏 谁用谁喜爱

"中国晾·霸世界"晾霸十周年盛典暨2018全球新品发布会现场。

天降雄狮，晾霸世界，经典开场，顺利全年。

由张默闻这厮倾力策划的"中国晾·霸世界"晾霸10周年盛典暨2018全球新品发布会即将揭秘。

张默闻这厮的专用主持人管军和邵静。

引起流量的爆炸，该条微博评论 14715 条，转发量更是多达 38996 次。这批粉丝通过景甜微博关注了晾霸官方微博，使得官博一夜之间的粉丝数突破 8 万，同时推出的晾霸新品风神 K3 转发抽奖活动也在短短两天内达到了 48760 次的转发量。

在这个粉丝流量占主导的时代，晾霸与景甜的结合无疑为晾霸品牌的腾飞注入了新鲜的力量。晾霸和景甜一样，在一次次突破自身的局限，也在一步步登上各自所在行业的巅峰。今后晾霸将继续与景甜同行，共同为中国家庭能够享受到更智能的阳台生活而不断努力。

**【活动现场】**

**领袖发声：晾霸高层领导运筹帷幄布局新十年**

大会当天，晾霸董事长汤智文以一封感谢信拉开了晾霸十周年盛典暨 2018 全球新品发布会的序幕。董事长汤智文在信中表达了对于行业伙伴、消费者以及所有晾霸家人的感谢之情。回顾了一路走来的创业历程，晾霸不断将智慧晾衣融入生活中，创造出了独特的社会价值，让更多的人拥有了美好的晾衣体验。汤智文表示如今的晾霸正处于"砥砺前行"的关键时期，在外部竞争激烈的环境下，世界各大巨头相继布局智能领域。与此同时，中国经济这辆马车正以超前的速度向前奔驰，人们对美好生活的向往日益剧增，这一切都鞭策着晾霸必须以最快的研发速度和超前的战略眼光向前迈进。汤智文董事长表示，未来十年晾霸要让中国高端智能晾衣机从中国走向世界，让中国晾衣文化席卷全球。

随后登台的晾霸总裁曹俊煌以《让世界爱上中国晾》主题演讲，对董事长汤智文提到的"晾霸未来十年规划"做出了详细说明。演讲中，曹俊煌用"智能、品牌、研发、文化、管理、渠道、服务、广告、合作、明星"这十个关键词对晾霸过去的十年进行了总结。十年中晾霸专注高端智能晾衣机研发和创新，从无人问津的小企业一跃成为中国高端智能晾衣机第一品牌，这期间离不开晾霸在创新制造、市场营销、企业管理等多方面的突破和努力。十年间晾霸取得奖项无数，受到了广大消费者的认可。但荣誉属于过去，晾霸更看中的是未来。他提出，未来的晾霸不仅要做一家以智能晾衣机产品闻名世界的企业，更要做一家为消费者提供专业的研发、设计、生产、服务的企业；不仅要做智能晾衣机的产品制造商，更要做智能品牌服务商。

与许多智能科技企业一样，晾霸花了大量时间投身科技研发，将智能晾衣的核心技术牢牢掌握在手里。但对于企业来说，占有市场和获取盈利只是企业营销的一部分，更重要的是要承担起社会责任，通过技术推动社会共同进步，解放人们的生活。作为中国智能家居领域的一分子，晾霸有责任让中国晾衣文明走向世界，惠及全世界数千万户家庭；更有责任让中国创新技术走向世界，助力中国制造的品质革命。为此，未来 10 年晾霸的企业

晾霸集团董事长汤智文先生做主题演讲。

目标将由"专注高端智能晾衣机研发"转向"让世界爱上中国晾"。通过技术与文化的双重输出让中国高端智能晾衣机走进全世界家庭中。

与前两位不同,晾霸创始人陈凌云并未对晾霸的未来做过多阐述,而是以《因爱出发》为主题,与现场 400 余位嘉宾及经销商们分享了晾霸品牌的前世今生。在 2000 年年初,智能概念还未在中国市场普及,晾衣行业还处于手动晾衣阶段。作为机电专业毕业的陈凌云敏锐地察觉到晾衣智能化能够更好地提高晾衣效率,同时产品智能化肯定是未来发展的主流趋势。为此,他经过反复市场调研、突破技术难题,于 2008 年发明了全国第一台真正无线遥控电动晾衣机,并在同年 4 月创立了智能晾衣机品牌——晾霸。晾霸智能晾衣机的出现隐藏着创始人对于人类美好生活的向往,陈凌云表示未来晾霸还将继续为这一目标而奋斗,为社会创造价值。

**品牌助力:张默闻这厮激情演讲助力品牌未来发展**

作为本次盛典的策划者、晾霸品牌操盘人、张默闻策划集团董事长张默闻这厮为现场嘉宾进行了一场主题为《霸霸去哪儿》的助兴演讲。张默闻这厮对晾霸过去十年取得的成就予以了肯定。他表示,晾霸用十年时间,就取得了包括高端智能第一、增速行业第一、研发实力是第一、广告创意排名第一等六大第一的成绩,是当之无愧的智能晾衣机行业的领导品牌。

张默闻这厮表示,企业经营就像一场赛跑,智能创业这条赛道上挤满了密密麻麻的人,要想在这激烈的竞争中保持领先地位必须要有敢为人先的魄力和顺应时代的创新能力。对此,张默闻这厮提出"10 个超级",从管理到市场再到产品,对晾霸的未来提供了系统化建议。

**第一个超级:打造超级单品。**智能科技企业与传统企业一样,利用明星产品打开市场是一条最为便捷有效的道路。张默闻这厮以小米手机为例,小米手机的出现快速拉近了科技智能产品与消费者的距离,打破了技术与实际生活场景之间的壁垒,受到了市场的强烈认可。除此外不论是苹果手机、王老吉还是方太吸油烟机,无一不以强大的超级单品占据了市场的主导地位。

**第二个超级:获得超级利润。**只有在保证利润的前提下才能让品牌健康地成长。晾霸要尽量避免价格战,通过品牌溢价来提升品牌竞争的能力,以此获得市场份额。

**第三个超级:推进超级研发。**研发创新是智能企业发展的基石。过去晾霸与华南理工大学、华南农业大学、广州大学松田学院等著名院校合作,不断引进创新型研发人才,让企业能够在市场竞争中脱颖而出。未来晾霸应该保持每年 2~3 款的速度推出新产品,让产

临时接到通知让张默闻这厮延长演讲时间,这不,上场前还在增加讲稿内容。

这场面绝对高大上，这嘉宾绝对高精尖。

《霸霸去哪儿》的演讲主题一亮相就吸引了400人的目光。

能够创意 22 周年，是因为张默闻这厮的半生都在创意上持续发力。

有能力和胆量在中国称第二的策划公司只有眼前的张默闻这厮了。

张默闻这厮说出了在场嘉宾们的心声：代理了晾霸就是过上了甜蜜蜜的生活。

背后这句话得到了持续 40 秒的热烈掌声。

张默闻这厮现场与董事长互动为代理商争取利益。

| 晾霸不怕坏 谁用谁喜爱 |

谁批准你们笑得这么开心!

谁批准你们笑得这么阳光!

这全场的掌声是对张默闻这厮演讲的最好奖励。

应该是"致力于成为中国全案策划之父",特此纠正。

这不是广告,这是儿子的希望!

品不断迭代升级领先于市场。

**第四个超级：创造超级服务**。2017年，张默闻策划集团与晾霸市场部一起，就"如何提升专卖店形象，以提高服务水平和服务感知"这一议题进行了深入探讨，并对上海、宁波等重点市场进行了现场调研。张默闻这厮表示超级服务包含多个层面，如售后服务、门店服务等。做好门店服务是成交的关键步骤，而售后服务则对口碑、二次销售有着重要影响，两者不可舍其一，都要做到最好。

**第五个超级：进行超级传播**。传播的重要性不言而喻。与张默闻策划集团合作以来，"晾霸不怕坏 谁用谁喜爱"的广告创意逐渐走进消费者心中。广告投放范围包括各大城市高铁站、飞机场、户外大屏等多个渠道，对晾霸品牌形象的提升起到了至关重要的推动作用。未来随着众多头部企业切入市场，竞争只会越来越激烈，晾霸不仅要在广告创意上再升级，还要在广告投放上加大火力，让晾霸广告名扬天下。

**第六个超级：发展超级客户**。过去晾霸的经营渠道主要以零售为主，虽然与大量地产商建立合作关系却未进行深入推进。张默闻这厮表示，未来晾霸不仅要做消费市场，更要把渠道做宽做深，深入培养大客户，让大客户成为主角。

**第七个超级：建设超级文化**。管理企业要靠企业文化。文化本身带有强大的自我驱动力，能够让员工对企业产生信任和依赖。在张默闻这厮和晾霸管理层的共同努力下，晾霸花了两年时间构建了"忠文化"，忠于企业忠于顾客的企业文化推动了企业和员工的共同进步和发展。张默闻这厮表示，未来晾霸除内部文化管理以外，还要让客户和社会也能感受到晾霸的文化。将"忠文化"融入对外宣传和社会活动中，创造出属于自己的文化符号。

**第八个超级：锁定超级团结**。超级团结包含两个方面的含义，一方面是前面提到的构建共同文化和价值观，另一方面是促进共同进步，晾霸商学院就承担了这一重任。晾霸商学院定期对经销商、企业员工、企业高管进行职业技能、素质培养等多方面的培训。通过积蓄企业力量来凝集人心，塑造企业凝聚力。张默闻这厮表示，未来晾霸商学院应更多样化、定制化，为不同岗位的员工提供有针对性的培训，让其能在自身岗位上创造最大价值。

**第九个超级：打造超级领袖**。企业领袖就像一个马车的车头，指引企业的前进方向、前进速度和前进方式。过去晾霸虽交出了优秀的成绩单，但仍缺少一个被大家推崇的超级领袖。在张默闻这厮看来，超级领袖是企业力量的象征，也是企业的形象的代言人。打造超级领袖是晾霸未来必须做好的功课，也是成为百年企业的第一步。

**第十个超级：开发超级市场**。在这一点上，张默闻这厮的建议与晾霸管理层的想法不谋而合。一直以来晾霸都奉行国内市场为主、国外市场为辅的基本方针。在十周年盛典大会上，晾霸总裁曹俊煌打破过往市场布局，提出未来十年晾霸的目标是让中国智能晾衣机、中国晾衣文化走向世界。如今世界人口已突破 74 亿，人人都需要晾衣，这庞大的体量下隐藏的是无限商机。过去十年晾霸在世界各地建立研究基地，产品出口到世界 60 多个国家和地区，已向"晾霸市场全球化"迈出了第一步。未来要做的是把市场做深做透，开发世界级超级市场，建立起一支强有力的营销队伍，让中国晾霸走向世界。

**新品发布：六大新品惊艳亮相惹全场阵阵惊叹**

新品发布是晾霸十周年盛典大会中最受大家期待的一个环节。张默闻这厮作为晾霸创意的操盘手，参与了新品的前期筹备、命名创意和广告语创意环节。现场，晾霸总经理刘海辉对新品进行了详细介绍。

其中最惊艳的新品当属风神 K3，这款由景甜参与设计的明星产品刚亮相展台就受到了经销商的热烈追捧。命名为风神源于这款智能晾衣机在出风能力上的优秀表现。全球首创的双风道、全方位立体风干技术，让风神 K3 能够精准送风，达到快速干衣的效果。而 25°斜角送风设计在干衣的同时又保护了衣物健康。针对"风"这一概念，张默闻这厮绝妙创意"让衣服站在风口上"这一广告语，简洁而生动地将产品的亮点表现了出来。

有趣的是，在活动现场，景甜分享了一个小故事，让原就受人期待的风神 K3 更备受瞩目。在景甜的新剧《火王之破晓之战》中，景甜饰演的角色风神千睸与陈柏霖饰演的火王仲天一起，为拯救家园势与反派进行斗争，共同找寻拯救星域的希望，重建美好家园。风神 K3 与风神千睸以一种奇妙的缘分相遇，让风神 K3 还未上市就话题不断，现场经销商们纷纷表示会在订购会上订购这款新品，这款产品一定会受到市场欢迎。

如果说风神 K3 的发布已让现场嘉宾激动不已，那么母婴机 Q5 的出现让现场气氛达到了高潮。在工作人员的帮助下，母婴机 Q5 蒙着灰色幕布神秘地出现在舞台中央。在总经理刘海辉的引导下，玫瑰金色的母婴机 Q5 惊艳亮相。与其他几款智能晾衣机不同，这款机子有属于自己的名字——小晾。"小晾"内部被植入语音控制系统，能够通过语音识别完成晾衣机升降、快速烘干、快速消毒、照明等一系列功能。

现场总经理刘海辉为大家现场演示了这一功能。"小晾你好""小晾开灯""打开消毒""消毒 10 分钟""风干半小时"，这一系列指令均得到了小晾的完美回应。人机对话的功能让原本冷冰冰的机器充满了温情。这款主打母婴市场的晾衣机通过语音功能实现了"解放双手"的消费买点。除此外晾衣机内设可食用级别的母婴夹让小孩和大人的衣服能够分开晾晒，做到科学晾晒、安全晾晒这一诉求。基于这些买点，"用心解决妈妈烦恼"这一广告语应运而生，精准定位目标消费市场和消费需求，最大限度地节约传播成本。

相较于前面两款明星产品，金领 X90 和除螨猎人 Q3 也以其独特买点受到了大家的关注。金领 X90 在原有智能晾衣机上引入安防系统。随着人们消费水平的提高，家庭安防

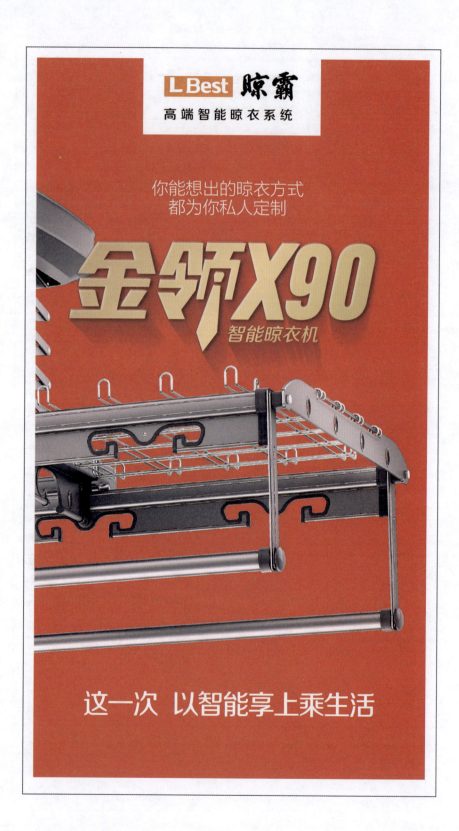

三男二女，哈哈！

晾霸不怕坏 谁用谁喜爱

晾霸印度经销商说，我虽然听不懂你说什么，但我知道你已震撼全场。

意识也在不断升级。尤其是金领 X90 主打的消费群体，对于家庭安防有着强烈诉求。晾霸就是基于这一买点推出了金领 X90。而除螨猎人 Q3 主要买点在于除螨功能。除螨作为一个近几年兴起的新兴概念，一经推出就受到了市场的青睐。在产品创意上，晾霸提出了"为爱除螨"的概念，购买除螨系产品更多的是为家庭健康服务，而除螨功能正是当下消费者所需要的。

除智能晾衣机以外，智能锁和智能保险柜这两款全新产品线第一次出现在晾霸的产品体系中。总经理刘海辉表示，未来晾霸要打造一条智能晾衣机为主，智能锁、智能保险柜等其他智能类产品为辅的产品线布局。将晾霸核心技术的优势合理地拓展到别的品类中，成为智能硬件生产服务一体化提供商。同时新品类的扩展为经销商增加了门店客单值和客流量，为入店访客提供了更多的选择性。

刘海辉表示，晾霸在市场调研中发现中国目前智能锁的渗透率不足 3%，远远低于一些发达国家。未来三年预计智能锁的市场将会从 2017 年的 400 万台涨至 2019 年的 3200 万台。如此庞大的市场体量和发展前景为晾霸的发展提供了机会，这也是晾霸决定转型的一个重要原因。在智能锁广告语上晾霸提出了"一旦拥有 别无锁求"的概念，突破技术壁垒，在锁上加入了防窥视技术、语音导航技术及智能触屏技术，为家庭安全保驾护航。

而在智能保险柜上，晾霸采用了双重锁具及新一代电容式单点触摸传感器，获取手指表层下的纹理，从而消除了运用假指纹套开锁的安全隐患，给予保险柜多重保护。基于这两大买点，晾霸使用提出"柜在心安"作为产品广告语，打破人性和智能的壁垒，让新品更容易被市场所接受。

在随后的家居生活私享会中，业界大咖、行业 KOL（关键意见领袖）对晾霸此次的新品战略表示认同。他们认为，晾霸这一做法与"智能让生活更美好"的理念高度匹配，将为消费者带去更多智慧生活的体验。

六大新品在此次大会上问世，让现场经销商兴奋不已，至此晾霸未来十年产品布局初见端倪。

**代言人空降：景甜空降现场受全场热烈追捧**

如果要用一件事来说明晾霸十周年盛典的盛况，那就要说到晾霸品牌代言人、晾霸新品风神 K3 的跨界设计师、代言人景甜的空降现场。

在接到晾霸品牌代言人景甜将会到场的消息后，张默闻这厮惊喜而忐忑。惊喜的是景甜的莅临将会给晾霸十周年盛典的举办带来超高的人气和关注度，忐忑是因为高关注度和影响力将会给盛典举办造成更大压力。于是，张默闻这厮表示一定重视此次景甜的到场，并且要借此机会，让晾霸集团品牌形象和高科技的新品一起走进消费者心中。

真美。

景甜真美,风神 K3 真好,特别是张默闻这厮创意的"让衣服站在风口上"更好。

晾霸形象代言人景甜老师。

为了体现晾霸智能晾衣机的产品属性，张默闻策划团队量身定做了"看谁和景甜最有默契"的互动游戏，主持人报出几组词语，参与游戏的嘉宾和景甜同时做出动作，由景甜评判出与自己动作最为相似的嘉宾为活动优胜者。活动现场，当主持人报出"晾衣服"一词后，景甜仅伸出一只手做了个虚握拳的姿势，让现场与其共同参与游戏的嘉宾们为之一愣。随后，景甜解释到"我平时都是用晾霸智能晾衣机晾衣服的，既然是智能产品，自然是只需要按一下遥控器就可以了，方便且不容易坏。"台下观众恍然大悟，掌声和欢呼声此起彼伏。

此外，景甜在盛典现场表示："其实吸引我来这次晾霸十周年盛典的最大原因是，我联名设计的晾霸风神K3新品发布了，作为联名设计师，我当然要为风神K3产品发布出一份力。"谈及为何会跨界设计工业产品时，她表示："其实能跨界做产品设计师，让我觉得蛮神奇的。之前因为经常在南方拍戏，像《火王之破晓之战》就是在杭州、象山拍摄的，我觉得南方的天气特别潮湿，衣服总是干得慢。后来有一次我在和晾霸的工作人员沟通时，聊到这个现象，没想到他们就根据我的需求，研制了一款智能晾衣机。并且这款风神K3产品与即将要跟大家见面的新电视剧里我扮演的风神千瞑气质相似且角色同名，我想这就是最大的缘分。"无疑，在景甜与日俱增的人气之下，与景甜即将播出的新剧同名的晾霸新品风神K3也必将乘势而上，让更多消费者了解并使用。

最后，为了满足在场所有嘉宾与景甜互动的心情，张默闻策划团队也为其设计了全场大合照环节，引起了在场嘉宾的阵阵欢呼，一时间将盛典的氛围推向高潮。

作为晾霸品牌代言人、晾霸新品风神K3的跨界设计师，景甜参与了记者见面会，并现场揭秘了晾霸新品风神K3跨界设计的故事。

以下为现场采访实录：

**记者：**景甜老师您好，您此次跨界设计晾霸新品风神K3的过程中有什么好玩的、有趣的故事吗？可以和我们分享一下吗？

**景甜：**虽然家里也用了晾霸智能晾衣机，但是对产品研发层面还是一窍不通的。这次参与了晾霸风神产品设计，了解到了很多工业设计的小技巧。比如说25°的斜角送风等，超乎我的想象。在参与产品设计过程中，我也总在想：使用这款产品的消费者真的很幸福，因为所有你担忧的事情，我们晾霸风神K3产品都替你想到了。

**记者：**您提到了25°出风口的设计，那这种设计是基于怎样的考虑呢？您会推荐您的身边的朋友用吗？

股东与代言人（从右到左：陈凌云、李爱群、汤智文、景甜、曹俊煌、刘海辉）。

合影景甜老师。

**景甜：** 一些衣服的某些地方很难干，比如说卫衣的帽子下面。于是，在沟通的时候，我就咨询了工业设计师是否可以加大风量，直吹衣服。设计师在听了我的意见后，在工业层面对直吹的鼓风机做了细节调整，最后这款产品才拥有了斜角 25°出风口的设计。我觉得风神 K3 挺实用的，如果朋友需要的话我会给他们推荐这款。

**记者：** 据了解，您在 2016 年就代言了晾霸智能晾衣机，请问您当初为什么会选择牵手晾霸？

**景甜：** 在没有代言晾霸以前，我家里就在用晾霸智能晾衣机。大家都知道演员平时特别忙碌，所以在难得休息的时候就希望能够更轻松地去解决生活上的难题。而晾霸智能晾衣机能够很轻松地解决我在晾衣上的问题。因为有了很好的体验，所以当晾霸找我代言的时候我当然就很开心地接受了。

**记者：** 从 2016 开始接触晾霸，时隔两年再次来到现场，您觉得晾霸在这两年时间里有什么变化吗？

**景甜：** 变化还是蛮大的，尤其体现在产品和品牌形象上面。首先在产品上，现在的晾霸晾衣机多了很多新的功能，能够更人性化地帮助到人们的生活。其次在品牌上，有时候赶通告的时候我都能在机场和高铁站看到晾霸的广告。这次活动现场的人气很高，大家都非常热情地参与其中，让我感受到了晾霸企业的感染力和正能量。

**记者：** 2018 年是您出道的第 12 年，12 年的坚持和努力让您获得了现在的成就。而晾霸在十年的发展中也一定历经了很多风雨，您作为代言人，对晾霸的未来有什么想说的话呢？

**景甜：** 其实做企业和做艺人是一样的，都需要不断去提升自己的能力，让自己能够以更好的形象出现在公众面前。在设计风神 K3 的时候，设计师很仔细地问过我的想法和意见。设计师更多的是把我当作一个普通的消费者去关心，关心我想要的是什么。我觉得这对于一个企业是很重要的，单凭这一点我就相信晾霸未来能够发展得很好。

在晾霸十周年盛典暨 2018 新品发布会上，代言人景甜空降现场，点亮了整场盛典，也拉开了晾霸新的十年发展的序幕，这意味着晾霸在未来新的十年的发展也必将像此次盛典一样盛大而辉煌。

**火爆业绩：政策利好销量破亿签单总额创新高**

一场漂亮的胜仗不仅需要在会议氛围中发力，更应该体现在实际销量上。在 2017 年晾霸势不可挡·共享霸业中，晾霸的销量就已比去年同期连翻 5 番，在如此高速增长之后，十周年盛典势必要在提高销量上更加发力。

对此，张默闻这厮要求：第一，在盛典上，一定要树立经销商中的榜样，正所谓一个超级的榜样超越所有的管理，对晾霸广大经销商而言也是一样，成绩较好的经销商将会是成功的案例，激励后面的经销商们不断向前冲；第二，一定要注重政策激励，要谈晾霸集团发展的决心和对合作伙伴开展营销的支持，要真诚而极具刺激性，要有诱惑力也能把支持落到实处；第三，提高销量就是提高经销商对新品的买单量，那么新品发布的内容不可小觑，要提高重视程度。

于是，在张默闻这厮的理论指导和精心策划下，盛典现场，晾霸集团隆重举行了十周年经销商颁奖盛典，对过去一年成绩出色的经销商进行了表彰，值得注意的是在颁奖环节的最后有 3 位重量级经销商分别上台领奖，并发表感言。"陪伴晾霸已经十年，我相信晾霸，也用实力去让更多消费者买晾霸，在北京晾霸已经是行业的标杆了！"晾霸十周年杰出贡献奖的北京经销商得主深情表示。有了如此成绩优异的经销商作为行动表率，晾霸十周年盛典才能凝聚更多合作伙伴的力量，实现销量新高。

为了感谢这些在前线奋勇拼搏的战士们，晾霸集团内销部负责人也为在场的合作伙伴献上了一份大礼，现场公布了晾霸集团 2018 年的全新营销政策与服务方案。空前的优惠政策受到了合作伙伴们的热烈欢迎，会场掌声不断。签约区，合作伙伴们早已将晾霸集团的工作人员围得水泄不通，现场订货气氛持续高涨，屏幕上的动态销量数字不停翻动，最后停留在 129580000 元的交易金额上。这意味着本次大会现场签约订单较 2017 年同期增长了 200%，一举破亿，创造了行业奇迹。

一位来自江浙的合作伙伴在成功签单后，还特意拍照发了朋友圈表达自己内心的惊喜。他坦言自己在听完整场大会后，看到了晾霸集团最新的智能晾衣机新品就感觉很兴奋，风神 K3 和景甜即将推出的电视剧同期上市，并且还有跨界设计师的背书，让他对这款新品的未来充满信心。还有一位来自北方的合作伙伴表示，"当刘总在台上说'小晾下降'，后面的母婴机 Q5 产品就立即下降时，真的让我十分兴奋，我敢断言这款产品一定大卖。"

**感恩晚宴：浓浓情谊点燃晾霸十周年生日晚宴**

时光荏苒，岁月如梭，十年前的晾霸，五个人，几千块启动资金，怀着满腔热血，走上创业路。从中国第一台真正无线遥控电动晾衣机，到六大新品惊艳亮相；从无人问津，到走进千家万户，为数千万国人带去幸福的晾衣体验。晾霸作为智能晾衣领域的前瞻者，和全行业一起，树立起了晾衣文明的新标杆。这些成就，离不开社会各界的鼓励支持，更离不开晾霸人的聪明才智和辛勤汗水。正是怀着这样一颗感恩之心，晾霸以"携手 同心"为主题，开启了晾霸集团十周年生日晚宴。

晚宴一开始就是一段温馨的祝福视频。对晾霸人来说，晾霸就是一个温暖的大家庭，他们在这里拼搏奋斗，也在这里梦想起航。一位在晾霸十年的老员工在视频中感慨道："我是公司的第一个员工，在晾霸已经十年了。晾霸能够发展到今天这样的成绩，我由衷地感到骄傲。"他表示，今后也将同晾霸一起，再创辉煌！各个大区团队更是整装待发，气势磅礴，将"中国晾 霸世界"的口号喊得响彻云霄。

如果说"中国晾 霸世界"是晾霸新十年行动口号，那么"携手 同心"就是晾霸一路走来的精神指导。十年艰辛创业路，印满了晾霸创始人艰难曲折、勇敢无畏的脚步。张默闻这厮作为张默闻策划集团董事长和创始人，对创业者的历程深有体悟，在与晾霸创始人和总设计师陈凌云促膝长谈后，他大笔一挥，将陈凌云创业这些年来的点滴岁月都融进了诗词《十年》里。

以下是创始人陈凌云朗诵词《十年》节选——

十年，
总有一个睿智的思想引领晾霸裂变，
总有一个声音告诫我们往前看五年，
从 M1 经典到 M07 母婴，
从 120 项专利到至尊红棉，
从精益生产到阿米巴经营，
从埋头制造到制定行业标准，
从散样网点到 1200 家专卖店，
晾霸橙飘扬在高铁和机场之间，
晾霸闪耀央视，
登陆中央人民广播电台，
晾霸爱心图书圆梦乡村少年，
爱心基金温暖晾霸人的心田，
景甜在为我们的晾霸代言。

可靠消息,订货超越 2017 年。

晾霸创始人陈凌云先生深情朗诵《十年》。

十年晾霸情，值得感怀，更值得庆祝。伴着小朋友们宛如天籁般的生日快乐歌，晾霸集团董事李爱群亲自推着蛋糕来到台前，另外几位股东——董事长汤智文、创始人陈凌云、总裁曹俊煌、总经理刘海辉、总裁助理谭玲、总经理助理贺令芝、品牌运营中心媒介主管赵仕云、营销二部副总经理沈阳、营销一部副总经理吴俊、总经理助理兼品牌总监郑荣、品牌运营中心设计主管邓发瑰、生产主管李远林也来到台上，携手为晾霸切蛋糕。十年了，晾霸在十三位股东的精诚合作下揭开了中国高端智能晾衣机发展新的一页。这举杯共庆的一幕，就像一道历经风雨的彩虹，绚丽而美好。

整场晚会在就在这样感恩与温暖的氛围中落下帷幕，所有晾霸人的心却跳动得越发激烈。他们知道，这只是晾霸前十年耕耘的结束，却是百年品牌的刚刚开始。未来十年，他们将携手共进，在新时代中扬帆远航，共同开创晾霸集团的辉煌明天。

此次"中国晾·霸世界"晾霸十周年盛典暨2018全球新品发布会的顺利召开，不仅标志着晾霸2018年年度新品成功发布，也标志着晾霸下一个十年品牌的全新起航。前十年，晾霸与中国智能家居行业共同发展，让高端智能晾衣机从中国走向了世界；未来十年，晾霸将适时而变、开拓创新，让更多智能家居产品走向世界，助力晾霸品牌全面腾飞。

特别致敬李爱群：晾霸集团的存在皆因她而起；陈凌云先生因爱她而创办晾霸。

晾霸十周年生日快乐，两位亲生父母，喜不自禁！

晾霸十周年，全体股东携手同心。

| 晾霸不怕坏 谁用谁喜爱 |

被美女包围。

【大奖现场】

# 晾霸营销案例荣获中国品牌策划大奖
# 携手张默闻这厮开启智能晾衣新时代

2017年3月30日,《中国广告》杂志社主办的2017年第十六届中国广告与品牌大会在上海盛大开幕。作为张默闻策划集团的年度全案服务客户,晾霸《晾出爱 不等待》这一整合营销传播案例喜获中国广告年度大奖"品牌类"——"中国广告品牌策划年度大奖"!

"中国广告年度大奖"由中国广告杂志社、上海市广告协会主办,中国中央电视台协办,是为表彰中国地区当年广告与媒体领域所取得的成就而设立的重大奖项,聘请近70名广告界与传播界的权威、资深的知名专家组成评委会,通过严格、公正、专业的评审程序选出,是中国广告业界最具权威性的奖项之一。

据了解,晾霸此次"晾出爱 不等待"营销活动采取六项重拳组合出击,品牌借势明星代言、品牌造节运动,策划以"关爱家人,为爱减负"为主题的走心微电影,以及利用代言人电影营销热点借势等案例,建立起有效精准的品牌营销策划。这些活动不仅提升了晾霸的品牌知名度与美誉度,同时对晾霸智能晾衣机全新品类进行推广,突破智能晾衣市场发展的瓶颈,从而获得成功。

值得一提的是,晾霸集团为了实现品牌的全面升级,与张默闻策划集团达成战略合作。作为创作了无数经典营销案例的策划大师,张默闻这厮全身心投入为晾霸品牌形象提升出谋划策。通过对晾霸市场状态的深度调研和分析后,为晾霸制定了"晾霸不怕坏,谁用谁喜爱"这句直指消费者买点的品牌广告语,并规划了晾霸集团全新的营销模式和全方位、立体化的品牌传播策略。

此次,晾霸获得"中国广告实效案例大奖"及"中国广告品牌策划年度大奖",开启行业品类攻坚战役、以创新整合营销模式突破行业局限的先河。在张默闻策划集团的品牌护航下,晾霸集团将会实现品牌的全面升级,成为智能晾衣行业的阳台霸主!

鉴于张默闻这厮出色的品牌创意和对晾霸踏实的营销传播,晾霸获得"中国广告实效案例大奖"及"中国广告品牌策划年度大奖"。

# 创明智能窗帘
# 五星级酒店都在用

—— 中国遮阳行业隐形冠军品牌创明智能窗帘买点策划纪实

## 买点策划

对于智能窗帘来说，消费者的真正需求是什么？他们那杆"买点秤"的另一头究竟放上了哪些内容？张默闻这厮在深入市场一线调研后得出结论：消费者表面上买的是窗帘，其实买的是品牌、买的是品质、买的是品位，而这些加在一起，才完整地构成了购买创明智能窗帘时内心的"一杆秤"。鉴于此，张默闻这厮创意性地将创明命名为"创明智能窗帘"，解决了品类识别性问题；大胆提出"阳光一键掌控"的品牌主张，解决了产品使用性问题；借势提出"创明智能窗帘，五星级酒店都在用"的核心诉求，巧用五星级酒店打响了创明的品牌和傲人的品质。张默闻这厮这一连串组合拳满足了消费者对购买创明智能窗帘的所有期待。绝妙的买点一经提出，立刻获得了合作伙伴和消费者的高度赞赏与追捧。

## 【品牌大事记】

- 1997年,创明在广州正式成立,推出首款电动窗帘轨道CD400创明电动轨
- 2001年,入选中国建筑装饰协会会员,选举产生首届董事会、监事会
- 2004年,全面实施全国销售分区管理,整合销售渠道,正式成立华南、华东、华北、华中四大营销中心
- 2006年,成立窗饰、五金塑胶制品生产制造公司,发起成立中国建筑节能遮阳专业委员会并担任协会副理事长单位
- 2007年,公司参与中国建设部8项遮阳技术及行业产品标准制定
- 2008年,创明正式进驻佛山市三水区范湖工业区建立生产基地,并成立成品帘事业部
- 2011年,创明进驻广州科学城科汇金谷总部基地;零售及工程市场拓展双丰收,销售业绩创历史新高
- 2013年,创明上海、北京生产基地建成,荣获"科技小巨人"称号
- 2014年,公司成立窗帘渠道和工程渠道运营中心;成品帘区域总经销开始全国范围内招商
- 2016年,公司与中国排名第二的策划公司——张默闻策划集团达成战略合作,创明的品牌与视觉迎来革命性升级;成为中国建筑装饰装修材料协会建筑遮阳材料分会副会长企业单位、中国智能家居产业联盟理事单位
- 2017年,企业新VI正式启用;创明商学院正式成立,内部人才培养机制全面启动
- 2018年,创明启动全国高铁广告投放,正式宣告创明从行业隐形冠军走向中国智能遮阳一线品牌

广东创明遮阳科技有限公司创始人、董事长陈凌云先生对创明品牌取得的成绩露出微笑。

随着人们生活品质的不断提高，智能家居概念逐渐深入人心，智能窗帘等产品逐渐进入大众视野。广东创明遮阳科技有限公司（简称：创明）成立于1997年，20多年来一直专注于窗饰遮阳产品的研发、工艺革新及应用的研究，承诺以专业的团队、专业的技术为客户提供最专业的服务。经过20多年的发展，创明建立起了包括室内窗饰遮阳，建筑外遮阳，手动、电动窗帘导轨系统，智能家居四大产品体系，致力于为居住、办公、公共类建筑提供手动、电动及智能化窗饰遮阳解决方案。目前，创明的产品出口到世界80多个国家和地区，成为中国遮阳行业无论是产品技术，还是品牌服务方面都具有行业影响力的企业集团。

2017年，在董事长陈凌云的带领下，广东创明遮阳科技有限公司正式与张默闻策划集团达成战略合作，拉开了创明遮阳从行业隐形冠军到大众所熟知的公众品牌变革的序幕，双方在战略、品牌、视觉、传播、创意等方面展开了全方位的合作，力争将创明智能窗帘打造成为遮阳行业的焦点和推动行业发展的新希望！

## 【市场洞察】

## 大数据、大调研才能诞生大策略

没有真正的调研就没有真正的发言权。张默闻策划集团认为，在市场如此细分的当下，企业间比拼的绝不仅仅是运营策略和产品创意的单一层面，而是综合企业实力、行业前景、产品创意、资源整合等全系统性的企业战略。因此，在精准的大策略和大创意出炉之前，作为主料的行业数据和企业调研必不可少。也只有通过近乎苛刻的市场调研，才能尽可能了解足够的信息，将信息外延不断扩大，并融会贯通，精准找出消费者关心的买点，才能最终诞生令人惊叹的好策略。

对于智能遮阳行业这个与日常生活有"认知隔离"的行业，张默闻这厮自然不敢掉以轻心，不仅对所在行业进行精准调查，并且深入创明内部，深度调研倾听内部员工的声音。唯有一丝不苟才能不负创明的期望，真正做到对每一个服务的品牌负责。

**大数据：智能遮阳行业迎来井喷式发展**

世界著名建筑大师柯布西耶曾这样描述："建筑的历史就是为光线而斗争的历史，就是为窗子而斗争的历史"。在日常家居生活中，门和窗是能量流失最多的地方，据统计，目前我国 95% 的建筑都是高耗能建筑，而在这些高耗能建筑中，一半的能量是通过门窗流失的。面对建筑物能耗流失居高不下的现状，推广建筑隔热保温便成为重中之重的内容，也是建筑节能技术的重点，它代表着建筑节能技术的发展方向，而遮阳技术就是建筑隔热保温通风技术的代表，是实现建筑节能的有效途径。

行业数据显示，在节能环保的大趋势下，越来越多的智能遮阳产品活跃于市场之上，使用率也正呈现出白热化的状态。特别是在一些新建的建筑中，智能遮阳产品被广泛应用于其中。值得一提的是，在 2017 年的上海两会上，政协委员们联名提交的《关于大力推进建筑遮阳的建议》提案，把"建筑遮阳"一词带入公众视野。委员们认为，建筑遮阳是实现绿色建筑节能的有效途径。随着国内居民消费力的提高及建筑节能逐渐成为趋势，智能遮阳这个新的产业正进入快速发展阶段，它将从大型公共建筑逐步走向家庭。

智能遮阳控制系统能根据精确的阳光跟踪器、湿度感应器传输的数据自动控制所有遮阳百叶升降及角度变化，达到最佳的节能效果。对于注重家居生活的用户来说，智能遮阳系统在为用户带来舒适便捷生活的同时，也达到了节能环保的效果，是科技和环保的完美结合。智能遮阳系统，不仅遮挡了通过玻璃影响室内过热的热辐射和紫外线，杜绝了光污染，而且阳光也能被随心调度，使居住环境贴合消费者需求。

近年来，智能家居市场不断扩展，不少智能遮阳产品也融入了智能家居控制系统中。不可否认，作为建筑智能化不可或缺的智能遮阳系统，伴随着技术的不断进步和建筑智能化的不断普及，将有更广阔的发展空间。可以预见，智能遮阳行业必将在政策和市场的双重利好下迎来井喷式发展。

**大调研：张默闻亲力亲为倾听总部声音**

没有调研就没有发言权，因此，在仔细探索行业动态后，张默闻这厮马不停蹄地南下广州，亲自调研创明总部。张默闻这厮认为，企业内部格局决定了企业未来发展的战略方向，想服务一家企业，深入细致的内部调研不可或缺！

2016 年 12 月，受广东创明遮阳科技有限公司的盛情邀请，张默闻这厮率精英团队前往创明总部，与创明数十位高管团队进行深度会谈，一站式解决品牌营销问题。在调研过程中，张默闻这厮发现，虽然创明作为中国智能遮阳行业的隐形冠军，创明的营销及服务网络遍及全球，然而在品牌层面上却相对不足。尤其是在智能遮阳行业无品牌无认知的当下，创明更应该一鼓作气，通过升级标识、升级品牌视觉、塑造品牌核心买点等一系列操作，从细节出发，强势发声，将创明品牌打造成中国智能遮阳行业中的领导品牌。

张默闻这厮深入创明集团与创明高管们亲密会谈。

张默闻这厮认为，创明的市场包括室内窗饰遮阳，建筑外遮阳，手动、电动窗帘导轨系统，智能家居四大产品体系。对于建筑外遮阳等作为工程项目，终究不为行业外的目标受众所熟知，而这对于想要在品牌影响力上迅速扩张的创明而言不是最佳选择。而创明真正能够迅速提升销量、深度引发品牌影响力还得聚焦手动、电动窗帘导轨系统以及配套的室内窗饰等，但这些优质的产品暂时却未能直接面对消费者，而被更多地用于资金充足、注重产品档次的星级酒店和饭店。同时，随着智能家居概念逐渐深入人心，智能家居势必会逐渐被广大消费者所接受。在此情况下，创明一定要做好充分准备，把握先机，在保证产品线体系不变的情况下，打造明星智能产品抢占消费者买点，与广大消费者直接对话。

张默闻这厮表示，要把该产品的核心诉求推出市场，聚集产品势能。第一，产品本身才是企业能够获得巨额盈利的基础，用产品为创明品牌发声；第二，创明目前的第一要务就是打破行业内无龙头品牌的现状，抓住这个千载难逢的机会，从隐形冠军转为真正的有品牌影响力和销量的冠军。

结论是清晰的，深度的内部调研已经为创明指明了未来前进的方向，在张默闻这厮指导下的创明即将迎来腾飞的风口。

【品牌创意】

# 走心的品牌创意是对买点的深刻洞察

如果你想造一幢大厦，先不要雇人去收集石砖，而是要激起人们对高楼大厦、对天空的渴望。而如果你想激起人们内心的渴望，当务之急就是先对人性进行深刻洞察，只有抓住人们心中藏匿最深的买点，才有可能做出最走心的创意。

**走心的买点创意要先实现品牌的沟通**

从初创到崛起，创明已在市场翻腾 20 多年。这 20 多年，在强敌环伺的家居产业下，创明一路走来十分艰辛，翻天覆地的变化席卷了中国的各行各业，遮阳产业也依靠被火热讨论的智能家居概念被广大消费者所了解，但工程类项目的逐渐扩张并没有给遮阳产业走进千家万户带来更多技术上的突破。对此，张默闻这厮表示，要改变观念，先要实现品牌与消费者的买点沟通。

创明，顾名思义就是"创造美好明天"。就创明的品牌价值而言，创明产品的本质就是为了给人们带来更舒适的生活。纵观人们日常生活的各大场景，办公室、体育馆、博物馆、商场、酒店、家庭，无论是哪一种环境都离不开窗饰。创明董事长陈凌云表示，创明就是每个人身边的窗饰智能遮阳专家。

但产品层面上，丰富的选择空间也无法遮掩创明在行业属性命名上的缺憾。张默闻这厮表示：要想使创明走进消费者的心中，就要首先在品牌命名上实现与消费者沟通，创造一个能够被大众所熟知的品类名称。

品牌命名的本质就是降低传播成本。能够一目了然地告诉消费者我们的品牌究竟是做什么的，是品牌命名的真谛。于是，张默闻这厮创意性地提出了"创明智能窗帘"的概念。智能窗帘概括了遮阳、窗饰等众多品类，更重要的是，智能窗帘本身就是一个通俗、易懂的词语，能够大幅降低传播成本，使品牌宣传点和消费者心目中的买点完全契合，寄予了创明和张默闻策划集团的希望。

**走心的买点创意要深刻地洞察消费者需求**

真正好的创意，绝不在任何人的天马行空的脑子里，而在购买产品的目标消费者心中。而张默闻策划集团需要做的就是帮助客户把产品中能够吸引消费者的那些隐藏的闪光点一点点整理出来，再重新进行包装，形成更具吸引力的买点，以最合适的方式呈现在消费者

精彩的提案让创明高管们目不转睛。

张默闻这厮提供的每款标识都堪称精品,陈凌云董事长只好发动大家现场投票。

张默闻这厮对于最后确定的标识非常满意。

面前。

由于社会的进步和经济的发展，中国消费者对于产品品质的追求也不断升级。对于创明智能窗帘而言，随着近年来 AR、VR 等智能概念及技术的普及，人们对于家居智能化产品的接受度也大幅增加。那么消费者在购买智能窗帘时究竟在思考什么呢？对此，张默闻这厮表示，智能窗帘的关键诉求点还是在于智能二字，它能够给消费者提供更舒适的生活享受，而生活享受背后的更深层次的洞察又是什么？张默闻这厮认为消费者对于生活游刃有余的掌控感就是最大的买点。

所谓洞察，是具有销售力的细节发掘与展现的过程，更是对消费者内心深度挖掘与表现的过程。而对创明智能窗帘而言，它能够解决的是通过智能控制窗帘的开关给使用者提供最大化方便的问题。在洞悉到这一点之后，张默闻这厮迅速提出，一定要聚焦阳光与智能窗帘的联系。因为在夏天，大多数人厌恶阳光的炎热，但在冬天，人们又期待阳光的温暖，人们不愿意被阳光支配，更愿意方便、快速地支配阳光，享受随心所欲的"掌控感"。这种矛盾与冲突，是大多数人内心的真实表现，更是创明智能窗帘打开市场的绝佳机会。

所以，作为品牌策划人，一定要时刻了解消费者在想什么，消费者行为背后的动机是什么？然后用感性的、真诚的、创意的文字感动消费者，让品牌传播更有力度。从消费者角度思考，更契合买点的创意才称得上是最好的创意。

**走心的买点创意还要犀利地表达产品诉求**

除了将消费者洞察作为寻求创意的最佳方式外，走心的创意也离不开犀利的文字表达。张默闻这厮一直认为，每个广告都必须向消费者呈现对手无法提供的诉求。因为只有将产品最独特、最具排他性的诉求表达出来，才能抢占消费者的心智，在品牌遍地开花的市场中抢占有利地位。此外，张默闻这厮还表示，不能为了创意而创意，而是应该将原本就根植人心的观点、细节表现出来，直接表达品牌的核心诉求，与消费者内心的买点形成互动。

文案大师 Tim Delaney 将文字的力量归纳于内心和价值观。这就要求在做创意之前，必须要先想清楚品牌需要创造什么价值？为消费者解决什么问题？社会为什么需要这样一款产品？对于创明智能窗帘而言，张默闻策划集团认为，创明智能窗帘正是为了解决窗帘的智能开关问题，解决消费者对阳光的掌控问题，是一种用智能化的方式为人们提供更好生活条件的产品。再深层次探究，窗帘是为遮蔽阳光而生，那么创明智能窗帘的产品本质无外乎是更智能地解决了这一问题。一位使用创明智能窗帘的消费者告诉我们，使用创明智能窗帘很方便，只需"按一下"就能完成对窗帘的控制。这句话给张默闻这厮提供了一个真实而生动的细节：通过遥控控制的创明智能窗帘，只需轻轻一按，就能够实现对于窗帘的掌控。张默闻这厮瞬间拍案而起，大呼："是的，这就是消费者内心真正的买点"。于是，"创明智能窗帘，阳光一键掌控"这句既符合消费者买点又能犀利表达产品诉求的广告语横空出世。

当这个创意随着创明的新标识出现在创明合作伙伴和媒体朋友面前时，很多人对张默闻策划集团的创意灵感和精准策略表示惊叹。有一位创明的合作伙伴对张默闻这厮说道："之前的创明更像是一只没有方向的睡狮，是您叫醒了它，还为它指明了方向。"当然，做创意的艰难在这一刻也随着阵阵惊叹和认可声烟消云散了，而张默闻这厮对客户认真负责的态度却永远不会消散，这也让更多人期待创明在张默闻策划集团的创意加持下，实现"创明"二字中蕴含的雄心和未来。

**【产品创意】**

# 用上产品、爱上产品方能让创意生得伟大

**想买点创意,就要先迷恋上创明那些激动人心的产品**

为一款产品寻找买点前,首先要做的就是了解、使用这款产品;为一款产品做创意前,首先要做的就是爱上这款产品。在张默闻这厮为创明智能窗帘做创意之前,特意跟陈凌云董事长要求,先把创明智能窗帘带入他的生活中。于是,在一个明媚的午后,创明智能窗帘来到了杭州,来到了张默闻这厮身边。

仅仅一个月的相处,张默闻这厮表示,他爱上了那款能够根据太阳方位自动调节遮阳角度的创明智能窗帘。无论阴雨天还是高温天,创明智能窗帘总能调整好应有的角度,给室内人温暖如春的体验。不仅如此,陈凌云董事长亲自向张默闻这厮介绍了创明智能窗帘产品的其他几个重要特点:

1. 节能。在夏季,将百叶片调整到关闭状态时可以阻挡阳光的直接照射,阻隔冷热空气的对流,大幅度降低室内空调的能源消耗;在冬季,可将百叶收起,使阳光直接照射室内,加上中空层的阻隔,使室内保暖温度大大提升,从而达到节能的目的。

2. 安全。智能窗帘在起到遮阳作用的同时,合理调节遮阳百叶的角度,还可将自然光引导到室内,在营造具有个性化私密空间的同时,又能够创造令人心旷神怡的居住环境。

3. 防尘、防油烟、防污染。创明智能窗帘由于运用了高科技的磁感应传动系统,使百叶片的闭合开启、上下升降更为简便;百叶片的窗帘无须清洁,达到省时、省力、省钱的效果。

4. 隔声好。据检测,中空玻璃一般可使室外传递至室内的噪音降低,中空玻璃内置百叶窗会使室内噪声更低,确保完美的隔声效果。

此外,创明智能窗帘作为遮阳行业的领军品牌,在行业创新方面也首屈一指:创新采用铝合金材质,推动窗帘轨道从原始钢管向滑轨转变;提出将电动窗帘产品推广应用到家居遮阳的理念,在行业内率先打通全产业链的生态环境,保障产品品质。听完介绍后的张默闻这厮表示,唯有将产品研发和科技创新这两项企业发展的力量不断革新,才能点燃品牌发展的强大引擎。

**做买点创意,就要确定使用场景,让创意在场景中说话**

当今社会,智能窗帘对于人们的日常生活的影响日益重要,无论是从遮阳、遮光功能,

# 明智能窗帘
阳光一键掌控

还是从氛围装饰功能方面,都体现了智能窗帘在家居空间、办公空间、商业中心、公共建筑等方面的实用性。其中,张默闻这厮敏锐地圈出了创明智能窗帘需要面对的首要需求者——酒店。

众所周知,中国普通消费者对于智能窗帘仍处于"认知隔离"的状态。虽然近年来智能家居概念逐渐被普及,但智能窗帘作为其中的一个小分支,依旧不温不火。改变消费者的使用习惯是一个漫长而艰难的过程,并非一朝一夕所能达到。因此,张默闻这厮认为,创明智能窗帘要想走进千家万户,就要首先将品牌建设为智能窗帘行业的知名品牌,再逐渐将智能窗帘产品推向广大消费者。

那么目前,创明智能窗帘最大的需求者是谁呢?毫无疑问是酒店。不少酒店为凸显高档的形象,在酒店家居选择上会选用智能窗帘,而这正是创明智能窗帘的大好时机。创明智能窗帘不仅能瞄准酒店这一需求用户,扩大企业销量,还能通过高端酒店的影响力,影响消费者,塑造其高端品牌的形象。

在竞争激烈的市场中,庞大的信息和消费需求让品牌主传递信息的难度越来越大。对此情况,张默闻这厮认为,企业不能再采取广泛创意的传播,而是要塑造真实的场景,抢占目标受众的认知。创明智能窗帘要选择在五星级酒店的场景下进行品牌传播,让创明智能窗帘与五星级酒店进行捆绑,建立联系。于是,张默闻这厮为创明智能窗帘创意的全新产品广告语——"创明智能窗帘,五星级酒店都在用"诞生。

**出买点创意，五星级酒店都在用强势出击引好评**

意料之外却是情理之中。当张默闻这厮在创明 20 周年庆典上将"创明智能窗帘，五星级酒店都在用"的创意公布时，受到了创明总部、合作伙伴和上百家媒体的高度赞誉，现场掌声雷动，不少与会嘉宾在现场就发了朋友圈分享这一创意，引发了一场广泛的二次传播。

会议上，不少人被这句广告语所打动。一位来自北方的代理商坦言："虽然创明一直以产品质量在行业著称，但是因为没有强大的曝光度和知名度，一直很难被真正的普通消费者所了解，想要快速提高销量，就只能一家一家跑、一家一家约谈，非常耗时耗力。感谢张老师不仅为我们梳理了消费者真正的买点，而且还巧妙创意了广告语，这句话正是我们一直想说却没有说出口的，张老师不愧是广告策划的专家。"

做创意不容易，能做出获得客户及其合作伙伴一致认可的完美创意更不容易。创明品牌的标识及广告语的正式发布为创明智能窗帘带去了强大的品牌宣传势能。在张默闻策划集团的创意加持下，创明必定能在不久的将来成长为智能窗帘行业的新标杆！

## 【标识设计】

# 一个好的标识能说话、会传播、直击买点

**一个好的标识是需要结合企业情感的**

　　企业标识是一个品牌记忆的终极符号，它不仅是品牌的联想与产品的使用感受的凝聚，更是一个企业精神气质与品牌个性的体现。据创明董事长陈凌云介绍，"创明"来源于"共创美好明天"的寓意；英文"wintom"既是"win"和"tomorrow"的结合，表达了企业希望通过不懈努力去赢得明天的美好愿望，同时"wintom"又是"window"和"tomorrow"的组合，隐含明日之窗的品牌内涵。

　　在一次聊天中，陈凌云董事长为大家分享了自己的创业故事。1995 年，在湖南上大学的他学的就是机电专业，与电器接触的机会很多，在一次上课中，被不断起身拉关窗帘的动作弄得烦躁不已，顿时萌生了把手动窗帘做成电动窗帘的念头。大学毕业后，陈凌云就跟朋友凑了几万块钱来到广州开始创业。在 20 世纪 90 年代的中国，智能化概念还未进入人们的视野。陈凌云董事长以前瞻性目光和行动力让智能化不再是国外企业的标签，让中国制造业拥有了自己的智能化发明专利。在 20 多年的创业路上，创明发展的每一步都在面临选择，此次与张默闻策划集团合作，完成创明 VI 视觉系统的全新升级也是创明在企业发展中的关键一步。在听完陈凌云董事长的创业故事后，张默闻这厮深受感动，感叹道："真正的智能生活终于不是有钱人的私属品，而是真真正正地走入了普通百姓的生活中，今天创明做的就是这件事，让平常人也能享受到智能生活的超凡体验。"

　　张默闻这厮认为一个好的标识必须遵循四大要素，即"关联性""识别性""国际性""产业性"，使消费者一见到标识就对这个品牌建立初识印象，更快更深刻地建立品牌记忆，减少沟通成本。在观察创明旧标识的过程中，张默闻这厮发现，原有标识的设计采用了红蓝相交的色调，蓝色为主，红色为辅。整体色调较为陈旧，不够现代；字体则采用了繁体字，标识辨识度低，既无法呈现出创明遮阳的行业属性，也没有体现出创明智能窗帘的科技感。在深入研究整个智能窗帘行业与创明本身的企业文化背景后，张默闻这厮提出，创明的新标识必须体现创明自动化、智能化的一面，同时要符合"阳光一键掌控"的口号（Slogan），将"共创美好生活"的寓意融入其中。新标识将太阳的温暖与开始键的结合，象征着企业通过不懈努力为推动人类向智能化生活不断迈进的美好愿望。

**一个好的标识是需要融合产品特点的**

自 1997 年创立以来，创明一直坚持自主研发、自主创新的智能化发展道路。经过 20 多年的发展，创明由最初的仅做窗饰导轨、窗饰成品帘到现在发展并建立了包括室内窗饰遮阳，建筑外遮阳，手动、电动窗帘导轨系统，智能家居四大产品体系，创明始终致力于为居住、办公、商用类、公共类建筑提供手动、电动及智能化窗饰遮阳解决方案。

由张默闻这厮全新设计的创明标识由字母 C、M 组成太阳形态，代表了创明的首字母，同时中间的开关符号代表了智能和科技，将其用于太阳形体之内表达了控制阳光之意，这与企业的 Slogan"阳光一键掌控"不谋而合；开关按钮的运用，体现了创明智能窗帘在电动窗帘和智能家居领域的实力和决心。

这次企业标识的更新是为了让大家能够更清楚地了解智能窗帘行业，亲近消费者。在智能家居不断演化的今天，窗帘除了扮演遮光、遮阳、隔热、保温的作用外，更多地开始承担屋内装饰的作用。智能窗帘的出现将消费者的生活品质升级，它不仅能够根据室内环境状况自动调光线强度、空气湿度，而且能够平衡室温。让消费者能在下班回家，拖着疲惫不堪的身体想要好好休息一下时，不用再亲自去开闭窗帘；周末的早晨想要睡个懒觉，创明智能窗帘也会贴心地为消费者调节光感度，让消费者拥有更舒适的睡眠。

"让窗饰更完美、让家庭更温馨、让建筑更节能、让生活更智能"是创明在产品设计上的不懈追求，也是张默闻策划集团在标识设计上想要突出的企业精神。以对未来生活的无限想象推动企业的不断创新发展，让不可能变为可能，让不敢为变成敢为，是创明成为中国智能窗帘行业隐形冠军的重要原因。

**一个好的标识是需要便于延展应用的**

日常生活中，我们经常看到有许多标识的颜值很高，非常漂亮，但是它们的后期"延展性"却不尽如人意。造成这种问题的原因就是很多设计师把一些设计技法、表现形式等理论教条化，生搬硬套。

设计师赋予标识可延展的能力，能够让这个简单的小图标会说话而富有灵性。在创明标识的设计上，张默闻策划集团充分考虑了名片、宣传车、旗帜、活动物料等多个使用场景，赋予了标识新的生机与活力。2017 年 7 月 1 日，在"同心同行·创新谋远"创明 20 周年庆典暨全国行业交流大会上，新标得以充分延展应用。

大会上，创明集团全新品牌形象集结亮相，包括 20 周年庆典主画面、酒会画面在内的视觉内容均由张默闻这厮领衔创意设计而成。大会主画面、整场视觉与新设计的标识相得益彰，分外和谐。全新的 VI 一经亮相就受到了在场所有人的欢迎，大家纷纷表达了对

创明旧标识

创明新标识及其应用

创明智能窗帘 五星级酒店都在用 | 421

陈凌云董事长在创明全国代理商大会上首度公开新标识。

新标识的喜爱之情。一位代理商在采访时说道,"感谢张默闻老师的设计,今天我看到了一个全新的创明"。

  此次创明智能窗帘的视觉升级,是创明核心高层与张默闻策划集团经过对创明战略定位的重新审视之后,面对未来企业发展和市场全新机遇做出的重大决策。在品牌视觉塑造层面,全新的企业标识不仅加深了创明智能窗帘的直观视觉记忆,更体现出了创明与张默闻策划集团合作后,焕然一新的品牌形象和企业印记。相信在张默闻这厮的鼎力帮助下,创明能在智能窗帘领域迎来更广阔的发展前景。

**【视觉设计】**

# 买点思维、攻心策略、动心设计
# 让创明视觉别开生面

**统一设计、统一风格打造极致视觉**

VI 设计是整个企业识别中传播力和感染力最具体、最直接的识别符号。"统一性"是 VI 设计中必须遵循的原则，无论是基本要素系统还是应用要素系统在设计风格上都必须保持高度统一，即企业的各个信息在传播媒介中都要保持统一的形象，才能在消费者心目中留下深刻的印象。

在创明的整体 VI 应用设计上，张默闻策划集团采用了红色作为主视觉。红色，鲜艳明亮，表达出了创明积极向上的企业态度。虽说色彩本身并不具备具体的情感内容，但当它被运用到 VI 设计中，受到当地的风俗习惯、生活经历、审美情趣等众多因素的影响时，就会产生各种各样的各具特色的联想和体验，这就是因为其拥有了情感的意味在里面。

历数国内外将红色运用到极致的几个品牌，如中国银行的标识颜色就选用了颇具中国特色的红色，象征着热烈、喜庆、发展和富足等美好含义。

再说另一个国际大品牌"可口可乐"，自 1885 年第一瓶可口可乐发明以来便一直在不断开拓创新，其标识、包装、广告都在不断地演化、改进。但在标识颜色的应用上，可口可乐公司从员工着装到产品包装，从店面装潢到店内陈设就一直沿用红色。久而久之，人们一见到红色，就会联想到可口可乐，进而产生购买的可能。

无论是在创明内部办公用品、企业内外部建筑环境的应用上，还是在外部媒介传播、产品包装的使用上，张默闻策划集团都坚持视觉风格的高度统一，用具有中国特色的红色传递企业文化。统一设计统一风格的 VI 应用能够更好地使企业诉求与受众达成共识，让企业标识变成企业符号，开启打造百年品牌的第一步。

**绝妙创意、完美构图攻陷受众内心**

色彩是打开人们心灵的钥匙，色彩的选择在平面广告的传播上有着不可替代的作用。据一项调查表明，人们在挑选商品的时候存在一个"7 秒钟定律"，即面对琳琅满目的商品，人们只需 7 秒钟就可以确定对这些商品是否感兴趣。在这短暂而关键的 7 秒钟里，色彩的作用占到 67%，成为决定人们对商品好恶的重要因素。同样，一个好的广告在色彩的选择上也能让人引起思想上的共鸣、情感上的互动，最终触动消费。

由张默闻这厮指导设计的创明智能窗帘全新平面广告由红色和白色构成。白色部分形似太阳状的新标识简单醒目，搭配全新广告语"创明智能窗帘，五星级酒店都在用"，不仅可以准确地向受众传达品牌信息，而且能第一时间吸引潜在客户的关注与目光。

在户外平面广告的设计上，张默闻这厮一再强调"为了快速建立品牌形象和认知度，广告不是要多么唯美，能抓住消费者眼球才是王道。"经过多轮紧密的讨论会，最终为创明的广告传播锁定了一个单纯而有力的视觉符号——"红白"。红色与白色主次分明、层次清楚，给人简洁的整体印象，符合了设计户外广告"惜色如金"的原则，也避免了"视觉噪声"的出现。

作为主色的红色是中国人非常喜欢的颜色，红色代表吉祥、喜庆、热情，往往和发财、好运相联系。同时红色又可使人联想到血液，有一种生命感和跳动感。在各种色彩中，红色是象征性最丰富的颜色，它几乎触入了生活中的所有空间，具有极强的亲和力和包容力。相较于黑色的严肃神秘与冷色调的单调压抑，红色更能体现创明作为智能型企业的生命力和朝气。

除了红白的色彩选择以外，张默闻这厮为创明量身定做的 Slogan "创明智能窗帘，五星级酒店都在用"被醒目地印在平面设计的右边。红底白字的设计在最大程度上烘托了广告语，在色彩足以吸引受众关注之后，广告语又准确地为受众传达了品牌价值和品牌态度，使受众一目了然地获得信息，最终将品牌传播的效果放大到最大。

**精美画册惊艳全场开启创明新征程**

创明全新企业画册的封底写着一句话"创新，是荣誉，更是追求"。这本由张默闻策划集团倾心设计的全新企业画册于 2017 年 7 月 1 日亮相于"同心同行·创新谋远"创明 20 周年庆典暨全国行业交流大会上。全新画册以红色为主，与此次全新的 VI 视觉配套，无论在画册的视觉设计上还是内容编排上都令人眼前一亮。

在张默闻这厮看来，企业画册不是冰冷冷的图片与文字。巧妙利用得让创意文字化、视觉化，引发读者的阅读兴趣，为企业免费打一次次的重复广告，才是制作企业画册的原因及目的。这本画册的内容涉及窗饰发展趋势、窗饰应用、创明企业介绍等，由行业大背景入手，企业形象、企业文化、企业产品、企业服务全权囊括，带给观众卓越的视觉感受。

为了让本次创明企业画册和 20 年周年庆画册呈现出最完美的效果，张默闻策划集团不仅在文案上逐字精简，而且在整体视觉创意上精益求精，采用专业摄影技术，并进行了细致的后期处理，使得在三大新品画册上出现的图片色泽饱满、构图巧妙，完美地传达了创明智能窗帘"建一流企业，树百年品牌"的愿景。

如今智能窗帘的未来市场前景广阔，随着科技的发展，人们生活和工作条件的不断改善，电动窗帘越来越被人所接受，在欧美等发达国家，电动窗帘已被广泛应用。

设想这样一个场景，早上醒来，创明为你自动拉开窗帘，让阳光进入房间；晚上回家前，创明为你自动关闭窗帘，此时此刻，灯光明亮，室内一片温馨。有一句话是这样说科技的：真正的科技是让你感受不到科技的存在。对于创明智能窗帘而言，只要设定时间就能在回家后马上让全家的窗帘缓缓地关闭，免去了动手拉窗帘的麻烦，省时又方便。创明智能窗帘产品不但实现了电动化，还能通过红外线、无线电遥控、定时控制实现自动化，也可以运用阳光、温度、风等电子感应器，实现产品的智能化，降低人们的使用难度，延长窗帘产品的使用寿命。

除了不断地进行科技创新外，创明更秉持着一份推动社会进步以及实现人类美好生活的责任感。"创新，是荣誉，更是追求"不仅是创明智能窗帘对社会的承诺，也是张默闻策划集团在为每一位客户服务时不会忘记的初心。

张默闻策划集团为创明集团 20 周年庆设计的精美画册。

# 【营销大会】

# 一场漂亮的20周年庆开启创明遮阳新时代

**新闻回顾：**

2017年7月1日，"同心同行·创新谋远"创明20周年庆典暨全国行业交流大会在广州翡翠皇冠假日酒店隆重启幕。来自全国各地的合作客户、优秀经销商代表、供应商、行业专家以及媒体记者齐聚一堂，共襄盛举。会上，创明集团董事长陈凌云对创明的发展规划做出了分析及展望。今后，创明将启动品牌星级战略，发展太阳核心企业文化，开启智能窗帘新时代！

**大会第一帧：领袖规划高瞻远瞩打造新升级**

2017年，是创明成立的20周年。回首这20年，从3个人的创业公司发展到拥有多个分公司、子公司，员工数百名的现代企业，感慨和感动澎湃在每一位创明人的心中。

作为广东创明遮阳科技有限公司的创始人之一，董事范远斌在大会上做了《同心同行20年》的主题演讲，向大家讲述了创明艰苦创业时的难忘经历和创明这些年取得的成绩。20年前，3个湖南大学生怀揣着创业梦想，背上行囊，远走他乡来到中国改革开放的前沿——广州，一同创办了创明。那时候，没有厂房也没有办公室，就住在闷热的阁楼里，在骄阳下骑着自行车送货。"因为尝过拼搏的艰辛，才更能体会成功的喜悦。"范远斌如是说，正是这份追求成功的坚定信念，才使创明被行业认可，成为中国遮阳行业在产品、技术、服务、品牌均具全国市场影响力的企业集团。

对于取得优异成绩的秘诀，范远斌总结为四个"坚持"——坚持专注、坚持创新、坚持合作、坚持共赢。同时，他也感谢了一路走来帮助和支持创明的伙伴以及这么多年来和创明风雨同舟的创明人，是大家对创明的信心和信任，才能让创明走到今天。

回首过去是为了更好地展望未来，2017年7月1日，既是创明20周年庆典暨全国行业交流大会的开幕日，又是对过去发展总结和回顾的节点，也是开启创明梦全新征程的起点。在智能家居热潮愈演愈烈的今天，一方面，随着房地产市场的发展、人们对生活智能化的追求带来家居装饰和节能家具的需求让窗饰遮阳行业得到了迅猛发展；另一方面，行业竞争越发激烈，产品价格越来越透明，再加上互联网营销对实体经济的巨大冲击，创明未来的路该如何走下去，成了摆在创明管理层面前的重大问题。

对于创明的未来，广东创明遮阳科技有限公司总裁江河在《创明梦》的演讲里表示，每个企业都应该有自己的梦想，创明也不例外。创明作为采用员工持股制的企业，是每个创明人实现梦想的平台。今后，创明将坚持运用工匠精神做好产品和服务，运用合作共赢、财富共赢的经营理念发展企业，成就创明的上市梦，让更多的资源汇入创明，让创明智能窗帘成为行业第一品牌。

**大会第二帧：深深祝福浓浓期盼汇聚创明情**

情感是一种纽带，是连接每一个创明人的基础。对创明集团来说，每一位合作伙伴都是创明集团不可或缺的一分子，他们是战友，更是家人；对创明人来说，公司是一个温暖的大家庭，是创明人一起奋斗、成就梦想的地方。此次创明集团 20 周年庆典之际，来自世界各地的创明人或亲自来到会场或通过各种各样的方式给创明送上了最诚挚的祝福。

大会首先用一段汇集世界各地深深祝福的视频开场。视频里，全国各地的行业伙伴纷纷发来贺电，行业各大协会如遮阳协会、广东省建筑节能协会、中国智能家居产业联盟也送上了自己的祝福。他们表示，创明是智能遮阳行业的领军人物，一直以来为行业的进步做出了巨大贡献，希望创明能不断创新谋远，引领大家向前迈进，也祝愿创明能够继往开来、勇攀高峰，创造企业更美好的明天。和创明一直以来造福社会的理念一致，遮阳协会秘书长王军在祝福中强调他们会继续为创明做好服务，更要为消费者做好服务，和创明一起回馈社会。视频最后，很多国际友人也为创明献上祝福，他们都是创明在国外的合作伙伴，一直以来和创明合作得很愉快。据了解，创明目前已经建立起了完善的销售体系，成品销往亚洲、欧洲、北美洲 80 多个国家和地区，并在北京、上海、广州、武汉设立了四大运营中心，负责国内外的销售和服务。

广东省家用纺织品行业协会会长黄锦权则通过寄语的形式在《创明 20 周年纪念册》中表达了自己的祝福，寄语中写道："创明已经成为国内遮阳窗饰行业为数不多的著名品牌，为改善和美化广大民众的家居和公共室内环境做出了贡献。"他代表广东省家用纺织品行业协会对创明公司多年的支持与合作表示衷心感谢，并祝愿创明能够成为一个造福千家万户的明星企业。

在逐渐达到高潮的会议氛围中，创明董事长陈凌云登台致辞。他在致辞中回顾了每一任创明管理层所做出的成绩，感谢了一直以来相互信任、相互支持、团结合作的创明人，同时也对创明的发展寄予了殷切的希望。值得一提的是，会上，广东省家用纺织品行业协会、中国智能家居产业联盟、遮阳协会、广东省建筑节能协会的领导代表分别向创明送上

创明 20 周年庆典上最受欢迎的形象。

张默闻这厮在创明现场开讲啦:武装创明,标志先行。

不仅创明标识新颖独特,创明20周年的标识也不遑多让。

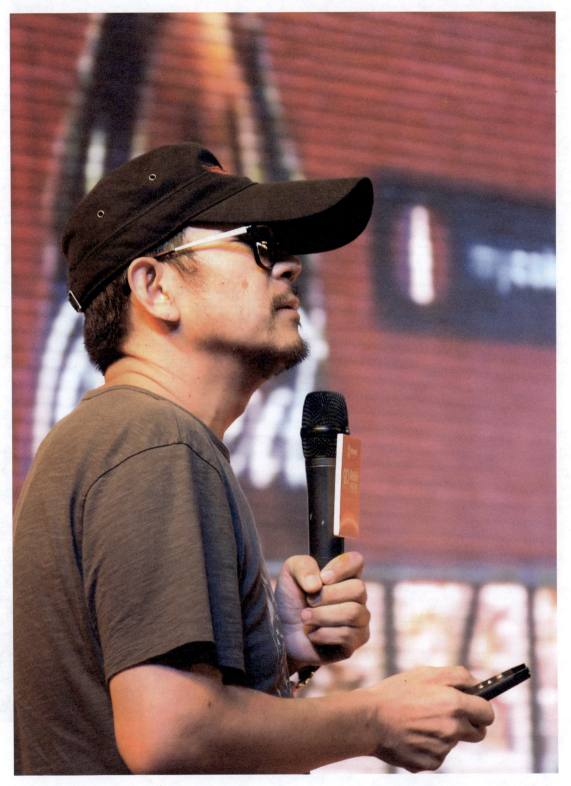

张默闻这厮为创明品牌发展谋划布局。

创明董事长陈凌云（左五）、总裁江河（左二）、董事范远斌（左四）带领创明团队为新标识点赞。

张默闻这厮左拥右抱,好不欢乐。

20岁的"生日礼物",祝福创明的明天更加美好!

来自各方的祝福、各种殷切的期盼全都汇聚成了一股强大的力量,在这股力量下,在各方合作伙伴同心同行的努力下,创明必将创新升级、华丽转身,成为智能遮阳行业的领军品牌!

**大会第三帧:高峰论坛探讨共商新格局**

目前,80后、90后逐渐成为主流消费群体,而在传统的家装领域,互联网已悄然促使行业发生了一系列变化。作为掌握着正处风口的智能家居命脉的互联网家装领域,又将如何实现智能家居的更好更快发展?在创明20周年庆典暨全国行业交流大会现场,主题为"移动互联网形式下的智能家居整合与发展"的行业交流论坛探讨了这一话题,行业精英和优秀企业代表在讨论中进行思想的交锋,并针对企业发展畅谈见解。

中国智能家居产业联盟秘书长周军首先发表了对智能家居的独特见解。他表示,在17年的发展中,智能家居产品已经日趋完善。而伴随着"互联网+"对各个行业带来的改变,智慧地产、智慧酒店、智慧商圈等市场新机遇开始显现,未来,产业融合日益加速,渠道的地位会越来越重要,创明应乘着智能产业快速发展的东风,开拓思维、创新发展。

上海名成建筑遮阳节能技术股份有限公司殷文董事长则阐述了这些年来遮阳、窗饰的发展经历和各种技术、产品的变革。对于遮阳行业的未来走向,他建议要做好两个课题:第一,窗饰智能化。这是未来窗饰行业做大做强的引擎;第二,社会价值。一个行业对社会有价值才有真正的未来,而以创明为代表的智能遮阳行业对应的节能问题,是中国政府大力倡导积极支持的,这给了行业非常大的鼓励和希望。

在大家都对智能遮阳行业前景表示看好的时候,遮阳协会王军秘书长提出了自己的想法。他发现,窗饰虽然是生活必需品,和消费者密切相关,但是消费者心中并没有普遍认可的智能窗饰的第一品牌,智能窗饰民用化普及问题亟待解决。创明智能窗饰想要成为智能家居大品牌,需要走的路还很长。遮阳协会在秋季智能家居展览会上,将组织遮阳行业骨干企业集体亮相,寻求共同发展。最后,王军表示非常看好创明后续的品牌动作。

论坛最后,广东创明遮阳科技有限公司总裁江河信心满满地表示,遮阳行业已经达到了战略的机遇期,遮阳产品以前一直是配角,但是经过这么多年的发展,技术进步,产品性价比提高,消费者对智能窗饰的认知和接受度也不断提高,机遇已然到来。创明作为横跨智能家居、遮阳与建筑节能、窗饰布艺三个行业的代表,在这一时期已经承担起了行业领头羊的责任,整合资源,从供应、生产到渠道,建立了良好的全产业链生态环境,并以提升企业品牌知名度、美誉度和影响力为发力点,赢占市场。

行业交流论坛，思想碰撞出火花，新观点层出不穷，给在座所有行业人带来了一场思想的饕餮盛宴，让在场的行业上下游产业链的参会嘉宾更加深刻地认识到行业未来发展的无限可能。

**大会第四帧：二十年沉淀与发展共筑创明梦**

1997—2017 年，20 年的时光沉淀，创明已经成为中国房地产开发商前 20 强窗饰遮阳的首选品牌，并多次为世界级会议如为奥运会、亚运会、世博会、G20 峰会设计实施智能遮阳整体解决方案。

回顾发展轨迹，1997 年创明研发了全国第一款自主知识产权的电动窗帘之后，始终坚持科技创新，将产品的质量视作生命；1998 年创明率先推出具有定时、调速、可手动的智能窗帘导轨；2002 年创明通过国际 ISO9001 质量管理体系认证；2005 年创明成功开发推出电动遮阳板系列产品和电泳表面处理的窗帘轨道；2009 年创明荣获"广东省高新技术企业"称号；2010 年创明通过 ISO14001 环境管理体系认证；2013 年创明荣获"科技小巨人"称号；2017 年创明重塑产品研发中心。历经 20 年的积累沉淀，创明成立了 70 多人的研发团队，申报并获得 60 多项国家专利，其中包括 3 项发明专利，32 项外观专利、37 项实用专利以及 3 项著作权，是提供全产业链高端窗帘产品的高新技术企业之一。

除了产品研发的坚持创新外，创明集团在营销网络方面也取得了很大的发展。20 年的兢兢业业，创明旗下拥有了以提供窗饰成品和遮阳解决方案的广东创明遮阳科技有限公司，以生产高品质窗帘电机和成套系统配件的广州市瑞翔机电公司，在佛山设立了全国物流及生产基地，在广州、上海、北京、武汉设立了四大营销中心，全国 200 多个服务网点，辐射全国 300 多个城市，构建起了中国窗饰遮阳行业最强大的市场销售和售后服务体系。

这 20 年来取得的成绩都离不开企业管理制度的不断进步。据了解，创明自创立伊始就实行股份制，每年对优秀的骨干员工开放股份，至今已有几十个员工股东，股东们为创明公司及中国电动窗饰行业发展做出了卓越贡献，创明股份制运作已成为行业典范。此外，创明从 2000 年就开始引进职业经理，开始职业化管理道路。

创明，从第一台电动窗帘问世到成为智能窗帘一体化解决方案领跑者，用了 20 年的时间。下一个 20 年，创明会紧跟时代步伐，以创新求变的积极态度谋划行业发展的蓝图。

**大会第五帧：惊艳形象隆重发布获全场盛赞**

企业发展的重要环节是品牌形象的发展，创明作为中国智能窗帘行业的隐形冠军，标识更新在品牌急速向外扩张的过程中显得迫在眉睫。大会上，创明集团发布了由张默闻策划集团倾力打造的全新品牌形象，全新品牌标识以中国红为主色调，配上 Slogan"创明智能窗帘，阳光一键掌控"成为全场焦点。

据悉，创明 VI 视觉部分由张默闻策划集团全程负责创意设计。此次大会上，创明集团全新品牌形象集结亮相，其中，20 周年大会主画面、酒会画面在内的视觉均由张默闻这厮领衔创意设计而成，最夺人眼球的当数创明全新标识。

对于此次创明标识的设计工作，张默闻这厮高度重视，亲自挂帅执行。他认为，创明智能窗帘的标识更新是创明市场扩张的第一枪，具有极其重要的意义。因此，创明智能窗帘的新标识便在张默闻这厮亲自带领下，精英设计团队不分昼夜辛苦创作而成。从策略定位到标识设计，创作了数十款不同维度、难分伯仲的设计稿，经过多轮研究和比稿，才诞生出了备受瞩目的全新标识。值得关注的是，陈凌云董事长对张默闻策划集团的设计成果报以最诚挚的敬意，特别发来微信表达感谢："大家对创明新 VI 非常认可，辛苦你们了！我代表创明向各位同事们问好！感谢大家！"毫无疑问，创明的新标识受到了极高的认可。

创明全新标识的亮相表明了创明给用户带来完美体验的信念，更表明创明将依靠契合消费者买点的策略而从幕后走向台前。未来，创明将用焕然一新的企业标识、经典好记的广告语向前大步迈进，创明人将团结一心，开创未来。

**大会第六帧：张默闻震撼亮相讲品牌讲营销**

目前，遮阳行业有全面崛起的趋势，创明要想全面打通市场，提升品牌在市场整体的认知度，加速推广传播是关键。为此，创明集团特别邀请了以"策略准、创意狠、地位稳"著称的中国十大策划家之一张默闻这厮参加创明 20 周年大会，并诚邀其进行重要演讲。

针对创明品牌的现状，张默闻这厮进行了题为《武装创明靠品牌》的精彩演讲。他通过各种实例证明在当代社会，不论是中间性产品还是快速消费品，都在做品牌。做好品牌，企业就会拥有包括竞争力、凝聚力、销售力、利润力等在内的十大力量，做好品牌，也是一个企业长盛不衰的关键。但如何把品牌做好？张默闻这厮认为，做好品牌需要产品够好、资金够足、渠道够多、策划够棒、传播够广等诸多条件。为了实现创明的品牌突围，张默闻这厮为创明集团量身定制了五大武打动作，通过系统化的手段打造创明品牌。他强调，创明应坚持太阳这一文化符号，聚焦太阳图腾，只有通过这样的品牌建设，才能把创明品牌的影响力推向一个新的高度。

在演讲中，张默闻这厮还重点提出了他为创明集团品牌传播打造的核心概念：创明智能窗帘，五星级酒店都在用。这一传播创意奠定了创明的品牌价值，为创明的未来指明了方向。这一传播创意地公布使大会现场的氛围达到了最高潮！

精心策划的创意、精准布局的买点、案例为先的干货分享、分外出彩的视觉设计让与会嘉宾赞不绝口，创明品牌在张默闻这厮的演绎下达到了新高度。今后，创明将围绕品牌建设，启动创明豪华酒店供应系统、民用智能窗帘供应系统、中国家居代表卖场开店供应系统、中国创明智能窗帘交易会会议系统、创明品牌全媒体出击供应系统，努力把创明打造成中国遮阳产品的标杆品牌。

**大会第七帧：感恩晚宴盛大上演点亮温情夜**

创明目前有数百名代理商，他们大部分都是创明以前的员工及创明一些员工的亲朋好友。可以说，创明和代理商之间就是一个血浓于水的大家庭。创明人的支持是创明品牌持续发展的中坚力量，创明也一直感恩每一位帮助过创明、为创明做出贡献的伙伴。

为了使创明人感受到家的温暖，创明集团对大会现场的氛围布置格外重视：在会场入口的背景墙上印有"荣耀只因有你"的标语，肯定了创明人为创明做出的贡献；用红地毯的方式，精心铺出了一条从会场大门口到会场内部的充满爱的感恩大道，力求为合作伙伴打造宾至如归的感觉；整个会场则以红色为主色调进行布置，充满了家的温情感。

当然，对代理商最大的感恩行动应属大会最后的感恩答谢晚宴。晚宴伊始，创明集团总裁江河代表创明全体成员向各位代理商们、合作伙伴们表示了衷心的感谢，感谢大家一路走来的不离不弃。同时，他还肯定了大家在 2017 年上半年取得的辉煌成绩，也希望大家在以后的日子里共同努力再创新辉煌。

伴随着阵阵掌声，一个个精心准备的节目开始了，现场歌舞不断，欢声笑语。不论是科技感十足的镜面舞，还是创明人自己的节目《创明红 中国红》，都让在场人员大呼精彩，整场晚宴氛围高涨，同时在节目间还穿插了多轮抽奖，丰厚的奖品更是将此次晚宴推向了高潮。

晚宴最后，创明集团隆重感谢了兢兢业业工作 15 年以上的创明人以及代理 15 年以上的代理商，并为他们颁奖，感谢他们这么多年一直陪伴创明，为创明付出的所有努力。各优秀代理商也纷纷表示会在今后的工作当中竭尽全力，坚持创明企业理念，把创明事业发扬光大。

本次大会的成功举办，意味着创明集团已经掀开新的发展篇章，向着智能遮阳产业的未来不断挺进。2017 年，华丽变身的创明将继续从理念、管理、产品、技术以及营销五大模块创新升级，把控市场和时代发展的趋势。相信，同心同行、创新谋远的创明会把品牌影响力推向一个新的高度，开创创明品牌新时代。

**【大咖评论】**

## 买点思维让创明从行业隐形冠军走向中国智能遮阳一线品牌

■ 广告人文化集团副总裁 陈晓庆

观察创明这个案例我们可以发现,一家典型的企业级市场(To B)开始做广告了。作为中国智能窗帘行业中的隐形冠军,创明的主要身份是窗饰遮阳产品的供应商,并不直接面对消费者。许多人问,这种企业需要做品牌吗?这样的广告效果不是微乎其微吗?

我要说,这种企业做广告非常有必要,并且有许多企业品牌早已实践成功。比如大家熟知的英特尔处理器,在1994年为推广旗下高端处理器拍摄了12支广告片,并开启了一系列营销推广活动。如今,英特尔在全球最具价值的品牌排名中位居第六,紧随可口可乐和迪士尼这些营销巨头。

当B2B的企业开始做B2C的传播,想要达到的目的主要有以下两个:

第一,通过大众认知和消费者需求影响关键决策者。消费者的背后就是买点。作为窗饰遮阳产品的首选供应商,创明的产品对于最终消费者而言是看不见、摸不着的。最终消费者能够感知的品牌往往只能是整个产品的最后整合者。但不投放广告进行品牌建设,最终结果是会被竞争对手所替代。举个简单的例子:多少人知道今天住酒店用的智能窗帘是哪个品牌?在没有大品牌的窗饰遮阳行业,通过反反复复的传播,牢牢占位消费者心智,可以增加品牌话语权倒逼采购方进行决策。

第二,树立客户信心。在竞争激烈的智能窗帘行业,除了技术领先、服务到位外,怎么能说服客户采购这款产品呢?面向大众的营销实际上就是一种姿态,目的就是树立客户的信心。

截至2017年,创明已经20岁了。这20年间,消费不断升级迭代,面对经济发展、文化变迁和科技进步,变化是时代发展的必然趋势。广告由单一走向多元,营销手段也是多种多样,这对于当代企业来说是机遇也是挑战。在创明20周年大会上,张默闻老师为大家分享了一堂课,其中有一句话让我印象特别深刻。他说:"当今社会进入冷门品类品牌化大爆发的年代,创明不能再做沉默的羔羊,要做功夫熊猫。这个世界没有什么东西是不需要打造品牌的。无论是冷门产品还是中间产品,都需要打造品牌。"张默闻老师用敏锐的洞察力、超前的大局观和强大的买点塑造力帮助创明的品牌形象脱胎换骨。

创明重视品牌建设，这样的创新意识值得很多企业去学习。在这样复杂多变的时代背景下，任何品牌都要打起十二分精神，24小时寻求创新，这样才不会被时代无情淘汰，创明才能从行业隐形冠军走向中国智能遮阳一线品牌。

【大奖现场】

## 张默闻策划实力演绎创明品牌新高度
## 陈凌云董事长获长城奖年度创新人物

2017年10月22日，备受瞩目的2017中国广告长城奖颁奖典礼在长沙国际会展中心正式揭幕，由张默闻策划集团全力护航的创明集团董事长陈凌云凭借不断突破和创新的品牌、营销理念，在众多参赛人物中突出重围，一举斩获2017中国广告长城奖·广告主奖年度创新人物奖。

中国广告长城奖始于1982年，历经30余载的不断发展和积淀，目前已成为中国规模大、影响广、专业度强的广告奖项，是中国国际广告节的核心赛事之一。中国广告长城奖以创意和制作为准绳，评选、奖励年度内公开发布过的商业广告作品，总结盘点年度内在创意与制作方面拥有卓越成果的广告人和广告主，预判中国广告发展趋势，被誉为中国广告界的"奥斯卡"。

作为创明集团的掌舵人，陈凌云董事长深知，只有依靠品牌，创明才能在遮阳行业中迅速崛起。为此，2016年，在陈凌云董事长的主持下，创明集团特别邀请了以"策略准、创意狠、地位稳"著称的中国十大策划家之一的张默闻这厮为创明升级品牌形象、规划战略方向。在张默闻这厮的精彩创意下，创明品牌形象得到全面升级，"创明智能窗帘五星级酒店都在用"的广告语更是风靡大江南北，创明成功迈出了品牌升级的第一步。与此同时，为了让创明品牌快速深入消费者的内心，陈凌云董事长接受张默闻这厮的意见，制定了融合高铁在内的多种媒介、布局精准营销的传播组合拳，有效提升了品牌达到率和品牌知名度。在接受颁奖发表感言时，陈凌云董事长在大会上表示："感谢张默闻策划集团为创明的品牌形象升级所做的一切！过去的创明，一直坚守产品研发和工艺创新，营销及服务网络遍及全球，但仅为业内所知；今天的创明，要在保持产品创新等原则不动摇的前提下，重视品牌打造，将创明从行业销售的隐形冠军升级为真正的品牌冠军，带领中国遮阳产业全面迈入品牌时代。"

陈凌云董事长被评为"2017中国广告长城奖·广告主奖年度创新人物奖"，正是中国广告界对创明品牌发展的高度肯定，也是对陈凌云董事长在品牌洞察力、决断力上的

鉴于张默闻这厮出色的品牌创意和创明积极的传播落地，创明董事长陈凌云获得了2017中国广告长城奖·广告主奖年度创新人物奖。

两兄弟十指紧扣的背后是陈凌云董事长对张默闻这厮创意的极大认同。

高度认可。目前，创明智能遮阳的小太阳标识正照耀着大江南北，将智能家居的阳光撒向长城内外。对此，作为创明品牌全案策划人的张默闻这厮表示，张默闻策划集团一直在做一件事，就是改变企业家对于品牌的认知，进一步推动中国企业迈入品牌时代，实现民族品牌的伟大复兴，而这也是张默闻策划集团存在的最终意义和做品牌、做策略的最高境界！

## 后记

# 致敬中国家居建材领域的英雄们

■ 张默闻 张默闻策划集团董事长、创始人

这是张默闻这厮第一次出版关于家居建材行业品牌策划的一本案例图书，并且再度由中国优秀的出版社机械工业出版社出版，在这些品牌的创意和营销上，买点发挥了巨大的作用，我想，这些品牌是幸运的，这是一件大事，也是一件喜事，更是一件感恩客户的高兴事。

在后记里，我想谈一些行业里的新趋势。鉴于建材行业的专业性和行业的创新性，本趋势参考了部分互联网数据和观点，特此表示感谢。

**趋势一：不可轻敌的电商体系热浪滚滚**

研究发现，越来越多的品牌开始筹建自己的电商体系，网络渠道成为品牌发展的重要一环。除此之外，大店、工程、装修公司、设计师等上下游渠道也愈显重要，渠道建设成为未来品牌发展的关键布局。在2017年"双十一"期间，天猫旗舰店成为电商渠道的主要阵地，诸多品牌因其销售业绩过亿元进入"亿元俱乐部"。与以往不同，目前大多数家居品牌的网络销售渠道已经和线下店面实现资源一致和共通，例如同款产品售价一致、网络优惠店面可用等，减少了线上线下互相竞争带来的伤害。

目前，虽然网络渠道的家居品销售额还远不及线下，但是在某些标准化建材家居品类中，网络销售的优势更为明显。企业对此也颇为重视，未来电商将成为行业热点。与此对应的是企业对于网络销售渠道的建设：家居用品相对其他消费品的仓储、物流、安装等成本较高，不少企业在悄悄构建起自己的服务体系，进一步降低网络销售成本。当然，如果此体系建成后，承载量越大、使用率越高，建设成本越将被稀释。

**趋势二：家居大集团的大发展来势汹汹**

家居行业规模可观，但是个体经济规模称得上"庞大"的企业屈指可数。随着行业整合加速，一些企业开始凭借在行业驰骋多年积累的资本扩大规模、涉足多领域产业，在未来行业发展中，"大集团"将越来越常见。企业意欲扩大发展规模，首先应在本行业上发力。除了在市场规模上切分更多的蛋糕外，品牌也逐渐延伸至家居相关的其他行业，构建家居业务"大集团"。

**趋势三：行业外资本进入行业彩旗飘飘**

家居行业虽然链条长、痛点多，但是机会也多，因此吸引了大批资本进入。行业中资本雄厚的企业也在运用资本手段，布局行业内外的各种业务。资本的力量正在显现，未来行业发展除了注重基础制造、营销服务，资本也将成为左右行业发展的一只手。值得注意的是，近两年，有不少房地产企业、工装企业纷纷布局互联网家装业务。

**趋势四：运用家居行业新技术炮声隆隆**

近两年创新升级成为行业中的热词，但是不同于以往口号式的出现，行业开始真正感受到必须创新的压力。人力成本的居高不下、生产排放的限制越来越严格，大部分生产制造企业都面临着必须升级生产技术的压力。VR、智能家居等新技术的出现，也为行业带来了创新升级的兴奋点。

VR 技术是 2017 年行业中的热点，无论是装修公司还是家具品牌，都希望通过 VR 技术给消费者呈现出更真实的产品效果。"所见即所得"是行业中多年来提及的词汇，但是一直缺少技术来真正呈现。VR 的出现，让消费者有了更真实的体验，也成了越来越多品牌店面的标配。有业内人士断言，未来，类似于 VR 的技术将成为家居行业的基础设施。

一起与 VR 出现的还有智能家居技术。虽然相关产品还未大面积铺开，但是不少家庭中已经或多或少出现了智能家居的设施。其中，远程控制、警报系统最为常见。智能家居技术根植于家居、家电、物联网等多个技术和产品平台，吸引了众多资本、品牌布局其中。类似于 VR、智能家居这种运用于家居行业的科技创新技术将越来越多。

**趋势五：整装模式在未来发展号角声声**

在全国工商联家具装饰业商会家装专委会联合媒体发布的《中国家装行业优秀品牌企业发展状况报告》中，整装（产品化家装）也被看作家装行业发展的必然趋势。消费者对"家"产品的整体需求，推动了整装产品的快速回归。

自 2000 年以来，从每平方米报价到套装，再到整装，该类产品的快速崛起，充分说明了消费者对整装快速增长的需求。整装模式能够给家装消费者提供整体装修、家具、软装规划，在整个装修工程中，只需通过咨询、确认设计方案、交款、验收即可，满足消费者设计施工、材料选购、物流安装、质检验收等一站式需求。这样一来，装修对于消费者来说不再是一个自己拼凑的过程，而是一个有着完整服务的平台。整装模式未来应该有更大的发展空间。经过尝试，企业可打破传统的工厂——总代理——市代理——批发商——零售商——消费者的途径，对产业链条进行资源整合，利用自己在家装行业的多年经验和资源整合能力，最终打造出低价透明的买家模式和整体家装服务，为消费者免去挑选主材、选软装、看水电、跑现场等复杂的过程，努力提升用户体验。

张默闻这厮认为，不管家居建材行业如何变化，趋势如何升级，对于企业来说，要适应，要创新，要依靠企业自身的实际和特色发展自己的品牌，营销自己的未来。最后的较量还是会落在四个方面：第一是品牌故事的讲述能力；第二是产品的领先能力；第三是超级的服务能力；第四是重复性传播的能力。这些能力都必须建立在买点的思维上，才能真的在家居建材领域做出惊天动地的大事。

特别感谢张默闻策划集团的家居建材行业的客户，你们赶上了最好的时代，你们也遇见了让你们放心的策划人。一切都是命中注定的美好：谢谢米素壁纸的董事长金和先生和品牌总监黄赛女士；谢谢晾霸创始人陈凌云先生和李爱群女士；谢谢皇玛·梦丽莎沙发董事长、创始人叶晓亮先生和王梅女士；谢谢久诺外墙创始人、董事长王志鹏先生和他的战友刘长春先生；谢谢樱雪厨电创始人、董事长李荣坤先生和樱雪营销总指挥官陈嫔䋤女士；谢谢创明智能窗帘的董事长陈凌云先生和总裁江河先生。你们都是优秀的家居建材领域的佼佼者，你们拥有伟大的产品、伟大的营销和伟大的理想，中国因为有你们，中国亿万家庭因为有你们，生活才会变得更美好！

特别感谢机械工业出版社年轻的分社副社长徐永杰老师和美丽的马佳老师，再次合作使本书出版。特别感谢广告人文化集团副总裁陈晓庆老师对本书的建议和推动。特别感谢张默闻策划集团无比优秀的团队对案例的整理和优化，让本书造福行业。在此，一并谢过！

买点成就了品牌，拉动了销量，带动了成长。让我们一起谢谢买点"这杆秤"，希望它能够达到和满足消费者的心理预期，为我们带来美好未来。

本书出版，让我激动不已，但愿读者能够通过阅读本书学习到品牌策划的方法，并感受到我的激动和爱！

2018年5月7日写于杭州